植民地朝鮮の民族宗教

青野正明

国家神道体制下の「類似宗教」論

ETHNIC RELIGIONS IN COLONIAL KOREA

A Theoretical Analysis of "Quasi-Religious Groups" under Japan's State Shinto System

法藏館

植民地朝鮮の民族宗教——国家神道体制下の「類似宗教」論＊目次

凡例

（1）朝鮮の用語は歴史的地域名および地理的呼称として用いる。
（2）戦前の中国東北地方は、歴史的呼称である「満洲」（以下、括弧を省略）を用いる。
（3）引用資料は原則として原文のままとする。ただし、漢字の旧字体は原則として新字体に改めるが、一部の固有名詞には旧字体を残すものもある。また、引用資料における〔〕内の補足説明は著者による。
（4）朝鮮の人名や地名、宗教団体名は、原則として各章の初出の箇所に朝鮮語音のルビをカタカナで付す。
（5）註は各章の文末に付す。また、複数の章にわたって用いる資料は、それぞれの章の註で新たに出典等を記す。
（6）一九四五年以前に刊行された文献は、原則として発行所を省いて発行年のみを記す。

植民地朝鮮の民族宗教

――国家神道体制下の「類似宗教」論

序章　国家神道体制と民族宗教・「類似宗教」

一　植民地朝鮮の民族宗教とは

本書は、帝国史の観点から国家神道体制下の「類似宗教」論を前提にして、植民地朝鮮の「民族宗教」[1]を論じることを目的とする。「類似宗教」論をふまえることにより、植民地化を前後する時期に生まれた朝鮮の「民族宗教」（以下「　」を省略）を帝国史の中で相対化し、その特質を普遍性をもたせて評価することが可能となるだろう。つまり、国家神道体制下において「類似宗教」として延命した団体が、三・一独立運動（一九一九年）で形成され始めた民族主義的ナショナリズムを継承していく過程を示すことで、その民族主義的ナショナリズムの特質を明らかにすることが可能になると考えるのである。形成されていく民族主義的ナショナリズムの中味は単一民族的な国民主義（独立国では自分たちが「国民」になるのだという「民族」意識）であった。

そもそも本書は、拙著『朝鮮農村の民族宗教――植民地期の天道教・金剛大道を中心に』（社会評論社、二〇〇一年）の改訂版である。二〇一五年に出版した拙著『帝国神道の形成――植民地朝鮮と国家神道の論理』（岩波書店）の反響が大きく、そこでおこなった帝国神道論および「類似宗教」論（付論で）や、これら二つの拙著の書評等で指摘された課題等をふまえて、前著を大幅に書き直す改訂版を構想してきた。とくに民族宗教の定義やそのナショナリズムに関わる課題、民族宗教と対峙する位置にある帝国神道の概念および国家神道の定義付けを明確にする課題、そして民族宗教の「改宗」政策に協力した真宗大谷派に対する再評価について、私は改訂版では少しでも克服して提示したいと考えてきた。よって、改訂版である本書は帝国神道論を前提とした「類似宗教」論という骨格をもち、その上に民族宗教論を肉付けしている。

帝国神道論に関しては前掲書を読んでいただきたいが、簡単にまとめるとこうなる。植民地朝鮮では国民教化に関わる神社神道＝国家神道が、一九三〇年代半ば以降には単一民族主義に加えて多民族帝国主義的なナショナリズムにも立脚することになった。それゆえ、近代日本が国民国家を拡張させる過程において、帝国主義的ナショナリズムの国民教化を担った国家神道を「帝国神道」と呼ぶことができる。

私が負っている課題として、この帝国神道概念の有効性や国家神道議論におけるその位置を明確にしていく作業は、帝国神道論を深化させるだけでは説明が充分にできないことを自覚している。むしろ私は、帝国神道を生み出した国家神道体制の帝国日本への拡張を追究する中で、帝国神道論も同時に深化させることができると考えている。このような問題意識からも、本書に帝国神道論と不可分な関係にある「類似宗教」論という骨格をもたせるわけである。

では、本書で対象とする民族宗教について説明していこう。朝鮮の土着文化としては巫俗《ふぞく》信仰に加えて、弥勒の下生《げしょう》信仰に代表されるような終末思想が特徴的である。植民地期において、三・一運動を組織的に担った天道教《チョンドギョ》（천도교）およびキリスト教プロテスタントにおいても、終末思想の影響を指摘することができる。

その後、一九二〇年代において農村社会の変動にともない土着文化も変容したため、民族宗教からは一般的に私的領域＝日常で巫俗的要素が多く見いだされる一方で、植民地支配に抵抗したり独立を目指して公的領域に浮上しようとする傾向も特徴となる。そのような時、その作用には「地上天国」建設や予言の地のような終末思想が大きく働いていて、それが民族主義的ナショナリズムの受け皿になっていると私は考えている。たとえば、民族宗教の中にはこの終末思想にもとづき、農村において「地上天国」建設を目指すような宗教運動を展開する団体も現れるのである。

この「地上天国」建設のような終末思想が近代的な民族主義的ナショナリズムへと発展し、日本からの独立を志向する内容へと展開していったため、とくに一九三〇年代半ば以降に本国政府および朝鮮総督府が植え付けようとした天皇制イデオロギー（国体論）にもとづく多民族帝国主義的ナショナリズム（帝国日本において多民族を抱え込んだ中で日本人が頂点となる国民主義）と真っ向から対立することになる。そのため、民族主義的ナショナリズムを掲げる「類似宗教」団体は厳しい弾圧を被ったのである。このような朝鮮の民族主義的ナショナリズムを強く帯びた宗教各派を本書では民族宗教と呼ぶ。

なお、一般的に新宗教あるいは民衆宗教と呼ばれる宗教的存在に関して、植民地朝鮮ではその主たる特徴が私のいうところの民族主義的ナショナリズムに代弁できるため、本書では便宜的に主として民族宗教という語を用いて記述する。ただし、非公認宗教という行政的な区分で「類似宗教」の範疇に属する宗教的存在を表現する場合は、「類似宗教」という語を用いることを断っておく。

二　国家神道体制の朝鮮への移植

前述したことをふまえると、多民族帝国主義的ナショナリズムの国民教化を担う帝国神道が存在したなら、同様にこのような国民教化に加担した宗教団体は「帝国宗教」と呼ぶことが可能である。そして、それらと対峙する「類似宗教」団体が民族主義的ナショナリズムを掲げると厳しく弾圧されたことも勘案するなら、帝国神道・帝国宗教と「類似宗教」とは、植民地朝鮮においてコインの表裏のような関係にあったことが理解できるだろう。

つまり植民地朝鮮では、公認宗教団体を超越して非宗教とされた国家神道（帝国神道）、および宗教的存在に対する公認・非公認という範疇が「内地」より導入された。そして、公認団体の外にある国家神道および非公認団体（「類似宗教」）が、それぞれ対峙する位置でナショナリズムと強く結び付いていった。このように植民地朝鮮で特徴が明確に表出した宗教的存在に対する枠組みは、もともとは日本「内地」において明治政府が築き上げた体制であり、この体制において神社非宗教論の建前で神社神道を通じた国民教化が目指されていった。それゆえ、この体制を本書では国家神道体制と呼ぶことにする。

そこで本書では国家神道を、戦前において神社行政の所管下で非宗教とされた神社神道とし、国家神道体制を、非宗教である神社神道を通じて天皇制ナショナリズムを国民に教化しようとする戦前の社会体制と定義する(2)。そうならば、神社神道が国民教化を担ったという点において、この国家神道体制は濃淡の差はあっても、日本「内地」のみならず植民地の各地域でも共通していたといえる。さらに朝鮮では、数多くの神社が建てられただけでなく、この体制の下で生み出された「類似宗教」概念を「内地」に逆輸出したと考えられるため、朝鮮での国家神道体制は「内地」および他の植民地でも比較対象として参考になるだろう。

そもそも植民地の宗教・信仰に関する研究では、その研究の前提として、「内地」の国家神道体制が植民地各地域にどのように移植されたのかを、法的・行政的な観点により俯瞰しながら整理することが必要ではないだろうか。つまり、当該地域における関係法令および行政の所管部署と、本国政府におけるそれらとの距離感（共通点・相違点）を明示する作業が必要だということである。

この距離感を明示する作業は、植民地各地域の国家神道体制を横断的に把握することを可能にするだけでなく、現地の在来宗教・信仰やその地に渡った「内地」宗教の研究など、各地域の宗教・信仰に関する研究を縦方向に深化させることも可能にするだろう。

ところで、国家神道体制が移植された様態とは、植民地の信仰現象において、支配と被支配という両者が複雑に絡み合った関係になっていたはずである。この関係がその地の宗教概念の形成にも大きく影響していたと考えられる。たとえば宗教的存在にとって、植民地朝鮮では取締り重視のために、公認・非公認団体ともに団体・結社という組織をもつことが存続するうえで最優先であった。そのため、国家神道体制の下で団体・結社化しているものが「宗教」（公認・非公認の宗教団体）で、団体・結社の様態をもたないものが「信仰」（場合によって「迷信」）という外面的な宗教概念が形成されていく。(3) つまり、延命のために法令や行政という他者が描く像により強く規定・影響されながら、信仰現象の主体者たちは各々「宗教」「信仰」という自画像を描かざるを得なかったといえるのである。

では少しずつ法令と行政の方向に議論を進めていこう。韓国併合から五年後の一九一五年に、朝鮮では公認される神社を規定・管理する法令が神社寺院規則（総督府令第八二号）として、また公認される宗教を規定・管理する法令が布教規則（総督府令第八三号）として制定された。後者の第一条には「本令ニ於テ宗教ト称スルハ神道（教派神道）、仏道及基督教ヲ謂フ」とあり、これによって公認宗教が法令で規定されたのである。

これらの法令の規定にもとづいて、植民地朝鮮に公認神社および公認宗教からなる宗教的な法的秩序が形成された。このことは、朝鮮人や日本人移住者がすでに作っていた多数の宗教的な共同体を法的秩序の内と外に再配置することを意味したため、それら共同体の排除と包摂の実態が大きな論点となってくる。

この排除と包摂の実態という論点を念頭に置きながら、行政の観点で国家神道体制の具体像を示そう。植民地朝鮮における宗教的な存在に対して、朝鮮総督府はどのような行政上の分類をしていたのだろうか。本書の第三章と第五章では国体論という天皇制イデオロギーにより民族宗教が弾圧されたことを取りあげるため、ここではその実施を決定した政策（心田開発運動）が始動する一九三六年一月現在の総督府における所管部署を列挙し、補足説明を（）内に書いておく。わかる範囲で列挙すると、神社・神祠《しんし》・無願神祠（内務局地方課、一九二五年に学務局宗教課から移管）、公認宗教（学務局社会課）、非公認宗教（警務局保安課）、「迷信」（警務局衛生課）、「儒道」（学務局社会課、教化団体として）である。

このような行政上の分類は、神社行政、宗教行政、治安・衛生警察がもたらした統治の枠組みであることがわかる。すなわち、教派神道・仏教・キリスト教という公認宗教と、「類似宗教」と秘密結社という非公認宗教、それらを超越した非宗教の神社神道、巫俗などの「迷信」、および儒教関係の教化団体という五者による体制である。この体制により、神社神道を通じた天皇制ナショナリズムの国民への教化が推進されたため、この体制を朝鮮における国家神道体制の具体像とみなすことができる。

この国家神道体制が創り出した公認宗教という範疇を区切る線は、非宗教である神社神道および非公認宗教の両側に引かれていた。神社神道側での線引きにおける神社神道の揺れ、つまり神社神道の宗教性を分析して帝国神道を論じたのが二〇一五年の拙著であり、非公認宗教側の線引きにおける排除と包摂の実態を究明するのが本書の「類似宗教」論である。

二　「類似宗教」概念とは

本書における「類似宗教」論は天道教と金剛大道《クムガンデド》（금강대도）を対象としている。金剛大道の名称に関して、もともと植民地期の総督府資料や新聞でも確認できるように「金剛道」の名称が用いられていたが、独立後に道名が今日の「金剛大道」に確定されたという。本書では混乱を避けるため便宜的に「金剛大道」の名称を使用し、資料からの引用等では適宜「金剛道」と表記することにする。

朝鮮では植民地化に至る過程において、政治活動取締りを主目的に宗教的共同体に対して治安法が適用されていた。[4] それは宗教的な法的秩序の構築後において、その外側にある宗教的共同体、つまり非公認団体等にも朝鮮総督府の統治権が及んでいたことを意味する。そうならば、排除の実態を知るうえで宗教的な法的秩序の外側だけでなく、それと内側との間の境界を探ることも重要だろう。なぜならその境界において、宗教的な法的秩序から排除されることにより、逆にその秩序への包摂を強いられる宗教的共同体を見いだすことができると考えるためである。その宗教的な法的秩序の外側で境界近くに存在し、秩序内への包摂を強いられた宗教的共同体が、次に説明する「類似宗教」である。[5]

もう少し具体的に説明しよう。宗教行政が所管する公認宗教の境界線の外側、つまり公認宗教を規定したことで形成される法的秩序の境界線の外側にある非公認団体は、さらに結社が許されて宗教的結社となる団体と、許されない秘密結社という二つの範疇に分けられていた。この法的秩序の境界線との距離を基準にするなら、より近くに位置して宗教的結社となる非公認団体を〈懐柔〉、遠く離れた秘密結社を〈取締り〉とみなす枠組みで捉えること

〈法的秩序の内側〉＝包摂	〈法的秩序の外側〉＝排除	
	←包摂	
公認宗教 （教派神道、仏教、キリスト教）	「類似宗教」	秘密結社

宗教的な法的秩序の概念図

が可能である。一九一五年に制定された布教規則（総督府令第八三号）の第一五条は、〈懐柔〉に位置する非公認団体を規定している。それは「朝鮮総督ハ必要アル場合ニ於テハ宗教類似ノ団体ト認ムルモノニ本令ヲ準用スルコトアルヘシ」という条文である。

この「宗教類似ノ団体」（略語は「類似宗教」）という用語は、従来の学説で「内地」で一九一九年に生まれたとされてきた「類似宗教」概念の先駆的な使用といえ、しかも条文に明記されている。細かく見ていくと、「宗教類似ノ団体」が位置している境界の外側（宗教行政の所管外の団体）が前提としてあり、その外側の団体を対象にして、その中から〈懐柔〉の対象として「宗教類似ノ団体」と認める範疇を設けていることがわかる。すなわち〈懐柔〉の対象としての「類似宗教」は、法的秩序の中では非公認団体でありながらも公認団体との境界近くに位置していることがわかるのである。

一方、非公認団体の二つの範疇のもう一つは、結社が許されない〈取締り〉に位置した秘密結社である。そもそも植民地ゆえに非公認宗教団体自体が、治安重視の厳しい取締り環境に置かれていた。ましてや、秘密結社は保安法第一条の解散対象となり、より厳しい取締りを受けたため（註（4）を参照）、布教活動のためには結社として存在を許されること、つまり「類似宗教」に認められることが大きな課題であった。なお、一九一九年に起きた三・一運動以前の「類似宗教」団体は天道教や侍天教《シチョンギョ》など数団体だけであったが、三・一運動後は懐柔策のため最多で六十余団体にまで増加した。また、朝鮮の布教規則で規定された「類似宗教」概念の事例が先駆的であったということは、後にこの概念が「内地」に逆輸出された可能性を示している(6)。

ここで侍天教のような親日団体とは異なり、独立を目指す三・一運動を組織的に担うことになる天道教が、早くから「類似宗教」に認められていたことについて考察を加えてみよう(7)。

孫秉熙《ソン・ビョンヒ》（一八六一〜一九二二年、東学《トンハク》・天道教の第三代教主）が日本亡命生活（一九〇一〜〇六年）を通じて体験した「近代化」において、宗教的な側面で彼が目にしたものは、国家の宗教行政下にある宗教団体という組織であっただろう。

前項の国家神道体制に関する説明で既述したように、非宗教として超越した存在の神社神道を除いて、日本での宗教団体とは公認宗教団体（教派神道、仏教、キリスト教）と非公認宗教団体を意味していた。公認団体は文部省の管轄で宗教行政の対象とされたが、非公認団体は文字どおり公認されない団体で、朝鮮での厳しい許可制とは異なり、日本では届出をすることにより宗教的な「結社」と認められた。「結社」になればその存在が許されて、警察・治安当局の管轄下で布教活動をすることができた。なお、届出をしない場合は秘密結社となる。

孫秉熙が日本の「宗教団体」という制度の影響を受けたかどうかは検証しなければならないが、孫は帰国後に親日化した分派（侍天教）を排除し、秘密結社となっていた東学を再編成して天道教を主導した。結果として、天道教は宗教団体化することにより「近代的宗教」に転換したわけである。実はこのことが日本の支配下において天道教を延命させ、三・一運動を準備することに連続したと私は考えている。

なぜなら、繰り返しになるが、朝鮮総督府の宗教行政は日本から導入されながらも治安重視の立場に立っていたからである。つまり非公認宗教に対しては警察・治安当局の管轄下で特別に厳格な取締り体制がとられ、届出制ではなくて宗教的「結社」を認める許可制を設けたわけである。そのため、公認宗教ではないほとんどの宗教的存在は、治安問題に加えて宗教団体化していないため秘密結社とみなされる外なかった。しかしながら、天道教はすでに宗教団体化という条件を備えていたため、特別な取締り対象ではあったが、植民地期において早くから宗教的結社（「類似宗教」）として認められ、布教活動を継続することが可能であった。植民地の治安重視の厳しい取締り状況において、公認団体であるキリスト教や仏教とは違い、公認団体ではない天道教が早くから宗教団体化していたことは、三・一運動を実現するうえでの大前提となったといえるだろう。これを天道教と三・一運動に関する第一の論点と考えている。

四　朝鮮の終末思想

本書では朝鮮で際だって厖大なエネルギーを発揮した土着文化として、民衆の終末思想(8)に注目する。終末思想の背景をもった民衆が東学の異端教理によって動員され、大民衆反乱に至ったのが一八九四年の甲午農民戦争（東学農民運動）であったという。(9)その敗北の後、植民地支配に至る過程あるいは支配下において、この終末思想のエネルギーは消え去ったのであろうか。それとも何らかの展開があったのだろうか。(10)

東学の後身である天道教もまた「地上天国」建設という理想を掲げ、天道教への再編を主導した第三代教主・孫秉熙は、三・一運動を準備していく。「地上天国」とは東学・天道教の教理に則り、土着の終末思想を反封建・反外勢という理想にまで高めた概念で、その建設を目指すことは民族主義的ナショナリズムが形成される大きな場面であったと私は考えている。つまり、求心力となった「地上天国」建設という理想も大きな要素となり、朝鮮の人々に同じ「民族」という意識が形成されていったのではないかという論点が考えられる。これは天道教と三・一運動に関する第二の論点であり、三・一運動における「地上天国」建設運動の側面を重視する立場から提示する論点となる(11)。

周知のように、東アジアにおいて近代的な「民族」という概念は国民国家の形成と深い関係がある。孫秉熙もまた「地上天国」の実現に関して、単一民族的な国民国家を想定していたのではないかと私は推測している。単一民族的な国民国家という考え方は、当時の日本とも共通するが、単一の民族によって構成される「国民」により成り立つ国家というものである。よって、三・一運動で形成され始めた近代的な民族主義的ナショナリズムは、単一民族的な国民主義として理解できよう。「地上天国」建設という求心力に引かれて集まる人々の間で、同じ「民族」という意識が形成されたとするならば、さらに次のような第三の論点の提示も可能となろう。

三・一運動は主に「独立万歳」と叫びながら行進する示威運動であり、当然ながら歴史的な独立運動であったことはいうまでもない。それに加えて私は、参加した人々が身体行為を通じて近代的な「民族」を認識する重要な機会でもあった点に注目している。この身体行為の厖大なエネルギーの根源には終末思想が存在していて、独立国では自分たちが「国民」になるのだという「民族」意識を（単一民族的な国民主義を）、人々は文字どおり身体で体得していったのではないだろうか。

このように近代的な「民族」意識を育成したと考えられる三・一運動の対抗軸となって登場するのが、一九三五年から本格的に開始された神社参拝の強要ではないかという仮説を私は立てている。なぜなら、朝鮮総督府が三・一運動の構造を理解して計画したとは思えないが、両者は構造的な類似点をもっているからである。天皇家の祖先神（皇祖神）である天照大神《アマテラスオオミカミ》に対して、神社参拝という身体行為により人々の信仰心を生みだし、それにより日本人に従属する「民族」を創り出そうとした点で、私は構造的に類似していると考えるのである。もちろん、当然ながらこちらの「民族」は、日本人が頂点に立つ多民族帝国主義的ナショナリズムにおける序列の中で、日本人に従属する位置に設定された朝鮮の「民族」であった。

三・一運動と神社参拝強要という両者の対抗軸を考える時、「独立万歳」と叫ぶ示威運動に参加した人々が身体行為を通じて近代的な「民族」意識を体得していったことの意義は大きいといえる。

次はキリスト教に視点を移そう。東学・天道教における「地上天国」建設と同様に、キリスト教プロテスタントの土着化を促進させ、イスラエルを自らの状況に類比させる信仰を生みだした要素もまた、民衆の終末思想であった[12]。

プロテスタントは、民衆における民間信仰の要素に合致して土着化したといわれる。また、「植民地化過程で信徒たちが捕囚のイスラエルの民と朝鮮民族を同一化し、自己の信仰をメシア的預言者宗教へと脱皮した」ことが高く評価されている[13]。それが、三・一運動で信徒たちを導き奮い立たせた内面的な要因であり、ここから彼らの「神の国」信仰が独立と重なっていることがうかがわれる。

このような受容のされ方の背景には、ネヴィアス方式という宣教政策があり、それにもとづいていたとえば聖書がハングルで訳されたことの意味は大きいと考えられる。文字を解さない信徒がハングルを学んで聖書を読むという実態は、儒教倫理にもとづく漢字文化で構成されていた旧支配層下の「村落共同体」秩序とは別途に、村落内に信者である農民層を中心にハングル文化が形成されたことを意味する。そして、同時にそれを担う信徒社会が形成されていったわけである。

こうしてプロテスタントは、従来の支配秩序を否定しながら新たな結社体（＝教会）を創出することが可能になったといえる。そして、プロテスタントの信仰体系の中で、とくに終末思想を土台とする「神の国」信仰が「民族」意識の形成と深く関わっていたことの意味は大きいと私は考える。

ところが、三・一運動の弾圧により、天道教とともにプロテスタントは組織的な打撃を被り、そして民衆を引き付ける魅力を失い、多くの青年たちは新たに登場した共産主義運動に参加していったといわれている。そのため、民衆の終末思想はキリスト教の神秘主義的信仰や、三・一運動に触発されて叢生・再生される多くの民族宗教の予言信仰の中に顕著に見られるようになる。つまり、三・一運動を経ることで終末思想が変容しながらも受け継がれていくことがわかる。

ここで朝鮮の終末思想に対する私の考えを述べてみよう。私は尹海東《ユン・ヘドン》が民衆運動史を批判しながら主張したように、民族宗教には「両面性」があると考えている。[14] 朝鮮の土着文化に関連させていえば、私的領域＝日常では民族宗教から巫俗的要素が多く見いだされる。一方で、民族宗教が植民地支配に抵抗したり独立を目指して公的領域に浮上しようとする時、その作用には終末思想が大きく働いていて、それが受け皿となり近代的な民族主義的ナショナリズムへと発展していくと私は考える。

よって、植民地期における終末思想が受け皿となった民族主義的ナショナリズムを見いだす観点から、植民地期の民族宗教運動の類型を南北の地域差として、①「地上天国」建設型と、②予言の地型の二類型に分類する。

前者の型に関しては、天道教の下部組織である朝鮮農民社の組合運動を、「村落自治」再編に注目しながら分析を試みる。[15] 後者の型に関しては、鶏龍山《ケリヨンサン》（忠清南道、標高八二八メートル）に新王朝が建設されるという『鄭鑑《チヨンガム》録《ノク》』（『정감록』）予言の影響を受け、その予言の地に信徒村を形成した金剛大道について、とくに信徒村での結集力を分析してみる。[16] そして、これら民族宗教運動の二類型を、植民地朝鮮における民族主義的ナショナリズムの特質のひとつとして評価を試みるのである。

ところで、一時は終末思想に関心を示した韓国神学であったが、趙載国《チョ・ジェグク》の研究より前は民族宗教にあまり関心がなかったようである。たとえば、プロテスタントの土着化論では、「朝鮮民族が歴史的に受け継いできた宗教・文化的伝統と出会い、互いに交流したことは、あまり神学の関心にならなかった」という。その理由のひとつは、「初期のキリスト教が宗教・文化的性格より政治・社会的性格を強く持っていると理解されてきた」ためで、それは「今日的な政治・社会的な課題に取り組んできた民衆神学の影響」だとされる(17)。

これに加えて、他にも大きな理由が考えられる。たとえば、現代韓国において急成長を遂げた一部教会に顕著なカリスマ的性格や終末観など、とりわけ土着的な終末思想にかかわる要素の存在は、現代韓国のプロテスタントにおける民族アイデンティティを明確に示すものである。そして、それは国家主導のいわば民族文化の再創造作業に飽き足りない民衆の多くを、教会に動員させた主要な要因でもあっただろう。それにもかかわらず、この要素が評価の対象としてタブー視されるのには別に大きな理由があると考えられる。

それは、終末思想の要素がむしろキリスト教の周辺に位置する新宗教諸団体により端的に見られ、巫俗的な要素以上に、「地上天国」的な政治性・社会性を帯びている点にあるのではないだろうか。そして、その濃度の高さゆえに、キリスト教会はそれらの団体を「異端」としているのが実情ではないだろうか。このような状況も加わり、神学においても土着化の要素として終末思想をはじめとする「宗教・文化的伝統」全般に関する研究が少なく、軽視されてきたように思われる(18)。

一方の日本では、朝鮮の民族宗教研究といえば東学・天道教が中心であり、とくに植民地期は天道教と一部で普《ポ》天教《チョンギョ》の研究(19)がなされたくらいである。このような研究動向は、独立後の韓国で創設され、日本で多数の信者を獲得した某新宗教団体がもたらす政治性・社会性ゆえの悪影響で、研究が忌避されたことも一因ではないかと判断される。

このように、現代になってもなお政治性・社会性という側面がクローズアップされ、植民地期の民族宗教研究を妨げる要因になっていると考えられるのである。そのような研究を取り巻く環境の中でも、拙著（二〇〇一年）と同時期に佐々充昭が韓末期ではあるが檀君教などの檀君ナショナリズムについて論じ、二〇一三年に古田富建が終末思想の色濃い三・一運動後の「土着キリスト教」について研究成果を発表した[20]。それに続く改訂版となる本書は、国家神道体制下の「類似宗教」論を骨格にもつ民族宗教論である。

五　本書の構成

国家神道体制下の「類似宗教」を論じるために、まず第一章で農村における民族宗教の基盤を検討する。植民地支配の始まった朝鮮農村において、農民の没落と流民化といった農村社会の急激な変動が巫俗に変容をもたらしたといえる。加えて、村落でのこのような危機的状況に対応して、一九二〇年代には多くの朝鮮在来の契《ケ》（土着の相互扶助組織）が主体的に組合組織に編成替えしていた実態にも注目したい。

この点を、北部地方における畑作地帯（以下、北部畑作地帯と呼ぶ）と南部地方における水田地帯（以下、南部水田地帯と呼ぶ）の状況を提示しながら、契の組合組織化と「村落自治」との関係を民族宗教の基盤として把握することを試みる。そして、前述の巫俗の変容も考え合わせて、とくに三・一運動後の一九二〇年代以降における民族宗教の基盤を解明したいと考える。

次に第二章で、このような民族宗教の基盤に対して朝鮮総督府はどのような認識をもっていたのかを検討する。

総督府は非公認団体の中から、「類似宗教」と認める団体を選んで〈懐柔〉の対象としていた。まず、併合当初の法令における「類似宗教」概念から、一九一九年の三・一運動を経て、一九三〇年前後から開始される調査事業での認識に至るその概念の変遷を整理する。そして、巫俗が変容していく状況下において総督府の調査事業の中で『朝鮮の巫覡』（一九三二年）に注目し、巫俗の変容および政策との関係を明らかにする。

その次は第三章で『朝鮮の類似宗教』（一九三五年）という調査資料を取りあげ、「類似宗教」に顕著に見られる終末思想に対してなされた認識、および政策との関係を可能な限り解明したいと考える。

第四章では、北部畑作地帯に基盤をもった天道教の朝鮮農民社による農民運動を検討する。この農民運動を、とくに一九三〇年以降に自治運動として展開しようとしたと見る観点から、終末思想を土台とする「地上天国」の「村落自治」への実体化を目指した運動として位置付けることを試みる。言い換えれば、北部畑作地帯での民族宗教の基盤を、第一章で位置付けた契の自治的再編を手がかりに、その具体例を提示することで類型化を試みるわけである。

朝鮮農民社の用語を用いれば、この農民運動を「郷村自営」運動と呼ぶことができる。その理論である「郷村自営論」の検討、平安南道孟山郡《メンサングン》での運動の実態、農民にとっての「郷村自営」、そして状況的な説明に止まるが農村振興運動という政策に吸収されたことを分析したい。

それから第五章で、南部水田地帯での民族宗教の基盤を分析するうえで具体例を提示する。水田地帯の場合、「村落共同体」の共同性が比較的強い地域となるゆえに、契＝組合による自治再編は困難であったといえる。それゆえ、「村落自治」への結集力としては予言の地や強いカリスマ的存在が必要であったと考えられる。

ここでは、朝鮮の特徴的な終末思想である『鄭鑑録』予言に的を絞り、その影響を受けて予言の地である鶏龍山に信徒村を形成した金剛大道について論じる。具体的には、まず金剛大道が信徒村を形成する経緯を、次に信徒村の受難の予兆として、総督府による満洲移民や「改宗」のための甘言を明らかにする。そして、本格的な受難として、大量検挙による弾圧と信徒村からの強制退去を描いていく。受難に耐え抜く結集力を見いだすこの作業を通じて、南部水田地帯における民族宗教の基盤としてその類型化を試みるわけである。

なお、第一章第二節第三項で取りあげる驪州郡《ヨジュグン》の村落について、現地調査をおこなった時期は一九八七年八月である。また、第五章で取りあげる金剛大道を検討するために、その本部である総本院を訪れた時期は一九八七年五月と二〇〇〇年九月となる。

註

（1）韓国では広く「民族宗教」という用語が用いられている。以下、韓国民族運動史研究会編『한국민족운동과 종교』（『韓国民族運動と宗教』国学資料院、一九九八年）に所収の、안후상《アン・フサン》「普天教와 物産奨励運動」（「普天教と物産奨励運動」）の註(21)を参考にして説明しよう（日本語訳は青野）。

韓国の宗教学では「民族主義をひとつの宗教現象として見て、民族主義自体を分析する傾向」があり、「いわば民族主義とは単一民族意識という概念を基本軸とする」という。それゆえ、「民族宗教」という用語もまた、「韓民族の単一運命共同体意識が含まれた宗教概念」となり、天道教・大宗教・普天教等が該当する。「民族宗教」に該当する宗教の共通点は、「①韓国の自生宗教、②民族共同体意識、③民族固有精神の啓発を企図、④苦難から解放された民族の栄光の約束など」があげられるという。

この民族宗教の解釈における「民族主義」は、「民族」に一定の価値を置くことを前提として成り立っている。民族主義を「ひとつの宗教現象」として分析するなら、民族に自明のこととして付加され認識されている一定の価値を一旦取り外し、民族主義を相対化して世界史の中で普遍性をもたせることが方法論として妥当だと私は考える。

（2）国家神道の定義は、「神社を通して天皇制ナショナリズムを国民に教化しようとする戦前の社会体制」という磯前順一の見解を継承しながら、私なりに国家神道と国家神道体制とに分けて整理し直した。磯前順一『近代日本の宗教言説とその系譜――宗教・国家・神道』（岩波書店、二〇〇三年）の第一部付論「国家神道をめぐる覚書」（一〇一頁）を参照。

拙著『帝国神道の形成――植民地朝鮮と国家神道の論理』（岩波書店、二〇一五年）では論旨を一貫させるために「類似宗教」論を第二部付論に入れたが、帝国神道論と「類似宗教」論とが密接な関係にあることを前提にしていたのはいうまでもない。そのことを本書では序章で明示することにした。

すなわち、前記拙著で紹介した「帝国史としての宗教論」（序章、三〜四頁）および帝国神道論自体の成果をふまえて、帝国日本を横断するトランスナショナル・ヒストリーとしての「帝国宗教」論を肉付けする意味で、国家神道とともに帝国日本の宗教的存在を規制したシステムにも注目した。それが本書でいうところの国家神道体制である。

なお、島薗進『国家神道と日本人』（岩波新書、二〇一〇年）の第二章「国家神道はどのように捉えられてきたか？」は、国家神道という用語に二つの用い方があることを説明している。狭義の意味としては、「宗教」の範疇から外した「非宗教」としての「神社神道」であり、国家管理下にあった神社やその集合体を指している。広義の意味としては、前記のような神社神道に、皇室祭祀や天皇崇敬のシステム（国体論）が組み合わさって形作られたものとなる。私は狭義の意味で用いて、国家神道を宗教概念で捉え直すことで帝国神道の形成を論じてきたし、本書でも同じ立場で「類似宗教」論を論じている。

（3）磯前順一によると、日本「内地」に「宗教」という概念が入ってきた時期に、レリジョンの訳語にはプラクティス的な宗旨・宗門など（非言語的な慣習行為）と、ビリーフ的な教法・聖道や宗教など（概念化された信念体系）の、二つの系統が存在していた。そして、「日本では仏教がそうであったように、ひろくアジアをみても土着的宗教はみずからを西洋的な宗教へと再編させてゆかないかぎり、一般には迷信邪教として抑圧されざるをえない。そのため、非西洋的な教説の多くは、キリスト教のようなビリーフ的性質をそなえたものへと、率先して自己を改編させていった」という。前掲『近代日本の宗教言説とその系譜』（三五〜三六頁、五三〜五四頁）による。

朝鮮の植民地期においても、教団名に教を付けたり教理を整理したりしてビリーフ的性質を備える傾向はあったと考えられる。だが、本文で述べているように治安重視の中で存続・延命するためには、公認であれ非公認であれ「宗教」団体として、あえて管理や取締りを受けることを前提に結社となり団体化しておくことが更に重要であり必要不可欠であった。また、この「宗教」団体化の側面は「内地」においても検証する必要があるだろう。

（4）非公認の宗教団体に対して、「内地」と朝鮮の両方に共通しているのは結社としての取締りである。朝鮮での結社に関わる規定を説明しよう。
大韓帝国期に制定された保安法（法律第二号、一九〇七年七月）は、「朝鮮ニ於ケル法令ノ効力ニ関スル件」（制令第一号、一九一〇年八月二九日）により併合後も効力を有した。第一条は次のとおりである（併合前は、「朝鮮総督」ではなく「内部大臣」）。
　第一条　朝鮮総督ハ安寧秩序ヲ保持ノ為メ必要ノ場合ニ結社ノ解散ヲ命スルコトヲ得
保安法は朝鮮人を対象とした法令で、「内地」の治安警察法（集会・結社、さらには労働争議・小作争議などを取締まる治安法として運用された）の必要な条項だけを借用した「縮約」版であったといえる。保安法と治安警察法との対照は、水野直樹「治安維持法の制定と植民地朝鮮」（『人文学報』〔京都大学人文科学研究所〕第八三号、二〇〇〇年三月）が詳しいので参照されたい。なお、同論文は治安維持法制定以前の時期における朝鮮の治安法令の問題、治安法令制定の試みを検討するとともに、治安維持法制定にあたって植民地の問題がどのように意識されていたのかについても考察している。

（5）植民地朝鮮の宗教的な法的秩序における排除と包摂の問題については、拙稿「植民地朝鮮の神社に祀られなかった神々――宗教的な法的秩序の内と外」（磯前順一・川村覚文編著『他者論的転回――宗教と公共空間』ナカニシヤ出版、二〇一六年）を参照。

（6）前掲の拙著（二〇一五年）、第二部付論「植民地朝鮮における「類似宗教」概念――国家神道の論理により排除される信仰者の群れ」（三〇八～三一四頁）での分析を参照。

（7）ソウル市江北区庁主催「三・一独立運動国際学術会議」（三・一運動発祥の地として知られている鳳凰閣（江北区に所在）にて二〇一八年三月九日に開催）で、成周鉉《ソン・ジュヒョン》が発題した発表文「손병희와 동학 천도교의 이상과 현실」（「孫秉熙と東学・天道教の理想と現実」）が参考になる。同発表文は孫秉熙と三・一運動との関係を論じた先行研究をふまえて、孫秉熙の東学・天道教を通じた理想と現実を考察した結果、次のような三つの要点を提示している。それらは、①孫秉熙が東学農民革命に参与したこと、②近代化運動を推進しながら東学を天道教という「近代的宗教」に転換したこと、③これらの経験に立脚して三・一運動を準備したことである。成の発題に対する論評者として参加した私は、これら三つの要点を海外に発信するために、世界史的な普遍性の中で三・一運動の宗教史的評価を試みる意図のもとで論評した。

その論評文では三つのキーワードを提示したので紹介しよう。東学から天道教という「近代的宗教」に転換したことは、民族運動史が主流の韓国ではこれまで方法論にあがらなかったが、普遍的な宗教概念論の観点からも分析すべき重要な事項だと認識している。この宗教概念論の観点に立ち、三つの要点からそれぞれのキーワードを抽出するならば、①は「民族」、②は「宗教団体」化、③は「万歳運動」になると私は考えた。

本章の第三項「「類似宗教」概念とは」は②が、第四項「朝鮮の終末思想」は①と③が関係しているため、それぞれの項では論評で提示したコメントを要約して本文に記載する。

（8）東アジアにおける代表的な終末思想は弥勒下生信仰であるが、朝鮮ではこれとともに、朝鮮王朝時代の讖緯《しんい》書である『鄭鑑録』にもとづく土着的な終末思想が特徴といえる。『鄭鑑録』の予言は、李氏の王朝が亡んだ後に真人の鄭氏（新王）が出現して鶏龍山に新王朝を建設するというものであり、一九一九年の三・一運動後には、その予言にもとづきシンドアン（신도안＝新都内）と呼ばれる地域に多くの人々が移住してきた。

また、民族宗教はこうした『鄭鑑録』の終末思想にもとづく類型とは別に、建国神話である檀君神話に由来するナショナリズムにもとづく類型にも分類できると考えられる。大韓帝国末期（二〇世紀初頭）の檀君ナショナリズムに関しては、佐々充昭「檀君ナショナリズムの形成——韓末愛国啓蒙運動期を中心に」（『朝鮮学報』一七四輯、二〇〇〇年)、同「韓末における檀君教の「重光」と檀君ナショナリズム」(『朝鮮学報』一八〇輯、二〇〇一年)が参考になる。

(9) 趙景達《チョ・ギョンダル》『異端の民衆反乱――東学と甲午農民戦争』(岩波書店、一九九八年)を参照。

(10) 本文の次の段落からは、註(7)で紹介した私の論評文での①と③に関するコメントを要約する。

(11) 三・一運動から十数年後に発表される朝鮮総督府の調査資料『朝鮮の類似宗教』(第四二輯、一九三五年)は、三・一運動の内面的な要因として終末思想を取りあげて危険視している。詳細は本書の第三章で論じることにする。

(12) 韓国の初期のキリスト教神学界では、固有の土着信仰を「迷信」視する傾向にあった。ところが、一九六〇年代に土着信仰との関係をめぐって神学的な土着化論争が起こり、その結果、「土着化神学」において巫俗や檀君神話が注目されるようになる。一方、七〇年代のキリスト教者を中心とする民主化闘争から生まれた「民衆神学」は、キリスト教受容を終末思想を背景とした「民衆のメシア運動」として捉える試みをしていた。金容福「民衆のメシア運動としての韓国キリスト教」(キリスト教アジア資料センター編『民衆の神学』教文館、一九八四年)による。

(13) 倉塚平「朝鮮キリスト教とナショナリズム――三・一運動に至るその結合過程について」(田口富久治ほか編『現代民主主義の諸問題』〔秋永肇教授古稀記念論集〕、御茶の水書房、一九八二年)を参照。ここでの土着化の視点は、前述した韓国の「民衆神学」における試みのそれと共通している。

(14) 民衆運動史研究を牽引する趙景達の『朝鮮民衆運動の展開――士の論理と救済思想』(岩波書店、二〇〇二年)第八章「植民地期の東学――『鄭鑑録』信仰との共鳴」では、植民地期の終末思想について否定的な見解が述べられている。たとえば、東学傍系教団に対する評価を述べた部分には(二六九頁)、「本来人格神を信仰するにせよ、内省主義的方法を奨励するのが一般的であった東学傍系教団は、ますます真人による絶対救済という方向において、民衆の信仰を組織化していくことになる。それは、民衆一般の真人化を否定――性道教のように部分否定の場合もあるが――しているという点で、やはり民衆を変革・解放主体と捉えていない」と書かれている。ここからは、民衆運動史の観点から民衆を「変革・解放主体」と捉え、東学の異端教理のように「民衆一般の真人化」を目指すことを基準にして、そうではない「真人による絶対救済」という植民地期の終末思想に対して否定的な評価が下されていることがわかる。
しかしながら、「変革・解放主体」として民衆を捉えることで彼らの信仰世界を評価することは、一面に偏りすぎてはいないだろうか。この趙の議論に対して尹海東が批判をしているので紹介しよう。尹は宗教概念論をふまえながら、「植民地での宗教と日常性の問題」として次のように批判した。

私的領域と公的領域の複合である類似宗教は「民衆の日常」を映す鏡になりうる。朝鮮の類似宗教が、とりわけ民間信仰の領域において、私的で内面的な領域に閉じこめられている時、それは民衆の日常を反映し規律する存在となる。しかし、類似宗教が公的領域に浮かんでこようとしたり、世俗宗教的な願望を表出すれば、それは民衆の日常とは懸け離れていく。そのゆえに、われわれは類似宗教が有する両面性に注意を払わなければならない。（中略）趙景達は変革主体としての民衆を設定し、民衆の願望が「民衆宗教」に潜んでいると考える。しかし、民衆宗教の本質はそれとは反対のものとして理解されるべきであろう。

この「両面性」の主張を整理するために尹は続けて、「民衆宗教が民族主義を媒介に公的な領域へと浮上していくとき、民衆の日常は消え去り、例外状態に逢着する」と述べる。そして再度、「民衆宗教の有する両面性を見逃す場合、民衆史は民衆の内面生活や願望とは結びつかれず、単なる世俗宗教的な志向、つまり「民族主義」のみで満たされる虚構にならざるをえないだろう」と批判して締めくくっている。尹海東（沈熙燦・訳）「「植民地近代」と宗教――宗教概念と公共性」（磯前順一・尹海東編著『植民地朝鮮と宗教――帝国史・国家神道・固有信仰』三元社、二〇一三年）による。

（15）前掲『한국민족운동과 종교』所収の박지태《パク・チテ》「朝鮮農民社의 組織과 活動」（「朝鮮農民社の組織と活動」）が参考になる（日本語訳は青野）。
そこでは、日韓における朝鮮農民社に関する先行研究が二つの見解に整理されているので紹介しよう。第一の見解は、「朝鮮農民社の活動が天道教青年党の影響下にはいって改良主義化されることにより（一九三〇年の分裂を指す）、日本の農業政策に便乗され、体制内的に吸収されたと見る」ものである。第二の見解は、「朝鮮農民社を自主的な農民運動団体とする観点から、日帝下朝鮮における民衆運動のひとつの形態として把握しなければならないと見る」ものである。

また、この論文は後者の見解を批判的に継承して次のような四点の結論を出している。

第一に、「朝鮮農民社は創立初期から天道教青年党の主導的活動により人的・物的支援を受けて活動した」ため、「朝鮮農民社は天道教青年党の事実上の部門運動団体」であった。

第二に、天道教青年党は「朝鮮の農民を朝鮮農民社という農民運動団体に結集させ、体系的で組織的な農民運動を展開しようと」した。

第三に、「朝鮮の独立運動を直接展開できないという現実認識のもとで、自治運動を当面の目標に設定した」のである。すなわち、「天道教青年党（天道教新派）側の自治運動は、朝鮮農民社の全国組織を通じて農民自主村建設運動の形態として展開」した。

第四に、「朝鮮農民社の啓蒙運動と経済的利益獲得運動は、このような現実認識にもとづいた運動形態」であった。すなわち、「朝鮮の自治を実現するためには農民をひとつの組織体に結集させなければならないが、その結集は農民の利益を図る線から始めなければならないという認識にもとづいていた」のであった。

このような成果の一例として、同論文の表5「朝鮮農民社および天道教青年党地方部組織表」と表6「朝鮮農民社および天道教青年党地方部参与幹部名簿」により、天道教青年党と朝鮮農民社との間における地方組織および幹部の重複が証明されている。

私は以上の四点ともに大筋において同感であり、とくに第一点に関しては参考にさせてもらった。しかしながら、この論文では第一、第二、第四の点の分析に重きを置くことになったので、第三点に関しては実態の究明が試みられなかったことが惜しまれる。むしろ、第三点の「農民自主村建設運動」の実態を究明する中で第四点の「運動形態」も浮き彫りにされてくるのではないだろうかと考える。その点で、第四点の「その結集は農民の利益を図る線から始めなければならないという認識」に対して賛同するものの、その「運動形態」に関しては本書で扱うような別の像が提示できるものと考えるのである。
(16) 金剛大道の植民地期における運動史研究は、管見の限り本書の前身である拙著『朝鮮農村の民族宗教――植民地

期の天道教・金剛大道を中心に』（社会評論社、二〇〇一年）以外にはないといえる。なお、송현주「금강대도（金剛大道）의 역사와 특징」（ソン・ヒョンジュ「金剛大道の歴史と特徴」）『宗教研究』（韓国宗教学会、第四六輯、二〇〇七年三月）は、「教理と実践体系」や「社会改革的意味」に比重を置いた研究で、歴史部分に関しては簡略な整理に止まっている。

また、고병철「금강대도 교단의 정체성 확립 과정――의례의 변천을 중심으로」（コ・ビョンチョル「金剛大道教団のアイデンティティ確立過程――儀礼の変遷を中心に」）『宗教研究』（韓国宗教学会、第二六輯、二〇〇二年三月）は、「儀礼と宗教」との関係を金剛大道を対象にして時系列に細かく分析した労作である。

(17) 趙載国『韓国の民衆宗教とキリスト教』（新教出版社、一九九八年）二〇八～二〇九頁を参照。

(18) このような現状において、前掲『韓国の民衆宗教とキリスト教』は、「宗教・文化的伝統」を総体的に「民衆伝統」とし独特な土着化論を展開していて注目される。すなわち、土着化神学と民衆神学を「統全的（総体的）に合流させる」という韓国神学の今日的課題を踏まえて（二六頁）、「近代朝鮮」の「民衆宗教」とキリスト教の関連性の深さを提示しながら「キリスト教信仰の民衆的受容」を考察した斬新な研究である。「韓国キリスト教は、信仰内容のみならず、その形式である礼拝などにも民衆宗教の中に伝えられてきた民衆伝統――社会・文化的かつ宗教・文化にわたる総体的な民衆伝統に触発され、その本来的な姿を取り戻し、韓国の歴史の中で受肉されたものであると言え」（二四八頁）るという。

(19) 註(14)に掲載した『朝鮮民衆運動の展開』の第九章と第一〇章は普天教に関する研究である。ただし、この普天教論は民衆運動史の立場から普天教の限界を描き出した研究といえる。

(20) 佐々充昭の前掲論文註(8)や、古田富建「「韓国的キリスト教」と恨――韓国土着キリスト教の救済論」（東京大学博士学位論文、二〇一三年）などがある。

第一章　農村における民族宗教の基盤

第一節　農村での巫俗の変容

(1) 農民の没落と流民化

まず、地方行政制度について概略を見ていこう。韓国併合後において、朝鮮総督府では朝鮮の村落を地方行政上から次のように認識していた。それは、郡の下に位置する面が「下級ノ行政区劃」で「同時ニ地方行政ノ機関」であるとし、また、面の下に位置する洞里は「面内ニ於ケル土地ノ区劃」だとする。そして、面を日本国内の「町村ニ比ス」るなら、洞里は「町村ニ於ケル大字ニ類ス」と判断した(1)。このように、洞里の自治機能を軽視する認識があったため、一九一四年の面・洞里の統廃合(洞里の統廃合はこれより二年早くから進められていた)および一九一七年に施行された面制により、植民地期以前からの伝統的村落の自治は行政上において面行政に吸収されていくこととなった。その結果、従来の道―郡―面―洞里という地方行政単位の関係において、植民地支配下に行政末端機関として面が再設置されたわけである。そして、「村落自治」を否定された洞里(洞や里で日本の大字や部落に相当する。ここでは「旧洞里」と呼ぶことにする)も、統廃合で編成替えされて新たな洞里を生んでいる(この新たな洞里を、ここでは「新洞里」と呼ぶことにする)。

表1　面・洞里数の新旧対照[2]

道	旧　面	旧洞里	新　面	新洞里
京畿道	498	5,112	249	2,725
忠清北道	199	3,729	110	1,509
忠清南道	388	7,481	175	2,250
全羅北道	378	7,172	188	1,778
全羅南道	447	10,172	269	3,085
慶尚北道	527	7,232	272	3,227
慶尚南道	455	4,502	257	2,612
黄海道	348	3,886	225	2,058
平安南道	304	2,351	167	1,931
平安北道	260	3,036	194	1,478
江原道	236	3,105	179	1,972
咸鏡南道	189	3,279	142	2,937
咸鏡北道	122	1,475	81	709
合　計	4,351	62,532	2,508	28,271

ここで、統廃合前後の府・郡・島における新旧の面および洞里の数（府は市に相当し、面は郡・島の下にある。洞里の数には府における町も含めた）の変化を見てみると、〈**表1**〉のようになる。面は全体で四、三五一から二、五〇八に減り、洞里は六二、五三二から二八、二七一へと減少しているのがわかる。

では、面制の施行により洞里財産がどのように面に吸収されていったかを見てみよう。まず、総督府の洞里自治についての認識を整理しておく。総督府では、洞里の自治組織である洞契《トンゲ》を契の一部として認識していた。契に関して、「古来部落に於て同志契合して相互扶助の精神に基いて組織する所の一種の団体の事である[3]」と定義している。そして、洞契に関しては、「洞里の住民を以て組織した最も普遍的の」契であるとして、「部落生活上自然の要求に応じた初歩的の公共事業は、此種洞契が経営して居た」と認識している。

ところで、面制施行による洞里財産の面への吸収と、それにともなう洞契の衰退のあった事実が、前記の認識をなした総督府嘱託による契の調査報告に次のように記録されている。

…面制施行以来、洞契の事業〔とりわけ道路・橋梁・堰堤などを修理することを指す〕は面に統一され、其の財産は洞里財産として之又面に移属され、洞里区域の分合行はれて洞契は一時頽廃を来したけれども、今尚従前の洞里区域に従つて継続経営するものが多い。(4)

それでは、洞契の財産といえる洞里財産の面への吸収を、資料的制限のため一九三八年三月末現在の統計から遠巻きながら浮かび上がらせてみる。

京畿道には郡が二〇あり（ここでは府を除く）、財産を有する面（ここでは一九三一年に面が昇格して邑〔町に相当〕となったものも含む）は全二〇郡にわたり総計二三七面である。その中で、財産を有する新洞里は九郡にわたり総計二四洞里であり、残りの一一郡の新洞里には洞里財産がないことになる（一九一八年に京畿道には面が二四九、新洞里が二、七二五あった）。

洞里財産の中でも、共同耕作をなす水田や「共有山」を含む林野が、洞里自治の運営上重要な位置を占めるだろう。水田の洞里財産のある洞里は三郡（これらの郡で財産を有する洞里は一三）しかなくその総計は、一、九九六坪で当時の価格にして一、一四〇円であった。これに対し、水田の面財産のある面は一九郡に及び、その総計は八五、〇六九坪で価格が三四一、五三四円一二銭である。同様に、林野は洞里財産が四郡（これらの郡で財産を有する洞里は九）で、総計は三六、九四六坪で価格が二、四一四円五〇銭であった。これに対して、面財産の場合は二〇郡に及び、総計は五〇、一八五、〇五二坪で価格が六五三、五四八円五五銭である。(5)

以上、一九三八年当時の洞里財産と面財産について検討したのであるが、面制施行を前後する時期における洞里財産と面財産との増減には言及できなかった。だが、一九三八年当時であっても新洞里における洞里財産の少なさには注目すべきであろう。

このような村落財産の喪失が意味することは何であろうか。洞契の自治機能が充分に発揮されなくなり、それに加えて契という相互扶助組織もうまく機能しなくなることが考えられる。つまり、次に述べる農民たちの没落と流民化を押し止める能力が、村落にもはや存在していないことを示しているのである。

次に、農民の没落と流民化の現象について述べよう。

植民地統治下朝鮮の農村における自作農の没落現象は一般にいわれるところである。それで、ここでは簡単に整理するに止める。なお、統計の数値は正確ではないが、およその傾向を知るうえで参考になるので示すことにする。

自作農の没落が激しかった時期は、一九一二年〜一九一八年の「土地調査事業」が実施された期間と、一九二八年〜一九三二年の農業大恐慌の期間である。前者の時期に、多くの農民が土地や土地に対する諸権利を失ったが、さらに後者の時期には、たとえば一九三二年には自作農が一五・七%、自小作農が二四・六%、小作農が五一・一%という状況であった。また、市場経済の影響を即座に受けやすい自小作農の場合、その没落は一九三〇年〜一九三二年の期間に最も激しくなっている。この期間は、日本「内地」の昭和恐慌の影響で、「産米増殖計画」下の朝鮮農村が大打撃を受けて疲弊に苦しめられる時期である。

ここで土質が肥沃な全羅北道の場合を見よう。一九三四年から一九三六年までを平均すると、自作農は総農家戸数に対して五・〇%に過ぎないが、小作農は七五・九%、自小作農は一九・一%という比率であり、小作農と自小作農を合わせた比率は九五%に達するのである。小作農は生活困難のために賃金労働をするようになるが、全国において賃金労働をなす小作農の全小作農家数に対する比率は、三七%に及んだ（一九三〇年）(6)。ここからも、農村の過剰人口が激増している状況を知ることができよう。

表2　農家の負債額⑦

		自作農	自小作農	小作農	合　計
53 部 落	戸　数	704	1,333	1,834	3,871
	1929年	62,080	106,538	93,389	262,007
	1932年	103,854	154,522	119,043	377,419
		自作農	自小作農	小作農	平　均
1戸当り	1929年	89.6	79.9	50.9	73.5
	1932年	147.5	115.9	64.9	109.4

備考：単位は戸数以外は円。

表3　春窮の状況⑧

		自作農	自小作農	小作農	全　体
朝鮮南部七道	戸　数	50	220	621	892
	比　率	23.4	40.2	72.8	55.5
朝鮮北部六道	戸　数	42	103	216	362
	比　率	14.5	32.8	61.3	36.0
朝 鮮 全 体	戸　数	92	323	838	1,253
	比　率	18.4	37.5	68.1	48.3

備考：1930年調査。戸数の単位は1,000戸で1,000戸未満を四捨五入した。
　　　比率は各階層の総戸数に対する百分比。

また、この時期の自作農の没落状況は、高利貸しによる負債額からもうかがえる。〈**表2**〉は、慶尚北道の五三部落における各農民階層の負債額調査の結果である。一九二九年と一九三二年の数字から、各階層とも負債額が急増していることがわかる。とくに、自作農は一戸当り八九・六円から一四七・五円へと、負債額の激増ぶりが注目されよう。

次に、春窮の状況を〈**表3**〉に示そう。春窮とは、麦収穫の端境期に食糧が欠乏する状態を指す。これは、地主制の確立や米の日本「内地」への移出など、社会的要因による食糧不足の慢性化にともなった現象である。春窮の時は、農民たちは野山の新芽・草根・木皮で食いつながざるを得なかった。

〈**表3**〉からわかることは、一九三〇年において各階層の農民ともに春窮に陥っていることである。とくに、小作農の六八・一％が春窮農民であった。そして、その数は米作地帯である南部地方が多く、小作農の七二・八％が春窮農民であることがわかる。これに加えて、農村の過剰人口がますます増加していけば、彼らの生活困難は極度に深刻化していくことが予想される。

こうした農村の過剰人口の増加は、小作争議の激化をもたらすだろう。小作争議の発生件数を朝鮮総督府農林局の調査から見ると、一九三〇年が七二六件、一九三一年が六六七件、一九三二年が三〇〇件、一九三三年が九七五件、一九三四年が七、五四四件、一九三五年が二五、八三四件、一九三六年が二九、九七五件となっている[9]。ここからは、一九三三年から一九三四年にかけての時期以降、小作争議の発生件数がとくに急増していることがうかがえる。また、発生地域は全羅南道や慶尚南道などの南部地方に圧倒的に集中している。小作争議の発生原因としては、小作権（小作権移動）に関するものが最も多く、次に小作料に関するものとされている。

では次に、こうした過剰人口が住み慣れた故郷を後にして移住していく状況を見てみよう。

まず「満洲」方面であるが、この方面への朝鮮人の移住が開始された時点は、間島《かんとう》地方が一八八三年に朝鮮人へ開放された時期に一応求めることができるという。そして、韓国併合の一九一〇年には、すでに在満朝鮮人の数は一〇万人を超えていたといわれる[10]。正確ではないがその後の増加を知るために、統計資料を見よう。一九三三年六月末現在における外務省調査によると、「満洲」在留朝鮮人は六六一、四九〇人となっている[11]。

次に、日本「内地」への移住状況を見よう。〈**表4**〉は、朝鮮人の日本「内地」への渡航・帰還・居住人口を示したものである。この表の数字は、密航による渡航を考え合わせると正確ではないが、その増加の傾向はうかがえる。とくに、一九三〇年前後から渡航と居住人口の増加が著しくなっていることがわかるだろう。これらの移住者

表4　朝鮮人の日本移住の状況⑫

年　次	渡　航	帰　還	居住人口A	居住人口B
1926年	91,092	83,709	143,796	207,853
1927年	183,016	93,991	177,215	346,515
1928年	166,286	117,522	238,102	341,737
1929年	153,570	98,275	275,206	387,901
1930年	127,776	141,860	298,091	419,009
1931年	140,179	107,420	311,247	437,519
1932年	147,597	103,452	390,540	504,176
1933年	189,637	113,218	456,217	573,896
1934年	175,301	117,665	537,695	689,651
1935年	112,141	105,946	625,678	720,818

の移住理由別の割合は、「生活難」「労働」「金儲け」「勉学」「その他」という分類において、次のようになっている。一九二八年における東京府での調査では、世帯主四〇〇人中で「生活難」が五三・三％、「労働」が二〇・八％である。同様に、独身一、六〇〇人中で「生活難」は五六・三％、「労働」は一二・八％である。また、一九二六年における神戸市での調査では、世帯主四七〇人中で「生活難」が二八・九％、「労働」が六一・三％である。同様に、独身一、一二四人中で「生活難」は二四・〇％、「労働」は六一・八％である⑬。このように「生活難」と「労働」という理由が大半を占めており、朝鮮の農村が大打撃を受ける一九三〇年以降はこの傾向がより強まると推測される。

その次に、朝鮮内における移住状況を見てみよう。〈**表5**〉は各道別の流入・流出を示したものである。流入率とは、現在人口における流入して来た他道出生の割合であり、流出率とは、自道より他道へ流出した人口を還元して求めた出生人口においての、他道現在者の割合である。

他道からの流入人口であるが、多いのは江原道の二二七、四一一人、京畿道の一七二、六七四人、忠清北道の一三二、三一二人、

表5　人口移動の状況⑭

道	現在者		流入率（%）
	総数	他道出生	
全羅南道	2,288,429	57,300	2.504
全羅北道	1,467,604	127,140	8.663
慶尚南道	2,045,113	90,899	4.445
慶尚北道	2,373,856	81,096	3.416
忠清南道	1,356,942	106,530	7.851
忠清北道	890,877	132,312	14.852
京畿道	2,004,012	172,674	8.616
江原道	1,473,972	227,411	15.428
黄海道	1,499,643	95,649	6.378
平安南道	1,288,804	88,093	6.835
平安北道	1,519,037	63,635	4.189
咸鏡南道	1,527,975	110,940	7.261
咸鏡北道	701,844	101,720	14.493
全朝鮮	20,438,108	1,455,399	7.121

道	出生者		流出率（%）	流入・流出（−）超過
	総数	他道現在		
全羅南道	2,320,136	89,788	3.870	−32,488
全羅北道	1,424,974	84,663	5.941	42,477
慶尚南道	2,059,539	106,383	5.165	−15,484
慶尚北道	2,502,365	210,376	8.407	−129,280
忠清南道	1,365,920	115,685	8.469	−9,155
忠清北道	885,455	127,046	14.348	5,266
京畿道	2,001,782	171,120	8.548	1,554
江原道	1,347,211	100,993	7.496	126,418
黄海道	1,506,556	102,714	6.818	−7,065
平安南道	1,350,068	149,723	11.090	−61,630
平安北道	1,529,448	78,624	5.141	−14,989
咸鏡南道	1,510,717	96,354	6.378	14,586
咸鏡北道	613,489	21,930	3.575	79,790
全朝鮮	20,417,660	1,455,399	7.228	——

全羅北道の一二七、一四〇人、咸鏡南道の一一〇、九四〇人、忠清南道の一〇六、五三〇人、咸鏡北道の一〇一、七二〇人の順である。反対に流入人口の少ないのは、全羅南道の五七、三〇〇人、平安北道の六三、六三五人である。これを流入率から見れば、江原道の一五・四％、忠清北道の一四・九％、咸鏡北道の一四・五％が高い。低いのは、全羅南道の二・五％、慶尚北道の三・四％、平安北道の四・二％である。

一方、他道への流出人口が多いのは、慶尚北道の二一〇、三七六人、京畿道の一七一、一二〇人、平安南道の一四九、七二三人、忠清北道の一二七、〇四六人、忠清南道の一一五、六八五人、慶尚南道の一〇六、三八三人、黄海道の一〇二、七一四人、江原道の一〇〇、九九三人の順である。反対に流出人口が少ないのは、咸鏡北道の二一、九三〇人、平安北道の七八、六二四人、全羅北道の八四、六六三人、全羅南道の八九、七八八人の順である。これを流出率から見れば、忠清北道の一四・三％、平安南道の一一・一％が他道よりも高い。低いのは、咸鏡北道の三・六％、全羅南道の三・九％などである。この流出率を朝鮮全体から見れば、低い地域は最南端の全羅南道・慶尚南道と最北端の咸鏡北道・平安北道が著しく、高い地域は忠清北道・京畿道・忠清南道の中央部および南部では慶尚北道、北部では平安南道である。中央部付近が、流出率の高い状況にあることがうかがえよう。

また、これらの人口の流入・流出により人口を増加したのは、江原道の一二六、四一八人がとくに多く、順に咸鏡北道の七九、七九〇人、全羅北道の四二、四七七人という具合である。反対に減少したのは、慶尚北道の一二九、二八〇人がとくに多く、以下順に平安南道の六一、六三〇人、全羅南道の三二、四八八人という具合になっている(15)。

忠清北道は人口増加が比較的少ないが、それは流入率・流出率がともに高い結果であり、人口移動の激しいことを示していよう。また、京畿道は実際の人数において流入・流出の人口が多く、人口移動が実態として最も激しいことを示している。これらの地域が朝鮮の中央部であることも注目されよう。

このように、自作農の没落にともなって農村に過剰人口が急増し、それが大きく影響して「満洲」や日本「内地」への移住、そして地域差はあれ朝鮮内における人口移動が激しくなっていたことがわかる。冒頭で述べた洞里財産の激減と合わせて、一九二〇年代に「村落共同体」の解体が進んでいた状況をうかがい知ることができよう。これが三・一運動直後の時期において、農民たちが置かれていた状況である。

李箕永《イ・ギヨン》（一八九五～一九八四）の小説『民村《ミンチョン》』（一九二五年）は、貧農の娘が家族のためにわが身を犠牲にするという内容のものである。地主から借りた長利米二石の代わりに、一六歳の小作農の娘は地主の息子の妾にされた。父親は精神を病み、母親は出て行く娘の足下で気絶し、兄は激しく泣いた。主人公の青年は農村指導者としては力不足であったため、淡い恋心を抱いていた娘を黙って見送るだけで、たった籾二石のためにどうすることもできなかった。実に無力であった。

農民たちの没落は、家族の愛情を切り裂き、人間の温かい感情を踏みにじり、人生の希望も一瞬にして消し去るものであったのだ。隣人たちも助ける余裕がないばかりでなく、自らもまたその悲劇の内にある。そして、互いに猫の額のような小作地を求めて争わねばならない関係に堕ちてしまうのであった。

そして、故郷を逃れる者たちは懐かしい風景を後にし、新天地を求めて旅に出る。数え切れない人の群れが、それぞれの村の《アリラン峠》を越えて旅立って行ったのだろう。

(2) 巫覡団体の組織化

周知のように古代の朝鮮には巫俗の王権が見いだせる。たとえば、『三国遺事』「巻一　紀異第一」の「第二　南解王」には、「新羅称王曰居西干、（中略）或曰次次雄或慈充、金大問云次次雄方言謂巫也、世人以巫事鬼神尚祭祀、故畏敬之」という記述がある。新羅第二代王の南解居西干は「次次雄」（あるいは慈充）ともいうが、それは「巫」と同義語であったことがわかる。

その後、高麗時代・朝鮮王朝時代を通じて、儒教的立場の官僚により巫俗は「淫祀」「淫祠」とみなされ取締りの対象とされた。ことに、両班《ヤンバン》官僚制により儒学（朱子学）が支配理念となって仏教や「邪学」を排斥した朝鮮王朝の時代は、巫俗の禁止と罰則の徹底化が幾度も叫ばれ続けた[16]。それは、毎回の取締りが効を奏さず巫俗の統制が不可能であった事実を表していよう。

ここから、朝鮮の農村社会における巫俗の根は深いものであったことがわかる。それは、民俗学の研究成果が示すように伝統社会が巫俗の基盤となっていたからである。

ある日本人の巫俗を紹介する記事に、巫覡《ふげき》の数が「八道に渉つて三十万を算したのであるが、寺内総督（寺内正毅）は文化に逆行するものとして之を禁廃したのであつた[17]」とある。ここから、併合当初の朝鮮において巫覡は三〇万いるとまで伝えられていたことがわかる。また、併合直後の時期に早くも巫俗が厳しい取締りを受けていたことも知ることができる（この巫俗の取締りは、一九一二年に制定された総督府令第四〇号の警察犯処罰規則にもとづくものである。その詳細は第二章第一節第一項「旧慣制度調査事業の方針転換」で検討する[18]）。

前項で示したように、巫俗の基盤となる伝統的な農村社会が変動をきたしている状況に加え、併合にともなう厳しい取締りを受けたため、巫俗にとってその存続が困難な時期を迎えることになる。その後一九三〇年八月現在の数値として、朝鮮総督府の調査資料『朝鮮の巫覡』[19]は、朝鮮全土に巫覡が約一二、三〇〇人余りいたという調査結果を載せている。この数値はもちろん正確ではないが、表面に現れた減少傾向を示すものであることは推測できよう。

この時期の警察当局による巫俗の取締り状況は、『朝鮮の巫覡』第七章第三節「全鮮の巫弊」に掲載の「現在各地の巫弊状況」の表に整理されている。また、具体的な取締りの一三例が、第七章第二節「巫覡の弊害」の「その一、衛生上への禍」の中で、各地の警察署からの事例報告として載せられている。この一三例は、巫俗の疾病治療の行為を「危険性を多分に帯びたもの」として、警察犯処罰規則にもとづき処罰がおこなわれた事例の典型例である。

このように、とくに巫俗における疾病治療の行為に対する取締りが厳しくなされている背景には、総督府がいわゆる近代医学にもとづいた医療制度を確立させようとしていた状況がある。衛生関係の官庁における管轄は、統監府時代から中央・地方ともに警察当局においてなされていた。総督府では、一九一三年一一月制定の公医規則（総督府令第一〇三号）により朝鮮に公医制度を設け、公医を全朝鮮に配置したが、彼らは監督官庁の指揮の下で「伝染病ノ予防」「地方病ノ調査」「種痘」「学校衛生」「工場衛生」などの事務に従事した。

そして、医師の普及を図るために、一九一四年からは毎年二回医師試験が実施されることになった。また、医師を養成する学校も京城医学専門学校をはじめ医学学校を総督府が指定し、総督府による統制の下で朝鮮内での医師養成制度も築かれていった。だが、総督府にとって近代医学にもとづいた医療制度確立のためには、このような新たな養成手段だけでは医師の数が充分とはならない。そこで、総督府は公医制度と並行して朝鮮在来の漢方医である医生を用いて医師不足を補充した。一九一三年一一月制定の医生規則（総督府令第一〇二号）により、総督府は医生を免許制の下に統制し、免許を受けた医生をして公医から西洋医学を学ばせ、総督府が確立を図る医療制度の末端部を担わせている。

このように総督府が医療制度確立の政策を推し進める中で真っ向から対立してくるのは、朝鮮の民間で普遍的になされていた巫俗の疾病治療の行為をはじめとする民間療法である。こうして、前述のように警察当局による民間療法の取締りに拍車がかかることになる。

その取締りにもかかわらず、巫覡たちは地下に潜伏して密かに活動していたことを、次の資料から知ることができる。この文章は一九二三年八月に、敬神矯風会発起代表者である朝鮮人三名が斎藤実総督に提出した「陳情書」(20)の一部である。

日鮮合併《ママ》後此ノ悪弊ヲ除去スル為メ警察官署ヨリ巫覡ノ敬神代行ヲ取締リタルモ幾千年古昔ヨリノ慣習タル故ニ巫覡等ハ此レガ自廃スル事出来ズ、警官ノ耳目ヲ隠避シ依然コソコソ致シ居候

ところが、三・一運動の直後において突然と巫俗が「復活」し、巫覡にとってまるで「黄金時代」のような状況を迎えることになる。朝鮮語新聞の『東亜日報』はこれについて次のように報じている（「両次駆逐当ヱ《され》大正八年復活」という小見出しの中で。以下、『東亜日報』の日本語訳は青野）。

このように国法で厳禁したムーダン〔巫覡〕が、大正八年〔一九一九年〕、斎藤文化総督〔斎藤実〕のいわゆる文化政治にともない、再び蠢動を始めたのです。…これは、虐げられてきたムーダンには千載一遇の黄金時代だと見ることができるでしょう(21)。

これはまさに、文化政治への転換という隙間をついて、巫覡やその周辺の者たちが否定されてきた自分たちの信

仰を核に再結束している現象であると考えられる。

この記事は、引き続き「このいい機会を他の誰よりも先に利用したのが小峰源作という日本人だ」と述べている。小峰源作（朝鮮名は金《キム》・在賢《チェヒョン》）は、一九二〇年五月に崇神人組合という巫覡の組合を創設して自ら組合長になったという。[22] また、この崇神人組合の設立から巫覡の活動がさらに活発となり、「公然とクッ〔巫俗の儀式〕をやり、致誠を捧げ、ドラをたたいて吉凶禍福を予言するようにな」ったとして、他にも種々の儀礼の「盛行」ぶりが伝えられている。

このような意外な状況の背景には、崇神人組合と警察当局との間における何らかの関係が憶測されるが、それについて前記の「陳情書」は次のような手がかりを示唆している。

大正八年ニ至リ小峰源作（一名ハ金在賢ト称ス）ナル者ハ不逞鮮人ノ密偵ニ利用スル為メ崇神人組合ト云フモノヲ設立シテ警務当局ヨリ朝鮮巫覡ニ対スル取締特権ノ黙許ヲ得タリト称シ（下略）

「朝鮮巫覡ニ対スル取締特権ノ黙許」という関係が記されているが、これは小峰自らが称しているにすぎない。しかしながら、この時期の『東亜日報』の記事からは、崇神人組合が「取締特権ノ黙許」という既成事実を作りあげていることを知ることができる。

たとえば、一九二二年九月には平壌《ピョンヤン》での「弊害」が伝えられている。[23] それによると、組合員として集めた「巫女」や「盲人」に、「クッ」と「経」一度につき五〇銭から二円の手数料を組合に納入させて「免牌」を与え、その額が毎月数万円に達するという。また、「巫女」や「盲人」たちはこの「免牌」を「官庁の許可と称して興行」

し、「無知な農民とか弱い女子を誘惑」しているとのことだ。

そのため、「近日にいたり警察当局は取締りを行っているのであるが、その方針が徹底できない」という。そこで、「平壌市民五百人余り」が連署で、前月の八月末に平安南道庁に「請願書」を提出した。

次に同年一〇月、同じく平壌での記事[24]には、前述の「請願書」（この記事では「陳情書」）にもかかわらず、「当局では何ら取締りをする様子も見えない」ために、今度は代表が平安南道警察部保安課長に面会した。その結果、「これからは厳重に取締りを行うつもりであり、その旨を各警察署に通知して、…」と明言したという。

このように、警察当局で取締りの「方針が徹底できない」様子を見抜いてか、崇神人組合は「取締特権ノ黙許」という既成事実づくりを押し進めていた。それでは一方の警察当局はどうであったのだろうか。

一九二五年二月の記事[25]には、咸鏡南道の咸興《ハムン》で「本町通り中央で崇神組合支部という看板を掛け、巫女たちが横行している」のだが、「目前に開業披露までやって騒ぎ立てても、警察は黙認する」のだとある。

次は一九二七年六月の端午の記事である[26]。平安南道价川郡《ケチョングン》の軍隅里《クヌリ》でいわゆる「堂クッ」（都堂クッのことで、一般に村の守護神を祀る壇に村人が集まり、福を願って行うクッ）が行われた。これに対して、当地の青年各団体はその中止を求めて、六月一〇日に「陳情書」を价川警察署に提出し、また代表が当局者と直接面談してその「禁止」を求めた。しかし、返答は「すでに許可したのであるから、しかたがない」というものだった。

そこで、同日夜に青年たちは直接行動にでることにして「堂クッ」の場所に集まったが、警察当局では彼らを「制止すると同時に解散させた」という。

以上のように、警察当局では取締りの「方針が徹底できない」ために、崇神人組合の既成事実づくりに追従して「黙認」する以外に方策がなかったようである。これは、巫俗の取締り法規である警察犯処罰規則が、活発化した

「巫女たち」の「横行」に対して有効に機能しなくなった事実の裏付けでもあるといえる。[27]

ところで、前述した敬神矯風会の「陳情書」は「小峰ノ悪行事実」を暴露した内容のものであった。そして、「朝鮮巫覡ニ対シ正格ナル方法ヲ以テ之レヲ支配シ善良ナル方針ヲ以テ之レヲ指導シテ漸次一般ノ迷信誤想ヲ正覚セシメ以テ其ノ悪弊ヲ除去シ度」いという目的から、崇神人組合に代わる巫覡の統制団体として敬神矯風会を承認してほしいと陳情している。

ここで、この敬神矯風会や崇神人組合、あるいは神道同栄社[28]、崇神会[29]のような巫覡の組織化を図る団体に注目して考察を加えよう。

朝鮮において、従来から存在していた巫覡団体は当時においてほとんど消滅しており、全羅南道の数箇所に神庁と呼ばれる先輩巫覡の霊を祀る堂を紐帯にして巫夫契の組織が残っている程度であった。朝鮮時代末期には、地方によっては官許の団体あるいは官衙に従属する団体も存在したのであるが、甲午改革以来これらの巫覡団体は衰亡したという。[30]

このような衰亡の状況は、前項で示したように巫俗の基盤となる伝統的な農村社会が変動をきたしたことでさらに加速される。それに加え、併合にともなう厳しい取締りを受けたため、巫俗にとってその存続が困難な時期を迎えていた。

その状況が一時期好転したのが三・一運動後の文化政治への転換期であり、ここにおいて巫覡の活動が活発化し、さらに崇神人組合のような巫覡団体が現れたことは前述したとおりである。

巫覡の側にとっては、その基盤となる伝統的社会が崩壊の過程にあれば、供給者と需要者との間をつなぐ新たな結社体を創設して再び基盤を築いていかなくてはならないはずである。さらに、結社として認められる、つまり

「類似宗教」団体として認められれば、「迷信」としての取締り対象から外されることになる。それゆえ、小峰源作のような搾取する日本人であっても、この機会を逃すまいと必死になってその結社＝崇神人組合に結束していったものと考えられる。

一方の警察当局にとっても、崇神人組合の既成事実づくりにともない警察犯処罰規則による取締りに限界を認識した以上、取締り方針確立までは、むしろ巫覡団体を利用して巫覡の統制を図ることの方が得策であると考えるのは当然であろう。すなわち、「類似宗教」団体という枠組みの中での統制となる。

後に京城帝国大学教授の秋葉隆が、『朝鮮巫俗の研究　下巻』の中で、「当時民心に対する巫覡の潜勢力の侮るべからずして、統治上これが統制を必要となす見地より、其筋に於てもこれを黙認するの態度に出でたる」（二九三頁）と述べている。この記述もまた、警察当局が崇神人組合を利用しながら巫覡を統制しようとして、両者の間に生じた「取締特権ノ黙許」という関係を裏付けるものである。

だが、小峰は警察当局の思惑とは別に、崇神人組合に寄生して甘い汁を吸い続けた。組合員の巫覡たちは入会金・月捐金などの金銭的負担が大きく、さらに前述の「陳情書」に列挙されているような「小峰ノ悪行事実」による搾取も受けていた。それにもかかわらず、秋葉をして「巫覡の徒小峰某を見ること救世主の如き観があつたと伝へられてゐる」と言わしめている。

それはやはり秋葉が分析するように、「其筋の黙認を得た組合の勢力が強くして、巫覡がこれを以て力強き支持者と観ずる限り、その財政上の負担を甘んじて受けてゐた」ためと考えられる。ここで、「救世主の如き観があつた」とか「力強き支持者と観ずる」という表現に注目したい。

これに関連するが、「陳情書」の「小峰ノ悪行事実」は、彼の生誕祝賀に「開城巫覡ニ各金四、五円宛ヲ集取シ盛大ナル祭神奉仕ヲ為シタル」ことを記している。搾取を続ける小峰に対して、巫覡が依然と「救世主」の如く接していている事実から、かえって新たな結社体にかける彼らの必死の姿が見いだせるのである。言い換えれば、巫覡たちを結社体、つまり崇神人組合の下で団結させるエネルギーとして、彼らにおける終末思想の一端を読みとることができるのではないだろうか。

それゆえ、崇神人組合は巫覡たちと警察当局との対立関係の中で、双方の均衡を保つ存在として登場し、「一時半島の巫覡に号令するが如き勢いを示」（秋葉）すまでになったわけである。

ところで、崇神人組合に代わって巫覡の統制係（警察当局からの観点で）になることを申し出た敬神矯風会は、その陳情が受け入れられなかったようだ。そして、巫覡の統制係として「黙認」されていた崇神人組合の方は、「小峰ノ悪行事実」を知った警察当局により注意を受け、組合本部を閉鎖するに至るのであった（秋葉）。一九二七年に小峰が死亡した後には幹部間に内訌が絶えず、その後は衰退の一途をたどったという[31]。

崇神人組合の没落の後は、一九三一～一九三二年に「大小無数の類似の団体が雨後の筍の如くに生じ」（秋葉）ている。これらは、崇神人組合と同様に巫覡を組織化した団体であるが、警察当局と崇神人組合の間における「取締特権ノ黙許」という関係が崩壊した以上、これらの団体は取締りの対象となる秘密結社的な存在となる。そのため、「類似宗教」に認められた団体といえども、組織としては「有名無実の状態[32]」となるほかなかった。

ではここで、崇神人組合の評価を試みよう。先に崇神人組合を、巫覡と警察当局との対立関係の中で双方の均衡を保つ存在として登場したと述べた。それに補足することになるが、崇神人組合が他の巫覡を結社化した団体と同様に、巫俗を時代の変化に合わせて当時の社会に適応するように「矯風」「矯正」を試みた点を評価したい。崇神人組合の設立の理由書[33]には、設立の目的として「不正ヲ以テ金品ヲ貪ル者モ有之、人民ヲシテ瞞着スルノ悪弊ヲ行フ等ノ者ヲ矯正シ、正当ナル道ヲ開キ正道ノ信念ヲ導キ」と述べられている。

もちろん設立者である小峰が、この設立理由のとおりに崇神人組合を設立したとは考えられない。しかしながら、警察犯処罰規則に抵触する「迷信」を結社化する以上、その存続を図るためには「矯風」「矯正」は必然条件であった。

それゆえ、小峰には問題があるとしても、崇神人組合自体は警察当局の取締りで潜伏していた巫俗の存続を図り、警察当局との均衡状態を保ちながら、巫覡たちを結社化し団結させる団体として出発したのである。

ところが、「小峰ノ悪行事実」に見られるような小峰の横暴により、警察当局との均衡状態が崩れてしまい、多くの巫覡たちも崇神人組合から離れていった。この小峰の横暴を崇神人組合の問題点の第一にあげたい。そして、第二の問題点としては、巫俗を結社化するうえで巫覡の統制のみに専念していた点をあげたい。つまり、巫俗が一般社会において「迷信打破」の対象から免れるための努力はしないで、巫覡の斡旋制度を設けたり祈禱場所を一定の場所に限るなどの管理・統制ばかりに専心していたのである。[34]

第二節　農村での契の自治的再編

（1）村落における契の組合化

朝鮮の伝統社会には、水田地帯で農民たちが組織する固有のトゥレ（두레）という共同労働の作業共同体が存在した。農民たちが、いわば「トゥレ共同体」の「ひとつの構成要素として農楽《ノンアク》を発明して取り込んだのは、基本的にトゥレの共同労働を楽しくさせ、労働能率を高めるためであった」（日本語訳は青野）という。[35]

朝鮮の農村における一般的な村落の型であるが、南部地方の水田地帯では「トゥレ共同体」という「村落共同体」によって形成されていたといえる。そして、それを統率する自治組織は洞契であるが、洞契といういわゆる「村落自治」を基盤にして村祭りも挙行されていた。

一方、北部地方の畑作地帯では共同労働はトゥレのように村落規模ではなくて少人数でおこなわれた。そのため、洞契を自治組織とする「村落共同体」の共同性は比較的弱いものであったといえる。

その共同作業においては、牛を中心とする少人数のものが象徴的であった。すなわち、牛を所有しながら農業経営には労働力を必要とする富農と、農業経営に牛力を必要とする小農数人における共同作業であり、むしろ個別労働的な側面が強かったという。また、畑作地帯では水利に関して村落内あるいは村落間で利害関係がほとんどないし、雨などの天候によって共同作業が左右されることも少なかったので、大規模な共同作業の習慣やそれにともなう農楽も形成されなかったといえる(36)。

ところで、洞契が自治組織であったことは前述したが、同時に契の機能的要素を多分に含んだ結社体としての性格も合わせもっていると考えられる。そこで先に契を説明しよう。

一般に契は、朝鮮土着の相互扶助組織で日本の頼母子講などに類似し、公共事業・生産活動・共同購入・資金融資・親睦・娯楽などの目的をもった組織と定義される。

植民地支配下にあっていち早くその起源を究明したのは崔南善《チェ・ナムソン》で、彼は古代において「契はもと宗教的行事を中心とする一種の部落議会であつた」とし、その後の契の展開の中で「村里毎に若くは職業毎に一契を有して、共同生活上一切の世話をするやうになつた」と述べている(37)。ここで、契は本来的に宗教的自治組織であったことに注目される。そして、その名残を残して近代に至ったのが本書でいう自治組織としての洞契となる。

だが、契は変遷の過程で自治組織以外にも上記のような様々な目的をもつ機能的な相互扶助組織としての性格を帯びるようになり、公共事業という機能も契の目的の中のひとつとしてみなされ、洞契の目的として分類されるに至ったのである。同じ契とはいえ、自治組織としての洞契と機能的結社体である各種契との相互排他的関係を見いだすことができよう。

さらに、植民地下にあって洞契は変容をきたし、公共事業の目的以外にも他の機能的要素を多分に含んでくるようになる(38)。すなわち植民地期の洞契による「村落自治」は、機能的要素を前提とする契的な結合によって成立している「自治」として認識すべきであることがわかる。

このような契的結合とでもいうべき洞契の「村落自治」において、その結合を生み出していた農民たちの心意世界はどうであったのだろうか。

農村では村のいたる所に禍福をもたらす鬼神が渦巻いており、その鬼神観念にもとづく巫俗信仰が基盤となり村落の生活が生み出されていたといえる。巫俗信仰は祖先崇拝や村落祭祀とも深くかかわっているといわれるが、こうした鬼神観念で閉ざされた村落空間の中で、農民たちの日常生活は営まれるのであった。

一方で、「村落自治」は在地両班という旧支配層の支配体制下に置かれていた。そもそも朝鮮王朝において、村落は一般に身分からいえば、在地両班層と、一般農民である常人《サンイン》という二元的構造から構成された。旧支配層が「村落自治」を支配体制下に置くためには、前述した農民たちの心意世界をも統制しないといけないわけである。

この場合、朝鮮王朝時代に地方支配のための行政色の濃い州県郷約《ヒャンヤク》が村落に浸透して成立した洞約《トンヤク》に注目しなければならない。この洞約は、鬼神観念の中に生きる農民たちを儒教理念をもって統合するための規約であり、両班支配体制下の「村落自治」を生み出すためのイデオロギーとして用いられたと考えることができる。旧支配層の影響力の強かった「村落自治」からは、洞約あるいはその強い名残を見いだすことができよう[39]。

こうして、村落には下層・深層における巫俗的文化と、上層・表層における儒教的文化という文化の二重構造が生み出され、植民地期においてもその二重構造が社会・文化の面に浸透しているのであった[40]。新たな支配層として君臨した総督府は、このような二重構造にある社会・文化に対して、とりわけ農民たちの心意世界における下層・深層部分に対してどのような政策でもって臨んでいったのであろうか。

ところで、朝鮮総督府では契（洞契も含む）の存在に着目して二回にわたり調査をおこなっている。最初に出された調査資料は『朝鮮の契[41]』（一九二六年）であった。これに載せられた資料の大部分は、一九二六年に「各道知事に対して、新に綿密なる調査方を照会し、その回答に係る書類を取纏めたもの」（「序」）だという。次に出された調査資料は『農山漁村に於ける契[42]』（一九三七年）で、農村振興運動[43]の展開の中で契の利用策を講じるためにおこなわれた調査の結果をまとめたものである。両者とも、政策立案において参考資料とするための調査資料であるので、調査のうえでの正確性・信憑性の問題は残るが、だいたいの傾向を読みとることは可能であると考える。以下、両者の調査資料をもとにして説明していこう。

〈**表6**〉は、一九二六年から一九三七年にかけての契の変遷を示したものである。契の目的ごとの分類は資料の分類に従ったもので、「公共事業を目的とするもの」「扶助を目的とするもの」「産業を目的とするもの」「金融を目的とするもの」「娯楽を目的とするもの」「其の他」となっている。

ここで、「産業を目的とするもの」に関して例示してみる。この分類に属する契の名称は、たとえば「農務契」「産業契」「農林契」「農産契」「農事契」「農契」「農事改良契」「種穀契」「肥料購入契」「土地契」「灌漑契」「造林契」「牛契」「精米契」「小作契」「農具契」「出荷契」等である。これらは村落内のトゥレ共同体ともいうべき共同

表6　契の変遷(44)

契の目的		公共事業	扶　助	産　業	金　融	娯　楽	その他	合　計
1926年 A	契　数	1,623	11,696	2,187	2,073	264	1,224	19,067
	契員数	82,312	351,172	101,443	134,139	5,414	72,402	46,882
1937年 B	契　数	4,894	15,949	2,552	2,358	1,633	1,257	28,643
	契員数	204,900	398,442	91,147	95,741	28,929	62,790	81,949
B－A	契　数	3,271	4,253	365	285	1,369	33	9,576
	契員数	122,588	47,270	－10,296	－38,398	23,515	－9,612	35,067

労働組織あるいはその変容したものであったり、各種の機能的団体として組織化された契の中の農業経営関係（生産・消費・利用の部門）のものである。

この〈**表6**〉によると、契全体が契員数を含めて大幅に増加しているにもかかわらず、「産業を目的とするもの」の契数の増加が少ないし契員数の方はむしろ減少している。それは、「其の事業内容従来の契と同様であつても組合等の名称を用ひつゝあるものは之を除外」したためである。これに関して『農山漁村に於ける契』は、「就中産業を目的とする契は漸次名称を組合等と称し契其のものは減少の傾向にあるが、反面新組織の団体が激増しつゝある状態である」と説明している。つまり、「組合等」と称する「新組織の団体」が「激増」しているわけであり、さらにその数は「恐らく数万に達するものと思わるる」と記されている。

これらの「組合等」の「新組織の団体」は、在来の契組織や契の精神を基盤として農民たちが主体的に設立したものである。つまり、契はその性格が組合と同質であるため、契が組合の名称に変えられる場合や、契の方式をとって組合が設立される場合もあったのである(45)。

次に、「金融を目的とするもの」に関して例示しよう。この分類に属する契の名称は、たとえば「月収契」「月利契」「生利契」「金融契」「殖利契」「殖産農契」「貯蓄契」「興利契」などである。これらは、貨幣経済が農村に浸透する中、村落において零細農たちの金融面での相互扶助をなす組織である。

〈表6〉によると、「産業を目的とするもの」と同様に、「金融を目的とするもの」の契数の増加が少ないうえ、契員数の方は減少している。これは、金融組合の普及のために金融関係の契の中でも禁圧されているものを除外したためであろう。ちなみに、朝鮮における統治者側の農村団体には朝鮮農会（系統農会）・金融組合（信用事業を担当）・産業組合（販売・購買・利用事業を担当）という三団体があった(46)。

『農山漁村に於ける契』によると、総督府は一九一一年に金融組合制を導入したため、「無尽的契、殖利契、算筒契、富籤的契、作罷契等は相当禁圧」していた。それにもかかわらず、金融組合の施設が零細農にまで及ばなかったため、「金利を目的とする契或は直接の目的とせざるも実質上其の目的を達しつゝあるもの現在〔一九三七年当時〕二万五千余契に及んでゐる」と嘆いているのである。この状況を資料の筆者は分析し、原因として金融組合が「実際は小農階級に及ばず春窮若くは家族の幸、不幸、罹災等の場合は一に之等の部落共助機関に頼るより外途ないこと」があげられている。

実際、金融組合は高利貸し資本に利用されてしまい、零細農に普及しないどころか逆に彼らを苦しめる結果をもたらしていた。だが、ここで注目されるのは、「之等の部落共助機関」つまり契に零細農が依存していることを資料の筆者が認めている点である。それゆえ、〈表6〉で数値として示されなかった多くの「金融を目的とするもの」が、金融組合の普及を妨げるものとして禁圧の対象になっていたことが容易に推測されよう。

このように村落では、一九二〇年代に入り、なおかつ一九三〇年代にかけても、農民の没落と流民化という危機的状況に対応して多くの朝鮮在来の契が組合組織に編成替えされていた。あるいは、金融に関わる契が根強く支持されていて、相互扶助の役割を担い続けている。

（2）北部畑作地帯の状況

前項で述べたような契の組合化の動向を踏まえて、一九二〇年代の北部畑作地帯における契の自治的再編について、資料的制約のため一九三三年に出された総督府の調査資料『朝鮮の聚落』[47]の「模範部落」報告から、比較的典型と思われる例を見よう。

咸鏡北道の明川《ミヨンチヨン》郡《グン》西面《ソミヨン》明南洞《ミヨンナムドン》は、山東洞《サンドンドン》に新郊洞《シニヨドン》の一部が編入されて新洞里である明南洞を形成した。一九二七年の調査報告を収録したと考えられる『優良部落調』[48]にも、「明南洞契」として報告されているので、ここでは『朝鮮の聚落』での報告を基本にし、部分的に『優良部落調』を参照することにする。明南洞は、戸数が一八八、人口一、二三一という規模の大きな村落である。地形は、「南北に稍長く東西に狭し、明南川は洞の中央を貫通北流し、森林鬱蒼」としており、土地は「肥沃にして農耕に適す」という。地主（在村地主）七八戸、自小作農一〇五戸、小作二戸という当時としては裕福な農村である。併合後においても土地調査事業による土地の収奪や、農民階層分解の影響の少ない地域だといえよう。

明南洞には、この当時にも統廃合前の山東洞を区域とする、「山東郷徒」という儒教倫理にもとづいた洞約が残っていた。「山東郷徒」の「郷徒細則」には、「徳行及礼俗」や「相互救助」の項目がある。これは、かつて山東洞において在地両班層を支配層とした洞里「自治」があり、この時期も依然と彼らの勢力が存在することを意味していよう。

だが、韓国併合後の一九一一年に道令第八号「洞契規則」（詳細は不明）にもとづいて、「産業、土木、衛生、教育、納税、風紀」という事項を内容とする洞約が法律により公布された（前掲『優良部落調』）。つまり、咸鏡北道で「山東郷徒」のような従来の洞約とは別個に、いわば《官製》洞約が施行されたということである。それは、「一面府郡をしてその主旨徹底に努めさせた結果、全道に之が普及を見るに至った[49]」というが、併合直後ゆえにどの程度徹底したものかは疑わしい。

ところで、一般には前述のように面制施行によって洞約の受け皿となる自治組織の洞契は衰退の危機に直面する。それゆえ、咸鏡北道でもやはり、「面制の制定と共に其の事業を面に統一し、さらに産業契を作りしと雖も、其の実効見るべきもの少なく、年と共に頽廃に帰せり[50]」という状況だったようだ。それで、一九二五年に前述の「洞契規則」が廃止されている。だが、それにもかかわらず明南洞では、「既往の実績に鑑み存置の必要を認め」て、一九二六年に「一般洞民の申合せに依りて」再び洞契の組織化が図られることとなった。その内容は「産業、土木、教育、納税、風俗の改良」である。では、この再組織化の意味を考えてみよう。

明南洞の中心人物に、現洞契長・全厚喆《チョン・フチョル》、現面長・車鍾瓘《チャ・ジョングオン》、現区長・任周燮《イム・ジュソプ》、現会計員・車鳳淳《チャ・ボンスン》ならびに任錫顥《イム・ソッコ》があげられている。『優良部落調』には任周燮（当時三三歳）だけ中心人物としてあげられていて、経歴も紹介されている。それによると、一九一三年に明川公立普通学校を卒業して翌年から一年間京城学院で学び、その後六年間郷里の私立学校で教員をした後、面協議会員に就任した。そして、一九二六年に明南洞の区長に任命された。彼は常人層出身の新興地主の可能性が高く、明南洞に出現した新興勢力ということができよう。そして、中心人物となり行政側と均衡を保ちながら、「優良部落」「模範部落」の選奨へと導いたと考えられる。

なお、他の人物については不明である。だが、彼らも同様に新興勢力であることは確かであり、それゆえ『朝鮮の聚落』において彼らも中心人物に加えられたのであろう。ここでいえることは、彼らの登場が、従来の山東洞の洞約にもとづく両班層の「自治」に代わる新たな「自治」の出現の可能性を意味する。これは行政的立場からは二元的な支配体制ともいえるだろうが、ここでは主体的な「自治」再編の過程であることを重視して、本書でいうところの洞契による「自治」の発生として位置付けたいと考える。

次に、『優良部落調』から明南洞の洞契を検討しよう。前述のとおり、洞契長も中心人物にあげられていた。また、基本財産は、現金が一、一五〇円で林野が八九町三反一畝である。歳出の中で大きな比重を占めているのが、「産業費」と「矯風費」である。一九二六年度において、「産業費」の予算額は二八二円、「矯風費」の予算額は一四五円であった。

それぞれの内訳で多額を要しているのが、「産業費」が「共同養蚕所費」一八五円、「矯風費」が「橋梁架設費」の一三〇円である。翌年の一九二七年度においては、「産業費」の予算額二二四円中「共同養蚕所費」が一六〇円で前年度とあまり差がない。「矯風費」の予算額の方は五〇円と大幅に縮小されたが、それは「橋梁架設費」が二五円に減少したためである。

共同養蚕所は引き続き重要視されているわけで、郡農会からも補助金一〇〇円が出されている。一方の橋梁架設は、前年度においてほぼ完成を見たのであろう。

洞契の基本財産は、中心人物たち（おそらく新興地主層）が出資したものであることは容易に推測できる。そして、多数の自小作農を組織し、養蚕を通じた商品経済に対応しながら小作経営を図っているのであろう。これは名称が洞契ではあるものの、契の機能を組合化した組織である。そしてさらに、「矯風費」という名目で橋梁架設（「山東郷徒」という洞約にはない）をなすことで独自の公共性を生み出し、洞契における自治組織としての機能も強化しようとしている。

行政側の指導を受ける「産業奨励」に関しても、残存している洞約を中心にした両班—常人秩序下の従来の「自治」が、それを自ら担当するわけがない。しかも、常人層の農民たちは、当然ながら支配される側としてこの従来の秩序に強く反発している。そうであるならば、直接農作業に携わる農民層が、たとえ行政指導の色彩が濃いものであってもこの洞契の方に与し、これに加わるのは理に適うことである。一九二六年の洞契の再組織化が、「一般洞民の申合せに依りて」(『朝鮮の聚落』)なされたとあったが、上記のことがこの記述の背景にあると見てよいだろう。

それから、前述の中心人物たちは、洞契の新たな「自治」に農民たちを組み込むだけでなく、さらに洞約である「山東郷徒」をも洞契の指揮下に入れることを試みている。『朝鮮の聚落』に収録されている「山東郷徒」の規約文「郷徒郷約」および「郷徒細則」によると、「郷徒郷約」および「郷徒細則」は一九二三年に施行されたとある。時期としてもこの施行には行政側の指導が考えられるが、中心人物たちはそれを利用したと見る方が妥当ではないか。施行に際して施行前の最高幹部である尊位と契首が廃止され、最高主席が都監として一本化されているのである。旧山東洞の洞里行政の執行を監視する尊位と、洞里行政の担当者である契首を廃止することは、これら旧洞里の指導者たちの失脚を狙うものであろう。

また、「郷徒細則」には次のような条項が見られる。

第一九条　入郷せんとする者は洞契に加入したる証明書に入郷金三十銭を添附し総会日に志願すること

第二〇条　(中略)但し洞契に未加入の郷員あるときは直ちに黜郷を命ずること

つまり、洞約の構成員を洞契の契員で占めて、洞約を洞契に従属させることを図ったことがわかる。

それから、「郷学細則」の内容が依然と儒教倫理の色濃い規則であるにもかかわらず、村民全体を対象にしており、両班—常人という上下の区別がなく、罰則もやはり上下（儒罰と郷罰）の区別が撤廃されている。こうして新興の中心人物たちは、あい対立する従来の両班層による支配体制の解体を試みるわけである。

明南洞の例は、「村落共同体」の共同性が比較的弱い畑作地帯にあって、養蚕業を中心に商品経済化が進んでいる地域の中で新興勢力（おそらく新興地主）が地方行政を利用しながら洞契を組織し、在地両班層による従来の「自治」から脱して、村落に新たな「自治」つまり洞契による「自治」の構築を試みたのではないかと私は考えている。そして、これが北部畑作地帯の村落における契の自治的再編の典型的なパターンではないだろうか。

（3）南部水田地帯の状況

①《官製》自治団体から見た場合

では次に、一九二〇年代の南部水田地帯における契の自治的再編について、同様に『朝鮮の聚落』の「模範部落」報告から、「村落共同体」の共同性の強さにおいて比較的典型例と思われる一例を示しながら検討する。その一例は慶尚南道の咸陽郡《ハミヤングン》咸陽面《ハミヤンミヨン》新泉里《シンチヨンニ》である。

新泉里は、新基洞《シンギドン》・三泉洞《サムチヨンドン》・後洞《フドン》という三つの洞里が統合されてできた新洞里である。戸数は八二、人口四〇五という中規模の村落で、地形は南北に長くて東西に短く、ほぼ平坦な地勢となっているが、山谷に介在しているため通行・運搬が不便であった。中心人物は、趙翰奎《チヨハンギユ》（五一歳）、金善泰《キムソンテ》（四六歳）、盧楨洙《ノジヨンス》（五一歳）で、階層は地主が二戸、自作農三戸、自小作農一七戸、小作農六〇戸という状況である。少数の富農と多数の貧農に二分されている。

新泉里には、《官製》自治団体ともいうべき振興会（詳細は不明）が設置されていた。振興会会長である趙翰奎は新興地主と考えられる。彼がイニシャティブを取り、振興会第一回総会で道路改修を決めた。三つの旧洞里の共通の利益となる道路改修を、新洞里における振興会が主導したといっても、元来道路改修は旧洞里における洞契によってなされるものである。それゆえ、この時の改修工事も旧洞里自治を基盤にしてなされただろう。そこで、振興会よりも農民の結集力が強く、かつ旧洞里間に統率力をもつ組織として行政側に期待されたのが、咸陽面新泉里棉作改良契である。

規約の「新泉里棉作改良契規約」では、「契員は陸地棉以外棉花を耕作することを得ず」（第八条）と規定されている。これは、総督府が朝鮮で綿工業の原料となる陸地棉の栽培奨励をなしたことによる。

規約によると、棉作改良契の事務所は契長宅に置かれ（第二条）、新泉里が区域とされた（第五条）。契員は、「本契の地域内に於て棉花生産に従事する者又は棉花の小作料を収受する者を以て組織す」（第六条）とある。これは、新泉里内に小作地をもつ地主（ただし、新泉里内に住所を有する者に限られる）も契員に含めて、契の事務のひとつである「小作権移動の融和協調」（第四条）を図るのだろう。なお、契員は六〇名である。

また、契の組織は第一実行班・第二実行班・第三実行班からなっているが、これらは旧洞里ごとに編制されたものと見てよいだろう。それから、棉作改良契では約二反歩の陸地棉模範作圃を設置し、各実行班を超え契員全員で共同作業をして「模範」栽培法を習得した。

また、棉作改良契の事務の内容は、前記の小作権以外にだいたい棉作の技術・経営に関することが主で、これらを通じて契員の「福を増進し親睦を旨」（第三条）としている。

以上から、棉作改良契は行政指導を強力に受けたものとみなせるだろう。それは、まず陸地棉のみを栽培させ、班（旧洞里単位か）を設けることで「村落共同体」の共同性を吸収する。そして、共同作業を通じて三つの班の間の摩擦を解消し、新洞里における「村落自治」掌握を図るものであったといえる。

一方で、旧洞里における共同性に依拠せざるを得なかった点に注目され、それらの吸収が大きな課題であったことが読みとれる。

②「村落共同体」の共同性から見た場合

ここでは、三つのマウル（마을、日本語の「むら」に相当する固有語）を取りあげ、マウル民たちが農楽を紐帯にして「村落共同体」の共同性を維持していった過程を検討する。これにより、南部水田地帯における強固な「村落共同体」の共同性の一例を示したい。

調査をおこなった地域は、京畿道の驪州郡《ヨジュグン》加南面《カナムミョン》（調査時、現在は驪州市加南邑）にある鼎丹里《チョンダンニ》・花蓮《ホアリョン》・坪里《ピョンニ》と呼ばれる三マウルで、水田の広がった農村である。三マウルの位置は、郡庁のある驪州邑（調査時、現在は驪州市庁となり驪州市世宗路に所在）とおよそ一〇キロ近く、加南面の面事務所のある太坪里《テピョンニ》とはおよそ五キロ離れている。

一九一四年の面・洞里の統廃合により、旧来の五つの面が部分的に統合され加南面となった。加南面では、洞里は三七カ所が統廃合されて新たに二〇の洞里が創出された。これらは新洞里である。また、三つのマウルはもともと加西面鼎丹里、召開谷面花蓮、召開谷面坪里であったが、鼎丹里は他洞里の一部を吸収したとはいえ、ほぼそのまま加南面鼎丹里となった。ところが、花蓮と坪里は合併されて加南面の花坪里《ホアピョンニ》となっている。(51)

なお、ここで用いる資料は、三マウルで老人に面接してうかがった談話と、『驪州郡誌』（調査時は未発刊）の草

図１　鼎丹里（1987年８月著者撮影）

稿である。鼎丹里ではA氏、花蓮ではB氏とC氏、坪里ではD氏とE氏である。[52][53]

この三マウルは、驪州郡でもともと農楽（농악）とトゥレ・サウム（두레싸움）が盛んな地域であった。南部地方に特有である農楽とは、農耕儀礼や共同労働の際に演じられる舞楽である。その律動感や音量、ほとばしるエネルギーは農民の団結力の強さを示している。この地域では、マウル単位の農楽がなされ、マウルの共同労働の組織であるトゥレが母体となって農楽隊が編制された。

トゥレは「村落共同体」における共同労働の組織で、農社・農契などの名称をもつ。トゥレの共同労働は、一般に田植えや除草など多くの労力を必要とする農作業の際、マウルが共同で各農家ごとに順に作業をして扶助し合うものである。だが、「村落共同体」の解体にともないトゥレの共同体的性格は変化しつつあり、農業労働の賃労化が少しずつ進んでいたのが当時の一般的傾向である。

それから、トゥレ・サウムは「サウム」が「喧嘩・闘い」であるから、直訳すれば「トゥレの喧嘩・闘い」という意味になる。マウル間でトゥレの農楽隊同士が、相手の農旗（農楽隊の先頭に掲げられる「農者天下之大本」と書かれた旗）を倒すマウルの祭りである。ここでは、三マウルにおけるトゥレの変遷が不明であるため、代わりに三マウル間でのトゥレ・サウムの変遷を通して、「村落共同体」の共同性を維持していった過程を考察しよう。

なお、驪州郡では、とくにこの地域の農楽が有名かつ盛んであった。植民地支配の末期に、農楽の楽器をはじめとする真鍮製品の供出が命じられたが、鼎丹里ではそれを拒否したという。農楽を維持せんがためである。また、鼎丹里と花蓮との間で闘われたトゥレ・サウムの壮烈さも、驪州地域に広く知れわたっていたという[54]。

まず、植民地期における三マウルの概観から述べよう。鼎丹里には旧支配層の在地両班層はいなかった。地主は、ソウルに住む朝鮮人の不在地主である。自作地をもつ農家は少数で、ほとんどが小作農だった。マウルの裏山が共有山で、当時は「共同山」といった。葬礼の際の柩車である喪輿はひとつあった。水利は、各自の水田に設けられた井戸水の小さな水溜めを使用した。この水利だと、旱魃の時には個人的な争いとなる程度で、マウル同士の争いにまで至ることはない。また、新洞里としての鼎丹里には区長（新洞里の長）がいた。植民地支配の末期に区が設置されるが、鼎丹里はそのままひとつの区として存続した。末期の区長は自小作農だったという[55]（A氏の談話）。一般に、一九一七年の面制施行により、マウルの共有財産が面に吸収されている。鼎丹里には洞中契の組織が続いていたというが（B氏の談話）、共有山と喪輿を維持することで洞中契が存続できたのだろう。

次に花蓮であるが、ここも在地両班層はいなかった。地主も同様にソウル在住の朝鮮人不在地主である。自作地をもつ農家はごく少数あったと見られ、ほとんどが小作農であった。共有山はなかった。喪輿もない。喪輿を借りるために、鼎丹里の洞中契に入ることができた農家が五、六軒（不確か）あったという。洞中契に入れなければ米を払って借りるしかない。水利は鼎丹里同様、水田の水溜めを使用した。また、新洞里としての花坪里の区長は、花蓮の方にいた（B氏、C氏とE氏の談話）。後に区が設置される際に花蓮と坪里は再び分離して、花蓮は花坪里二区、坪里は花坪里一区となったことがある。

坪里も、やはり両班はいなかった。地主もまた他のマウル同様である。自作地をもつ農家はほとんどなかったようで、大概が小作農であった。共有山はなく喪輿もない。鼎丹里の洞中契に入ることのできた農家もなかった。水利は他のマウルと同様である。新洞里としての花坪里には区長が花蓮にいたため、坪里からは所任（補佐役）が一名任ぜられた（D氏とE氏の談話）。なお、後に区が設置されて花蓮と坪里が分離した際には、坪里にも区長が生まれたという（B氏とC氏の談話(56)）。

以上から、これら三マウルの村落規模・勢力が大体推定できよう。三マウルでの順序を推定するなら、大きい順に鼎丹里＞花蓮＞坪里となるだろう(57)。

では次に、トゥレ・サウムを検討してみよう。『驪州郡誌』の草稿には、一定の方式でおこなわれる試合形式のトゥレ・サウムについて書かれている。これは、農閑期の冬にマウル境の定まった場所に、農楽をしながら二マウルの農楽隊が集まって、相互の農旗を倒す祭りである。この時はマウル総出で楽器を鳴らしながら声援を送る。サウム自体も激烈で、過熱すれば相手の農旗を奪ってくる場合もあったという。というのは、別名農旗サウムともいわれるように、農旗を中心にしておこなわれたからである。

このトゥレ・サウムの祭りの根底には、マウルでどのような行事をおこなうにしても、農旗のためになすのでなければ災禍がマウルに及ぶと信じられたように、農旗にかかわる民間信仰があった。それゆえ、トゥレ・サウムはマウルの繁栄と威信にかかわり、マウルのその一年の運命を占う重大な行事でもあるわけだ。

だが、前記草稿にはこのようなトゥレ・サウムは、植民地期の中期頃に禁止され中断したと述べられている。おそらく、三・一運動後のことではないかと推測される。

ところが、マウルの老人の話によって、もうひとつ違ったトゥレ・サウムの形式を知ることができた。次は、その形式のトゥレ・サウムについて説明しよう。この形式のトゥレ・サウムは、驪州地域でトゥレによる共同作業がなされる夏の除草の時期におこなわれた。

この地域では、除草のためトゥレの共同作業がなされる時、各マウルの農地が隣接しているのでトゥレ同士が出会うことがよくあった。その際は、農楽を始めた歴史において先輩後輩関係が厳格に守られ、後輩農楽隊は先輩農楽隊に農旗で敬礼をしなければならない。その代わり、農楽の奏手が交換され、先輩農楽隊は上手な奏手を交換に出すわけである。もし、後輩農楽隊が農旗の敬礼をおこなわなかったら、その時はトゥレ・サウムが始まる。だが、敬礼することはお互いに幸福なことであり、そばで共同作業をしても問題はなかったという（A氏）。

ところで、このようなトゥレ・サウムの担い手となるのは、トゥレの農楽隊であった。この地域では、日本統治下でも農楽が自由にできたという（E氏）。だが、前述したように末期には真鍮製の楽器を供出させられ、農楽は実施できなくなった（C氏）。しかし、トゥレによる共同作業には農楽は欠かせないものである。元来、トゥレの共同作業では数回の飲食の時間や休息時間をもち、農楽による娯楽も催される。農楽は厳しい労働に憩いを与え、作業能率を高めてくれるものである。

当時のマウルの人々は、高率の小作料と高利貸しの負債のもとで苦しい生活を余儀なくされていた。鼎丹里のA氏は、食糧がないのでトゥレの共同作業の際は麦飯弁当を持参し、日に一回だけそれを食べた。だが、農楽は必ずおこなったという。農楽は、マウルの人々の心をひとつにするものだからだそうだ。それは、前述したように、鼎丹里が真鍮製の楽器の供出に応じなかったことからもうかがえる。

この地域のトゥレに対する統制や、トゥレがどのような変容を来したかはわからない。だが、彼らは農楽を守り続けていたのだ（少なくとも楽器の供出までは確実に）。それゆえ、「村落共同体」の共同性において、農楽がマウルの人々を結び付ける結集力であり精神的支柱になっていたということができる。そして、この支柱は固く守られているのである。

では次に、農楽の実際の舞台であるトゥレ・サウムの変遷を見てみよう。前述したように、植民地支配の中期頃に試合形式のトゥレ・サウムは禁止されて中断した。それは警察当局による禁圧によるもので、加南面にある駐在所支所の巡査によってその後も監視されたようだ。A氏は、トゥレ・サウムをすると、支所の巡査が来て捕まえられ殴られたと語る。また、トゥレ・サウムをして負けたマウルが支所に密告するので、無理してすることもなくなったという。これは、治安的な理由から禁圧されたものと考えられる。

それから、高齢のA氏以外の比較的若い老人たちは、トゥレ・サウムを農旗を倒すサウムとしては認識していない。例えば、一種の遊びで農楽をしながら酒を飲み角力を取るとか（D氏）、言葉によるサウムで自然にやめてしまうとかである（B氏）。また、農旗を倒すサウムを危険だとも認識している（E氏）。高齢のA氏も、農旗を倒すサウムについての話に混じって、正月などに酒の振る舞いを当て込んで農楽をしながら回り歩いたと語る。この場合、農楽隊同士もサウムをせず、農楽がひとつの娯楽なのだという。

以上の談話からわかることは、直接的に禁止の対象となっていない除草の時期のトゥレ・サウムも、農旗を倒す壮烈な方式ではおこなわれなくなってきたということである。むしろ、娯楽的な性格を強く帯びてきているようだ。トゥレ・サウムの性格が、マウルの運命を占うものから、次第に娯楽色の濃いものへと変化しているのだ。

それでは、以上のことをふまえて三マウルの相互の関係の変化を考えてみよう。その前提として、まず農楽の先輩後輩の関係とトゥレ・サウムの優劣について、その順序を推定してみる。

鼎丹里のA氏は、花蓮も坪里も敬礼をよくしたという。また、花蓮は小さいマウルなので相手にならなかったと豪語する。花蓮のB氏、それに坪里のD氏とE氏は、各自のマウルの威信のためかこのことに関しては言葉を濁らせた。とくに坪里の両氏は、遊びでやったとか危険なためおこなわなかったというように、サウムを意識的に回避していた模様である。花蓮のC氏だけは、漠然と花蓮が先輩農楽だといった。また、前述したように『驪州郡誌』の草稿には、鼎丹里と花蓮の二マウル間のトゥレ・サウムの壮烈さが、驪州郡に知れわたっていたとあった。したがって、これらを総合して考えるなら、やはり三マウルの規模・勢力と同様に、農楽の先輩後輩関係は、鼎丹里＞花蓮＞坪里となるだろう。そして、トゥレ・サウムの優劣もまた同様に、鼎丹里＞花蓮＞坪里と推定される。

では、三マウルの相互の関係の変化を検討してみよう。まず、鼎丹里と花蓮の関係を見る。

前述のように、喪輿は鼎丹里にあったので、花蓮では五、六軒（不確か）の農家（おそらく花蓮の有力者）が喪輿のために鼎丹里の洞中契に入っていた（B氏）。この契加入のために、両マウルは親しい関係にあった（E氏）。また、この両マウル間には親睦契もあった（B氏）[58]。水利の問題でマウル同士が対立することはないと前述したが、鼎丹里と花蓮が水利のために対立することはなかったという証言もある（B氏）。それから、鼎丹里の村民の農地が花蓮の方にあったので（E氏）、トゥレ同士が出会う機会が多くあっただろう。花蓮は鼎丹里とよくトゥレ・サウムをしたというが（C氏）、鼎丹里側では花蓮がよく敬礼をしたと主張する（A氏）。そしてまた、この二マウルの間柄は近いものだったと坪里のD氏は認めているし、花蓮のB氏も、親しい関係にあるのは坪里でなく鼎丹里の方だったと語っている。

以上から、鼎丹里と花蓮は元来親しい関係にあったことがわかる。そして、花蓮と坪里とが合併されてひとつの新洞里となってからもずっと、坪里とは別途に、その親しい関係は維持されていたようだ。トゥレ・サウムも、マウルの運命を占う壮烈な試合形式のものが中断されてからは、除草の時期になされるものに娯楽的な色彩が次第に濃くなっていった。

次に、鼎丹里と坪里の関係を見よう。花蓮と鼎丹里との関係ほどに親しくなかったことは前述した。やはり、坪里が経済的に困難であったために鼎丹里との関係は疎遠だったという（E氏）。それは、坪里が鼎丹里の洞中契に入れる者がなかった（C氏とE氏）ことも関係しよう。また、農地がお互い離れていた。そのため、坪里は鼎丹里とトゥレ・サウムをあまりしなかったという（E氏）。だが、鼎丹里側では、坪里が敬礼をよくしたといっている（A氏）。

以上から、鼎丹里と坪里は関係が疎遠であったといえる。トゥレ・サウムも、坪里がよく敬礼をして、おこなわれなくなったようだ。娯楽色の濃いトゥレ・サウムも、両マウルの間にはあまり見られなかっただろう。

最後に、花蓮と坪里の関係を見よう。花蓮は坪里よりも鼎丹里と親しかったが、花蓮のB氏は坪里とも親しい関係だったと語っている。また、坪里のE氏も花蓮とは親しかったと述べている。さらにE氏は、ひとつの村に合併していたから、マウル単位でできない大きな行事などは花蓮と共同でおこなったと語った。

こうした両マウルではあるが、トゥレや農楽を共にすることはなかった（B氏）。また、坪里に花蓮の農地があったために（C氏）、トゥレ・サウムがおこなわれる機会が多かったはずである。だが実際は、坪里は花蓮と農旗を倒すサウムをおこなわなかったというし（E氏）、花蓮の方でもまた、坪里とはおこなわなかったという（C氏）。

したがって、花蓮と坪里は行政的な合併を経たといっても、お互い別個の「村落自治」を保持していたことがわかる。この点は、調査時（一九八七年）もなお別個の洞里として存続していたことからもうかがえる。

以上のように、三マウルではそれぞれマウルの「村落自治」が維持されていた。このような「村落自治」の維持を可能にした精神的な要因は何であろうか。それは農楽であると考えられる。農楽の激しいエネルギーの渦の中にマウル民たちは巻き込まれ、心をひとつにしていった。

本節の冒頭で述べたように、マウル民たちの結衆のあり方はいわば契的結合であった。自治組織である洞契をはじめとして、伝統的な契を媒体としたマウル民の結合は個人的利益を前提としている。それゆえ、このような「村落共同体」の共同性を強めるためには、農楽の凄まじい吸引力が必要であったと考えられる。すなわち、農楽が「村落共同体」の共同性を強固にする装置のひとつであったのだろう。

このような共同性の強さに加え、第一節第一項で述べたように、南部地方では自作農の没落と過剰人口の問題が深刻の度を増している時期であった。さらに、南部地方は旧支配層の地盤が強く、その影響力の強い地域が多く存在していた。それゆえ、南部水田地帯の村落における新たな「自治」の構築、つまり契の自治的再編は容易ではなかったと考えられる。

（4）北部・南部での民族宗教の基盤

①民衆の終末思想

農村社会に深く根付いていた巫俗は、前述したように農村社会においてその基盤が崩れかけていた。そのうえ、巫俗は併合後の過酷な弾圧、あるいは崇神人組合のような巫覡団体の結社化が失敗するといった事態に遭い、ますます厳しい状況の下に置かれていくのであった。

そのため巫覡たちが地下に潜伏したならば、民衆は疾病治療や招福、死者の弔いなど、日常生活の場での精神的拠り所である巫覡たちとの接触が困難となる。なおかつ、農村では没落と流民化という呪うべき運命の来襲に農民たちは喘いでいたのである。

民衆はこのような閉塞状態にあって、その救いを何に求めるのであろうか。

そこで登場するのが民族宗教であると考える。民族宗教団体は東学・天道教に代表されるように、巫覡のカリスマを自らの教主のカリスマに取り込んでいた。すなわち、民族宗教団体の教主たちは、村々で禁圧下にあった巫覡の病気治療や鬼神祓いなどのカリスマを自らのそれに取り込み、かつ予言の書『鄭鑑録』の影響の下で真人（＝新王）あるいはその国師など、巫覡以上のカリスマをもって登場している。それゆえ、没落し流浪の民となった農民、あるいはその危機に直面している農民の多くには、巫覡に代わるカリスマ的存在となったといえる。

次は、これら民族宗教団体における農村社会での基盤について考察しよう。

東アジアにおける代表的な終末思想は弥勒下生信仰であるが、朝鮮ではこの伝統的な終末思想とともに、朝鮮王朝時代の讖緯書である『鄭鑑録』にもとづく終末思想が特徴的であるといえる。『鄭鑑録』の予言は、李氏の王朝が亡んだ後に真人の鄭氏（新王）が出現して鶏龍山《ケリョンサン》に新王朝を建設するというものであり、その予言の地はシンドアン(59)（신도안＝新都内）と呼ばれた。

朝鮮王朝の時代に反乱を生むような際立って厖大なエネルギーを発揮した土着文化は、このような民衆の終末思想であったと考える。終末思想の背景をもった民衆が東学の異端教理によって動員され、大民衆反乱に至ったのも一八九四年の甲午農民戦争である(60)。その敗北の後、植民地支配下において前述したように農村社会は大規模な変動期を迎えていた。それにともない、終末思想もまた変容を迫られるのは必然のことであろう。

その変容前において、キリスト教プロテスタントの土着化を促進させ、イスラエルを自らの状況に類比させる信仰を生みだし、三・一運動の原動力の一端にもなった要素は、他ならぬ民衆の終末思想であった[61]。

一九一九年の三・一運動を組織的に担ったのは、序章でも述べたように天道教の宗教結社とキリスト教プロテスタントの宗教結社（＝教会）であった。ここで両者における終末思想を改めて考察してみよう。

崔済愚《チェ・ジェウ》が一八六〇年に創始した東学も『鄭鑑録』の要素をもっていた。東学や後身の天道教における『鄭鑑録』の要素は、「後天」時代の理想世界の夢を民衆に提示している点にうかがえる。「後天」とは、東学の創始以後において天が直接人に降霊する時代であり、この世に「地上天国」が出現するという。

この「地上天国」は特定の予言の地をもたない普遍的概念と考える。だが、東学は万人真人化の道を閉ざして崔済愚ひとりが真人であるとしたため、民衆を変革主体として把握できず、むしろ内省主義を奨励することになった。その後においても、天道教をはじめとする東学正系の団体は内省主義が継承されたという見解もある[62]。とはいえ、天道教はプロテスタントとともに三・一運動を組織的に担った。だが、その際の弾圧により天道教とプロテスタントはともに組織的な打撃を被っている。

天道教はプロテスタントや東亜日報社とともにいわゆる文化運動を主導することになるが、中でも朝鮮農民社による農民運動はその「地上天国」建設という終末思想の実体化を図った運動と考えている（第四章で検討する）。なお、この時期に多く叢生される東学の傍系教団は、むしろ『鄭鑑録』的な色彩が強まり千年王国主義的性格を多分にもつことになった。すなわち、傍系の各団体は教理に『鄭鑑録』の影響が強まっていったという[63]。

一方のプロテスタントは民衆を引き付ける魅力を失い、多くの青年たちは新たに登場した共産主義運動に参加していったといわれている。プロテスタントにおける終末思想は、その神秘主義的信仰の中にその変容した姿を見いだせる。

ここで神秘主義的信仰を簡単に説明しよう。プロテスタントは、挫折感を深める信徒大衆が来世信仰へと急傾斜して一時的に教勢が後退する。それでも、「三十年代初頭から教勢は三度急角度に上昇」することになるが、それは「日清戦争から日韓併合に至る若々しい力動感に満ちた飛躍とは全く違ったもの」であった。すなわち、絶望しきった民衆がカタルシスを求めて教会に入って来たため、「教会の中には、いつしかシャーマニズム的現世御利益主義が広汎に蘇りだし、悪魔祓いや血分けといった戦後叢生する「キリスト教的」新興宗教の下地が形成されていく」のであった[64]。

「「キリスト教的」新興宗教」は、巫俗的要素の他にもカリスマ的性格と終末思想が特徴的である。それは教祖が「再臨のメシア」＝新王で、その王朝＝「地上天国」の建設を目指すという、日本で社会問題となった某団体に代表される。ここからは、やはり『鄭鑑録』の大きな影響を見いだせる。

以上のように植民地期における終末思想の変容は、プロテスタントや民族宗教団体において、その教理に『鄭鑑録』的な色彩が強まり千年王国主義的性格をもつという傾向として把握できると考えてよい。

②プロテスタントの基盤

かつてのプロテスタントがその土着化において、一部の民衆には近代ナショナリズムの培養基として受け入れられたことの意味は大きいと考える。朝鮮のプロテスタントは、伝統社会において従来の支配秩序を否定しながら新たな結社体（＝教会）を創出することで、民衆のナショナリズムを確保することが可能となり土着化を果たしている。

それゆえに、プロテスタントの土着化の基盤が、三・一運動後の民族宗教を考えるうえで特別に注目される。すなわち、前述した『鄭鑑録』的観点と同時に、一方でプロテスタントの土着化の観点からも、三・一運動以後の民族宗教運動を捉えることはできないだろうかと考えるのである。

ここで、朝鮮のプロテスタントの土着化について簡単に説明しておこう。プロテスタントは、民衆における民間信仰の要素に合致して土着化したといわれる。たとえば、福音書に描かれたイエスの悪霊退治は、巫俗の中で生活する民衆にとって日常茶飯事のこととして受け止められていたように[65]、民衆が依拠していた巫覡のカリスマをイエスに見いだす形でプロテスタントは受容されたといえよう。

またプロテスタントは、「植民地化過程で信徒たちが捕囚のイスラエルの民と朝鮮民族を同一化し、自己の信仰をメシア的預言者宗教へと脱皮した[66]」ことが高く評価されている。それが、三・一運動で信徒たちを導き奮い立たせた内面的な要因であり、ここから彼らの「神の国」信仰が独立と重なっていることがうかがわれる。

このような受容のされ方の背景には、長老派宣教団による「自給、自立宣教、自治」のネヴィアス方式という宣教政策があり、それにもとづいて、たとえば聖書がハングルに訳されたことがあげられる（プロテスタント信者の大部分は、アメリカ北長老会宣教部の宣教地域である北西地方に居住）。字を知らない信徒がハングルを学んで聖書を読むようになったため、信徒の識字率は朝鮮社会にあって抜群に高くなっていたという。一九二〇年の統計によると、男性正式教会員の識字率が九五％で、女性のそれは八五％、平均して八九％であった[67]。

このような実態は、儒教倫理にもとづく漢字文化で構成されていた旧支配層下の「村落共同体」秩序とは別途に、村落内に信者である農民層を中心にハングル文化が形成され、同時にそれを担う信徒社会が形成されていったことを意味する。信者は旧支配秩序から解放され、個人として信徒社会の中に析出されるのであった。

こうして、プロテスタントは近代ナショナリズムの培養基として受け入れられ、従来の支配秩序を否定しながら新たな結社体である教会を創出することが可能になったといえる。

では、このようなプロテスタント土着化の基盤を念頭に置いて、三・一運動後の民族宗教運動を考察してみよう。伝統社会における従来の支配秩序とは別途に結社体が創出されるならば、その形態において、前項までで見てきた北部畑作地帯と南部水田地帯とでは大きな隔たりが考えられる。すなわち、「村落共同体」の共同性における強弱の差異という隔たりであり、それにともなう契の自治的再編における難易の差異であるといえる。

プロテスタントが強い基盤を築いたのは北部地方（具体的には北西地方の平安南道・平安北道・黄海道）であった。その具体的な実態を知ることはできないが、「村落共同体」の共同性が比較的弱く、かつ旧支配層の勢力も強い地域でなかったという背景も大きく影響していることがわかる。

三・一運動の後に天道教新派は再建に乗り出し、新たに北部地方に基盤を築いていった（主に、平安南道・平安北道・咸鏡南道・咸鏡北道・黄海道）。その基盤づくりの方法が、農民の組合運動（朝鮮農民社による）を通じたものであったことがこれまでの研究で明らかになっている。つまり、天道教の基盤づくりには契の自治的再編との関連が予想されるのである。そこで、北部畑作地帯における民族宗教の基盤を考えるうえで、天道教の農民運動を取りあげてその実態を明らかにしたいと考える。

前述したように東学正系の団体は、天道教を典型として民衆を変革主体として認めないで内省主義を奨励し続けていたという。しかしながら、本書では契の自治的再編との関連を考えるため、天道教が東学傍系団体のように『鄭鑑録』的な千年王国主義的性格を強く帯びることがなかった点に着目することになる。強烈なカリスマ的存在が存在しないし、彼らの普遍的概念である「地上天国」は特定の予言の地をもっているわけでもなかった。それゆえ、むしろ天道教の「地上天国」が、各地の農村において「村落自治」の場に実体化される点に注目したいと考える。

すなわち、経済的に疲弊する農村社会にあって、組合運動を通じて天道教の自治村として村落を再編しようとした点に注目したい。なぜなら、いわゆる自治運動は民族運動としては限界があるとしても、「村落自治」に基盤を置いた自治運動はむしろ評価の対象となると考えるからである。多くの農民が依拠すべき「村落共同体」を失い流浪の民となっていく状況は、自分の村に留まれること自体が悲願であるため、当時の朝鮮民衆の心性を解明するうえでも重要な要件となろう。

③『鄭鑑録』にもとづく民族宗教の基盤

一方で、南部地方においては天道教はその強い基盤を築くことができなかった。それは北部地方とは反対に、「村落共同体」の共同性が比較的強く、かつ旧支配層の勢力が強い地域も多かったという背景が影響していると考えられる。そうならば、南部地方における民族宗教団体の基盤にはどのような特徴があるのであろうか。

前述した『鄭鑑録』の予言は、李氏の王朝が亡んだ後に真人の鄭氏（新王）が出現して鶏龍山に新王朝を建設するというものであった。この鶏龍山は朝鮮半島の中部よりやや南に位置する忠清南道にあり、地理的には南部地方に属する。三・一運動の直後において、多くの民族宗教団体がの鶏龍山に集まってきたが、それは『鄭鑑録』の予言にもとづいてのことであった。

それでは、この『鄭鑑録』の予言を簡単に説明しよう。

『鄭鑑録』は朝鮮王朝の中期以後に広まった予言書であり、七〇種余りの異本があるといわれている。鶏龍山は、

図２　鶏龍山の頂上にある予言文字(70)
（前掲『朝鮮の占卜と予言』の「写真図版」より）

李氏王朝の後に鄭氏が新王となる新たな王都ができると『鄭鑑録』で予言された山である。そのため鶏龍山の南麓には、ここが新都邑地だとして新都内を意味するシンドアンという居住地域が誕生した。

この地に移住してきた多くの者は民族宗教団体であった。総督府の調査資料『朝鮮の類似宗教』(68)を見る限り、彼らの教えに共通する点は、排他的な選民意識に立ち、それぞれの団体の信徒たちだけが新王（教主の場合もある）を鶏龍山で迎え、新王の下で高位高官の特権が授けられるというものとなる。

総督府の調査資料『朝鮮の占卜と予言』(69)には、三・一運動前後におけるシンドアンの戸数の増加が忠清南道警察部の調査として提示されている。それによると、一九一八年末では戸数五八四、人口二、六六七であったのが、三・一運動（一九一九年）の直後移住者が急増し、一九二二年末には戸数一、五七六、人口七、〇一九にまで増加している。この状況を、前掲『朝鮮の類似宗教』では次のように描写している（九四三〜九四四頁）。

かくして鄭氏の新王都を地上天国となす類宗の教徒は続々として増加し、新都の規模開拓に参して将来の幸福を望む者は各地より家産を売り故旧を棄てゝ此地に移住し、それまでは不毛の一寒村に過ぎなかつた新都内は数年ならずしてその戸口約三倍に増加し、…学校も市場も開設せる立派な新興部落を形成するに至つたのである。

ここからは、筆者である総督府嘱託の村山智順にとって「学校も市場も開設せる」ことが余程の驚きであったことをうかがい知れる。「家産を売り故旧を棄て、」移住して来る人々の多くは、没落して流浪の民となったり、あるいはその危機に直面している農民たちであった。

三・一運動直後における総督府の資料『朝鮮部落調査予察報告　第一冊』によると、シンドアンの夫南里に移住した侍天教の信徒は一六四戸（一九二一年三月現在）にのぼるという（八〇頁）。調査者は小作農と自作農それぞれ一名に面接している。彼らの移住状況は、次のように説明されている（一九二一年一一月二四日調査、八一頁）。[71]

小作農は一九二〇年三月に黄海道載寧郡《チエリヨングン》から移住してきた。移住当時は家と敷地を売った代価「現金三百円」を所持していたが、この時は「全部食ひ尽して僅に三間の住家を有するばかり」で、「よい土地柄と聞いて来たが、此の先どうするか考え中だ」と前途に不安を感じている。

自作農は一九二一年二月に黄海道松禾郡《ソンホアグン》から移住してきた。水田と畑を全て売った代価の二、〇〇〇円を持ってきたが、一、三〇〇円で耕地と住居を手に入れ、水田六反五畝と畑二反五畝を「経営して」いるという。彼に移住の動機を尋ねたところ、「北鮮《ママ》が不穏だのと侍天教の為といつてゐた」というが、これに対して調査者は「真意はどういふものであらうか」と疑問を抱いている。

小作農の不安は「新都」建設の前途が多難であることを示している。とくに、経済面で具体的な方途を有していない「新都」建設ゆえに、理想とは異なる厳しい現実がシンドアンには横たわっていることがうかがえる。

ここで、前述した調査者の疑問を解く手がかりとして、三・一運動前後における民族宗教団体の『鄭鑑録』にも

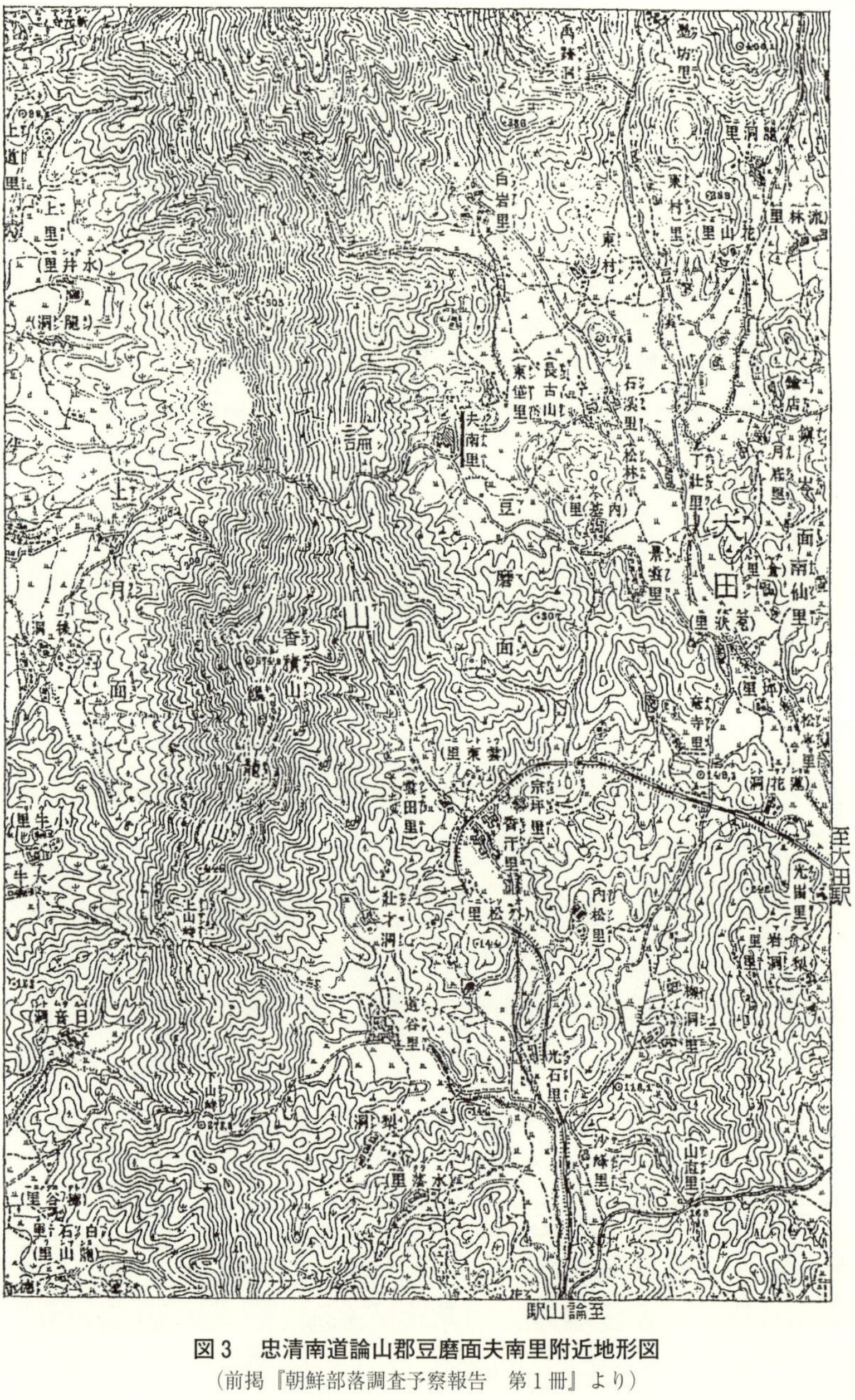

図３　忠清南道論山郡豆磨面夫南里附近地形図

（前掲『朝鮮部落調査予察報告　第１冊』より）

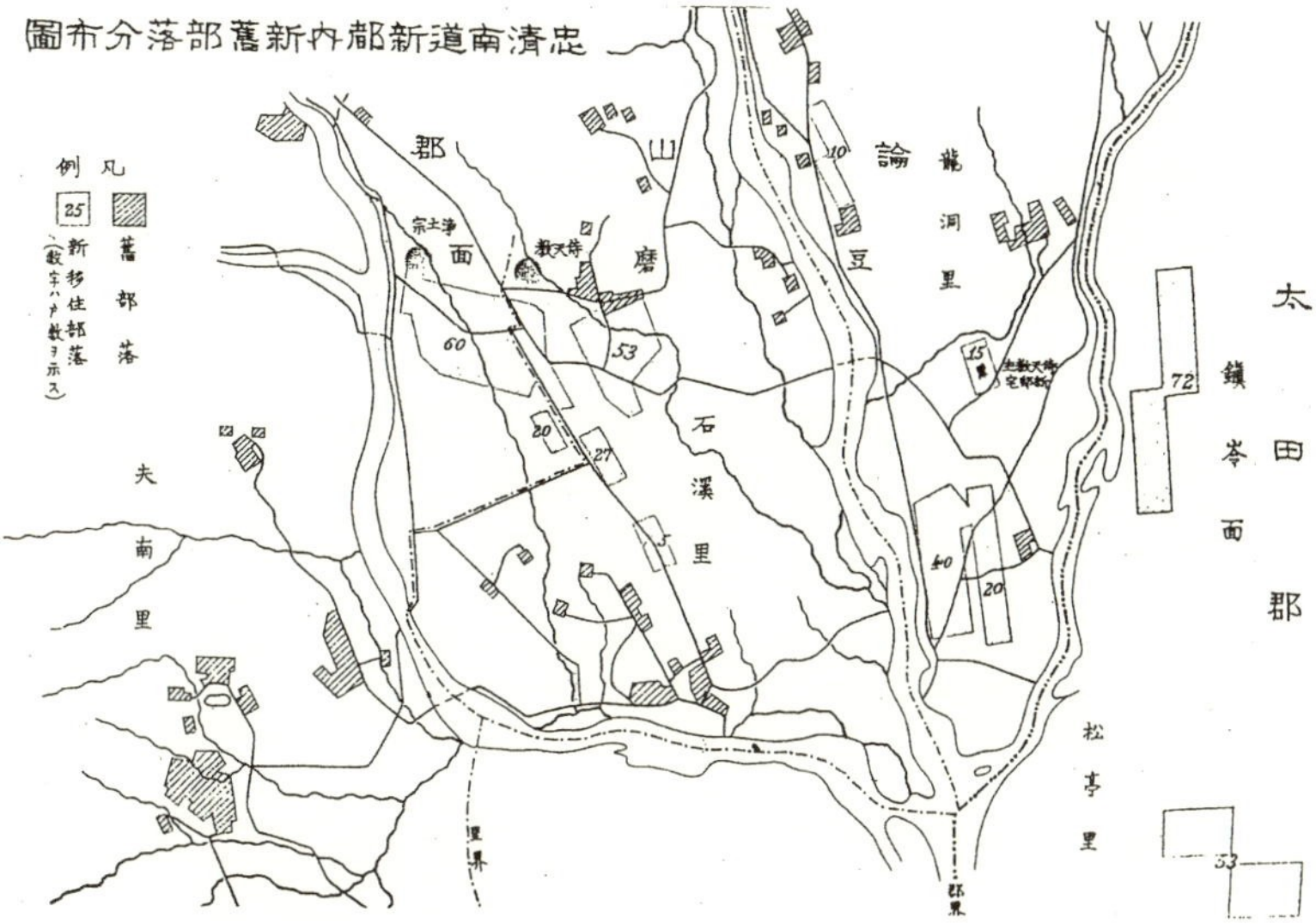

図4　忠清南道新都内新旧部落分布図（前掲『朝鮮部落調査予察報告　第１冊』より）

とづく予言の例をあげよう。日本人が『鄭鑑録』を「迷信」の書として紹介した『鄭鑑録の検討』には、次のような天道教（本来「地上天国」を目指す）の予言が載せられている。[72] この予言は『鄭鑑録』に大きく影響されて教理を曲げているので、おそらく三・一運動前後に生じた分派によるものと推測される。この資料は当然ながら批判的な表現となっているが、三・一運動と『鄭鑑録』予言の関係を知るうえで貴重である。

天道教、「本教は五万年無極の大道にして将来国権恢復に次いで世界を統一するに至るべし、今本教を信ずるに誠を以てせば希ふ所天に通じ、国権恢復世界統一の暁は高位高官の要職を授けられ、自己は勿論子孫の幸福無限なり、其の誠たるや天の賜にして吾人教徒は其の誠を尽す象徴として各其の家族の数に応じ毎炊飯時に一匙の誠米と清水一椀を捧げ祈禱せざるべからず、天は誠米の多少に依り上中下の帳簿ありて之に依り禍福を定め給ふものなり、又我が教祖崔済愚は本教の創

図5　七星教の「草皷」
（前掲『朝鮮の占卜と予言』の「写真図版」より）

刱六十一年目（大正九年に相当）に甦り世界統一の大業を成就すべく、其の時誠米の少き者は罰せらるべし」と、斯くして民度の低級なるに乗じ、教徒より多くの誠米を徴して、その額年収数十万円に上る。

新王が教祖の崔済愚で、「本教の創刱六十一年目（大正九年に相当）に甦り世界統一の大業を成就」するという点は、三・一運動を民衆の心性から理解するためのひとつの手がかりとなろう。

また、新王を待ち望む民衆の切実な心理を伝える出来事がある。それはシンドアンの七星閣に安置された七星教《チルソンギョ》の宝物である「草皷《ママ》」にまつわる事件で、『朝鮮の占卜と予言』に収録されている（五五七～五五九頁）。

それによると、この「草皷」にはそれを打って真音を発した者こそ鶏龍山に出現する新王であるとする由緒があった。これを受けて、同じくシンドアンに本部を置いた上帝教《サンジェギョ》の幹部の黄紀東《ホアン・ギドン》という男が、「昭和三年五月四日、七星閣に納めある草皷を全鮮の宗教々主に打たしめ、真音を発したる者を以て全鮮の宗教を統一しその教主たらしむべし」という説を流布したそうだ。すると、昭和三年すなわち一九二八年の当日において、「草皷打鳴の儀」を見聞しようと全国から集まった群衆が二五、〇〇〇人もいて、「新都内は全く文字通りの人山を築」くほどの大賑わいであった。だが、「草皷」は警察当局によって「草皷打鳴の儀」の始まる前に楼台から引き下ろされ、警察に抑留されて焼却の処分を受けることとなったという。

鶏龍山に集まった多くの流浪の民は、もはや帰る故郷がなくて根のない存在である。それゆえ、鶏龍山に生きることの価値全てを託すのである。彼らが待ち望む鶏龍山に出現するという新王は、彼らの悲運の人生を転換してくれる《救い主》であり、また、その魂の渇望が彼らの心の中に新王を出現させるのであろう。

しかしながら、経済的に方途をもたない彼らの前途はやはり多難であった。『東亜日報』は、一九二九年にシンドアンの住民の貧しさを伝える記事を載せている[73]。また、一九三二年にも、「惑世誣民する流説」に迷った農民たちの「飢えた惨憺たる状態が暴露されている」（日本語訳は青野）と伝えている[74]。

鶏龍山以外にも、南部地方には『鄭鑑録』予言とは別に弥勒信仰にまつわる地域がある。『三国遺事』にも、すでに三国時代に百済で弥勒信仰が盛んであったことが記されているくらいであるが、たとえば全羅北道の母岳山《モアクサン》にある金山寺《クムサンサ》は古代より弥勒降臨の地として信じられてきた。この金山寺で修行した経験のある姜甑山《カン・ジュンサン》（姜一淳《カン・イルスン》）は、東学よりやや遅れてその教え（当時は「吽哆教《フムチギョ》」「太乙教《テウルギョ》」と呼ばれたという[75]）を説いたが、彼は死後に弥勒となって降臨するといわれた。姜甑山の死後に弟子たちが創始した各団体のほとんどが、普天教《ポチョンギョ》をはじめとしてこの地域に本部を構えたのが特徴的であるといえる。

以上のように、南部地方では鶏龍山のシンドアンに集まる団体のように、予言の地や教祖をはじめとするカリスマ的存在が深く関係して、民衆がその地に結集される形態をとる団体が典型的である。それは、前述したように終末思想の変容において、プロテスタントや民族宗教団体の教理に『鄭鑑録』的な色彩が強まり、千年王国主義的性格を強くもつという傾向があったことと合致する。

もちろん、この傾向が生じる前提には警察当局の取締りがあることはいうまでもない。しかしそれに加えて、南部水田地帯の農村は従来の「村落共同体」秩序に代わる信徒集団という結社体の組織化が困難な地域ゆえに、予言の地やカリスマ的存在という強烈な結集力を生む要素が必要だったという、民族宗教団体の基盤に関わる背景が読みとれると考える。

註

(1) 「面及洞ニ関スル制度旧慣調査」(『朝鮮総督府月報』一―四、一九一一年九月)。

(2) 面は郡島だけで府にはない。洞里は府における町を含んでいる。旧は一九一二年一月一日現在、新は一九一八年三月三一日現在である。朝鮮総督府編『朝鮮地誌資料』(一九一九年)収録の「府郡島新旧対照」表より作成。

(3) 李覚鍾《イ・ガクチョン》「朝鮮民政資料・契に関する調査」(『朝鮮』一九二三年七月)。李覚鍾は総督府嘱託である。

(4) 同前。

(5) 朝鮮総督府内務局地方課編「邑面基本財産表」(一九三八年三月三一日現在)収録の京畿道の「邑面基本財産現在表」および「洞里有財産現在表」。

(6) 自作農の没落について、慎鏞廈《シン・ヨンハ》『韓国近代社会史研究』(一志社〔ソウル〕、一九八七年)を参考にして説明した。慎論文において、農民階層の比率は『朝鮮総督府統計年報』の統計から算出したものであり、全羅北道の比率は

『朝鮮経済年報』（一九四八年版）に、小作農の賃金労働の比率は『朝鮮ニ於ケル小作ニ関スル参考事項摘要』（一九三四年）によっている。

（7）〔朝鮮総督府〕調査資料第三八輯『朝鮮の聚落　前篇』（一九三三年）に収録の「農家負債状況」の表より作成。

（8）朝鮮総督府編『朝鮮ノ小作慣行　下巻』（一九三二年）の「続編・其ノ他小作ニ関スル重要事項」に収録の表より作成。

（9）朝鮮総督府農林局編『朝鮮小作年報』第二輯、一九三八年。

（10）松村高夫「日本帝国主義下における「満州」への朝鮮人移動について」（『三田学会雑誌』六三—六、一九七〇年六月）を参照。

（11）拓務省編『拓務省要覧』一九三三年版、七三八頁。

（12）渡航、帰還、居住人口Aは内務省調査で、居住人口Bは国勢調査。朴慶植《パク・キョンシク》『朝鮮人強制連行の記録』（未來社、一九六五年）、二八・三二頁の表より作成。

（13）前掲『朝鮮人強制連行の記録』の二九頁の表を参照した。

（14）一九三〇年の国勢調査の結果による。現在者総数には朝鮮外出生の朝鮮人を含む。流入率は現在者における他道出生の割合で、流出率は出生者における他道現在者の割合である。日笠研太郎「朝鮮人の社会的移動」（朝鮮総督府編『調査月報』七—七、一九三六年七月）、一二頁の表を引用。

（15）日笠研太郎「朝鮮人の社会的移動」（朝鮮総督府編『調査月報』七—七、一九三六年七月）。

（16）李能和「朝鮮の巫俗」一～八（『朝鮮』一九二八年五月～一九二九年一月）を参照。

（17）本田恒三「朝鮮の巫覡に就いて——朝鮮を誤るものは日本人なり」（『東洋』二七—一一、一九二四年一一月）。

（18）최석영《チェ・ソギヨン》『일제하 무속론과 식민지권력』（『日帝下の巫俗論と植民地権力』書景文化社（ソウル）、一九九九年）は、人類学の立場から植民地期における総督府や朝鮮人・日本人学者等の「巫俗論」を整理し、植民地政策が巫俗の位相に引き起こした変容の考察を試みた研究である。「著者序文」には神社政策と「巫俗信仰」を関連付けて、朝鮮総督府が「神社信仰を強要しようとした裏面には、調査により朝鮮に神社信仰の残存的形態として巫俗信仰が

広く存在しているという認識に根拠を置いていたためだと考える」と、その立脚した問題意識が示されている（以下、註での朝鮮語の日本語訳は青野による）。

　だが、「民間信仰」に関する各調査を総督府が「巫俗信仰」として一括りに認識することはなかったし、調査資料の政策への反映自体も重要な研究課題となっているのが現状である。たとえば、一九三〇年代半ばの神社利用策の導入に際していわゆる「部落祭」が注目され調査されたが、それは巫俗信仰とは関係がなく、「部落祭」を神社化する意図からの調査であった。拙著『帝国神道の形成――植民地朝鮮と国家神道の論理』（岩波書店、二〇一五年）、第二部第五章第三節による。

(19)〔朝鮮総督府〕調査資料第三六輯『朝鮮の巫覡』（一九三二年）。著者は総督府嘱託の村山智順である。

(20) 斎藤実宛の敬神矯風会発起代表者三名による「陳情書」（一九二三年八月二六日付）、「斎藤実関係文書」一〇一四。敬神矯風会創立事務所は京城府光興町一丁目五四番地に所在し、発起代表者は趙善九・裵応鉉・林昌浩であった。

(21)「朝鮮人으로《に》創始된《された》 宗教와《と》秘密団体解剖――숨은《隠れた》事実과《と》들어난《現れた》内容 三」（『東亜日報』一九二八年一月四日付、七面）。

(22) 前掲『일제하 무속론과 식민지권력』は『東亜日報』の他の記事等から、崇神人組合の創設過程について次のように推定している。すなわち、「「文化政治」への転換期に全国の巫女たちを糾合し、巫女組合を一九二〇年五月に結成しようとしたが、当局が許可しないため六月には崇神人組合という団体を作り、ムーダンたちのクッを主導していた」（九三頁）という。

(23)「崇神組合弊害」（『東亜日報』一九二二年九月一〇日付、四面）。

(24)「崇神人을《を》厳重団束」（『東亜日報』一九二二年一〇月九日付、三面）。

(25)「地方短評」欄の「咸鏡」（『東亜日報』一九二五年二月二五日付、三面）。

(26)「所謂『당굿《タングッ》』을《を》警察이《が》助長?――价川警察署의《の》怪態」（『東亜日報』一九二七年六月一四日付、五面）。

(27) 前掲『일제하 무속론과 식민지권력』でも、敬神矯風会の「陳情書」や『東亜日報』の諸記事を根拠にして、

「崇神人組合の活動には警察の黙認が作用していたということがわかる」（九三頁）と、両者の関係を指摘している。

(28) 「崇神人組合　巫女争奪戦」（『東亜日報』一九二七年一二月一六日付、五面）には、崇神人組合（京城府蓮池洞四六番地）と新興の神道同栄社（京城府竹添町一丁目三六番地）との間で、「暴行傷害事件を引き起こし」ている「巫女争奪戦」の模様が報道されている。

(29) 詳細は不明である。「崇神会의《の》革新」（『東亜日報』一九二六年一〇月二六日付、四面）には、「府内黄金町一丁目一四六番地の全泰臣氏は、今までに敬神者の修養教育に努力してきたところ、今般該会の内容を一新すると同時に、修養書籍を刊行していろいろと拡張を計画しているという」とある。

(30) 赤松智城・秋葉隆『朝鮮巫俗の研究　下巻』（一九三八年）の第一一章第一節「巫団」（秋葉の担当）を参照。

(31) 〔朝鮮総督府〕調査資料第四二輯『朝鮮の類似宗教』（一九三五年）の「崇神人組合」の項目を参照。

(32) 同前。「神理宗教」「文化研究会」「矯正会」「聖化教」「霊神会」「西鮮神道同志会」「皇祖敬神崇神教」の項目があげられている。

(33) 前掲『朝鮮巫俗の研究』（下巻の二九三～二九四頁）には、崇神人組合設立の理由書の一部抜粋が載せられている。

(34) 前掲『朝鮮の類似宗教』の「崇神人組合」の項目を参照。

(35) 慎鏞廈「두레《トゥレ》共同体와《と》 農楽의《の》 社会史」（『한국사회연구』〔『韓国社会研究』〕二、一九八四年二月）を参照。

(36) 姜鋌沢「朝鮮に於ける共同労働の組織とその史的変遷」（『農業経済研究』一七―四、一九四一年一二月）が参考になる。南北の共同労働に対して、「云はば畑作型は新しい自由組合であり、水田型はその前期の旧い協同組織である」と指摘されている。

(37) 崔南善「不咸文化論」（朝鮮思想逓信社編『朝鮮及朝鮮民族』第一集、一九二七年）を参照。

(38) 洞契の変容に関しては、金炅一「朝鮮末에서《から》 日帝下의《の》 農村社会의《の》「洞契」에《に》 관한《関する》 研究」（『韓国学報』三五、一九八四年）を参照。

(39) 洞契と洞約の用語に関してであるが、名称が混同されて洞約が洞契と同一に扱われる場合もあった。だが、本文で述べたとおり本書では洞契を自治組織として、洞約は「村落自治」を旧支配層の支配体制下に置くために用いられた規約として位置付けている。

(40) 朝鮮社会の二重構造モデルは京城帝国大学教授の秋葉隆が提示したもので、批判的に継承すれば、今日でも植民地朝鮮の社会・文化を見るうえで有効な方法論と考えている。

(41) 〔朝鮮総督府〕調査資料第一七輯『朝鮮の契』（一九二六年）。

(42) 〔朝鮮総督府〕行政資料調査『農山漁村に於ける契』（一九三七年）。

(43) 農村振興運動は、一九三二年に開始され翌三三年に本格化された。昭和恐慌の影響で極度に疲弊した農村を、「自力更生」というスローガンの下で農民の勤労意欲と共同性を引き出しながら「再建」（＝収奪体系の「合理化」）しようとするものであった。一九三五年頃からは、総督府にとって重要課題となってきた農村への総動員体制構築のため、「再建」と同時に農村の体制内化を目指す側面が強くなっていった。

(44) Ａは〔朝鮮総督府〕調査資料第一七輯『朝鮮の契』（一九二六年）に収録の「道別契数、契財産、及契加入者数表」（一九二六年調査）、Ｂは〔朝鮮総督府〕行政資料調査『農山漁村に於ける契』（一九三七年）に収録の「契の組織及財産の状況」より作成。

(45) 盧栄沢「日帝下 農民의《の》 契와《と》 組合運動研究」（『韓国史研究』四二、一九八三年）を参照。

(46) 文定昌『朝鮮農村団体史』（一九四二年）が参考になる。

(47) 〔朝鮮総督府〕調査資料第三九輯『朝鮮の聚落 中篇』（一九三三年）。
総督府嘱託の善生永助の調査による。一九三〇年中に各道で確認された「模範部落」（総督府によって選奨された）の数は二六七に達したが、そのうち「最も特色ありと認めらるゝ」三七村落がこの調査資料で紹介されている。資料の少ない中で、村落の実態を知るうえでの貴重な資料になると考える。

(48) 総督府内務局社会課編『優良部落調』（一九二八年）。
この調査報告は各道で指定された「優良部落」の二七例を収録したもので、「道の報告其の儘を録し努めて添削を避け」（「凡例」）て掲載されている。その後、改めて「模範部落」として多数の村落が指定されていく。

（49）善生永助「朝鮮における契の普及」（『朝鮮学報』七、一九五五年三月）。
（50）〔朝鮮総督府〕調査資料第三八輯『朝鮮の聚落　前篇』（一九三三年）収録の「関北郷約」の「郷約立議」。
（51）越智唯七『新旧対照朝鮮全道府郡面里洞名称一覧』（一九一七年）による。
（52）『驪州郡誌』の草稿の中で、民俗関係は高麗大学の朴湧植《パク・ヨンシク》教授が現地調査のうえ、執筆している。
（53）みな農民で男性である。鼎丹里のA氏は、一九〇八年生まれ（推定）である。花蓮のB氏は一九二〇年、C氏は一九二九年に生まれた。坪里のD氏は一九二九年、E氏は一九二二年に生まれた。
（54）『驪州郡誌』の草稿を参考にさせていただいた。
（55）洞中契は一般的に洞契と呼ばれ、旧洞里において共有財産を管理運営し、公共事業をなした伝統的な自治組織である。
（56）一九八七年の調査時には花蓮が花坪二里、坪里が花坪一里となっていた。
（57）ちなみに、著者が訪問した時期の三マウルと加南面の人口を示すと次のようになる（一九八六年一〇月調査）。

鼎丹里	三四九人
花坪二里	一八一人
花坪一里	二五七人
加南面	一二、七三二人

なお、花坪一里の近くに驪州邑（邑は町に相当）に向かう地方道三三一号が開通していた。
（58）娯楽や社交を目的とした契は親睦契などと呼ばれる。
（59）韓国宗教社会研究所編『한국종교문화사전』（『韓国宗教文化事典』集文堂〔ソウル〕、一九九一年）の「계룡산 신도안」（「鶏龍山新都内」）の項目には、一九八〇年代までの状況が次のように説明されている。

一九七〇年代に浄化作業があるまで、鶏龍山一帯には百あまりの宗教団体が存在していた。かなり大きな規模の組織と体制をもった宗教団体から、一宗教・教主一信徒を兼ねた団体までもあった。一九八四年、民間人シンドアン撤去計画によって、今はすべてが移転している。しかし、鶏龍山を中心とした地域から遠く離れずに周辺に留まりながら、近づきつつある新しい世を待っている。

(60) 趙景達『異端の民衆反乱――東学と甲午農民戦争』（岩波書店、一九九八年）が参考になる。

(61) キリスト教における終末思想の要素に関しては、序章第四項「朝鮮の終末思想」を参照されたい。

(62) 趙景達の『朝鮮民衆運動の展開――士の論理と救済思想』（岩波書店、二〇〇二年）第八章「植民地期の東学――『鄭鑑録』信仰との共鳴」を参照。

(63) 同前。ただし趙景達は、民衆を「変革・解放主体」として捉えているため、東学傍系教団が教理面で民衆一般の真人化を否定して「真人による絶対救済」の方向に向かったことを限界と評価している。

(64) 倉塚平「朝鮮キリスト教とナショナリズム――三・一運動に至るその結合過程について」（田口富久治ほか編『現代民主主義の諸問題』〔秋永肇教授古稀記念論集〕、御茶の水書房、一九八二年）。なお、一九二〇年以後のプロテスタントの状況を、澤正彦『南北朝鮮キリスト教史論』（日本基督教団出版局、一九八二年）は次のように説明している（八五～八六頁）。

韓国の有名な復興師（リヴァイヴァリスト）、吉善宙、金益斗、李竜道、崔鳳奭などは、「イエスを信じ、天国へ！」を合言葉に全国を巡廻したのである。復興師の訪れる所はどこでも、奇蹟をみ、病はいやされ信者たちは競い集まり、復興師の過ぎ去った所には、教会員間の分裂と猜疑が残されるのが常であった。それは、すでに復興会が、以前のような査経会を中心にし、聖霊を待つという態度よりも、復興師の奇蹟、弁舌に左右されるに至ったからである。復興師は、ややもすると、自らシャーマンとしての務めを果し、イエスと同一視する傾向もあった。復興師を慕う教会は、必然的に、彼岸主義的、没我的であり、又同時に個人主義、完全主義、律法主義、即ち、セクト的な教会タイプを形づくってゆくのである。

(65) 前掲「朝鮮キリスト教とナショナリズム」を参照。

(66) 同前。

(67) 同前。この統計は、M. L. Swinehart が一九二〇年につくったものだという。

(68) 〔朝鮮総督府〕調査資料第四二輯『朝鮮の類似宗教』一九三五年。

(69) 〔朝鮮総督府〕調査資料第三七輯『朝鮮の占卜と予言』一九三三年。

(70) この予言文字は「方百馬角　口或禾生」で破字による予言である。方は四、馬＝午は八と十の組み合わせ、角は二本、口と或で國となり、禾と生を合わせると秹で移の古字となる。つまり、朝鮮王朝が四百八十二年に亡んで新国家に移ることを予言しているという。同前書、六二四頁を参照。

(71) 朝鮮総督府編『朝鮮部落調査予察報告　第一冊』一九二三年三月。
この報告書は、嘱託・小田内通敏が各道における一六の部落を簡単に予察したもので、その中に忠清南道論山郡豆磨面夫南里が含まれている。

(72) 細井肇『鄭鑑録の検討』(細井肇編『鮮満叢書』第七巻、一九二三年)一一頁を参照。

(73) 「伏魔殿을《を》 차저서《訪ねて》——無極教正体　一〇」(『東亜日報』一九二九年七月二八日付、二面)。

(74) 「宗教類似団　教徒는《は》十万」(『東亜日報』一九三二年六月一六日付、二面)。

(75) 前掲『朝鮮の類似宗教』二九四頁を参照。

第二章　朝鮮総督府の「迷信」概念と巫俗信仰

第一節　三・一運動後の調査事業

(1) 旧慣制度調査事業の方針転換

三・一運動後の調査事業を検討する前提として、ここでは併合以来の旧慣制度調査事業を概観してみよう。旧慣制度調査事業の目的は、「一面に於ては行政上各般の施設に資料を供し、又司法裁判の準則となるべき旧慣を示すと同時に他の一面に於ては、他日朝鮮人に適合すべき法令を制定する基礎を確立するにあり」(1)という。「慣習」という用語が事業途中で「旧慣」となったのであるが、そもそも当初においてこの事業は、「慣習」の法令化に重点が置かれたものであったと考えられる。

それを説明するために、先に「慣習」について定義しておこう。一般的に用いられる意味での広義の慣習とは別に、狭義の「慣習」は法令で規定がなされている。その法令は「法例ヲ朝鮮ニ施行スルノ件」(一九一二年、勅令第二一号)で朝鮮にも施行されることになった日本「内地」の法例(一八九八年、法律第一〇号)である。法例の第二条には、「公ノ秩序又ハ善良ノ風俗ニ反セサル慣習ハ法令ノ規定ニ依リテ認メタルモノ及ヒ法令ニ規定ナキ事項ニ関スルモノニ限リ法律ト同一ノ効力ヲ有ス」とある。

すなわち、「公ノ秩序又ハ善良ノ風俗ニ反セサル」という前提条件に加え、「法令ノ規定ニ依リテ認メタル」あるいは「法令ニ規定ナキ事項ニ関スル」のどちらかが満たされた場合、その「慣習」は「法律ト同一ノ効力ヲ有ス」のである。当初の旧慣制度調査事業では、この法例に規定された「慣習」の法令化を目指すことに重点が置かれていたと考えられる。では具体的に見ていこう。

併合前に統監府が旧韓国内閣に設置した機関に、不動産法調査会（一九〇六〜〇七年）と法典調査局（一九〇七〜一〇年）がある。(2) 前者は不動産法の制定を目的とし、その調査をもとに「利息規例」などいくつかの法令が制定された。後者は民法・刑法・民事訴訟法・刑事訴訟法・その他付属法令の起案を目的とし、一九〇八年より民事・商事の「慣習」調査に着手した。しかし、その調査の一部が法令になったのみで、未完のまま併合にともない総督府取調局（一九一〇〜一二年）にその事務が継承される。

ことに民事に関して、法典調査局では朝鮮の「慣習」と日本民法との異同を調査し、一九一〇年末で調査を終えて民法の起草に着手する予定であったが、その途中で併合のために中止となった。そして、後継の総督府取調局でもこの調査が継承され、朝鮮民事令（一九一二年、制令第七号）が制定される。

しかし、この朝鮮民事令は、朝鮮の「慣習」を十分に調査できない段階でその制定が迫られたと考えられる。なぜなら、「内地」の法律が準用されると同時に、朝鮮の特定の「慣習」が法令化されないままその適用が認められているからである。すなわち、「内地」の民法・民法施行法・信託法・商法・商法施行法・破産法・和議法・民事訴訟法・人事訴訟手続法等、二三の法律がそのまま適用されている。その一方で、「朝鮮人相互間ノ法律行為」で「規定ニ異ナリタル慣習アル場合」（第一〇条）、「朝鮮人ノ親族及相続」（第一一条）、「不動産ニ関スルノ物権ノ種類及効力」（第一二条）は、それぞれ「慣習ニ依ル」とある（ただし、第一一・一二条には例外がある）。

総督府取調局は一九一二年の官制改正にともない廃止され、その事務は総督府参事官室に移管された。さらに一九一五年に中枢院に移管され、「旧慣及制度ニ関スル事項」が調査される。従来の「慣習」は「旧慣」の語に替わり、「旧慣調査」（「民事慣習」「商事慣習」に二分される）と「制度調査」の二事業からなった。これ以後この調査事業は旧慣制度調査事業と称され、ことに朝鮮民事令で把握できていない「慣習」＝「旧慣」の法令化に向けて調査が進められるのである。

なお、法令化の対象となる「慣習」＝「旧慣」とは別に、警察当局の取締り対象となる慣習は法的に明確な定義はないが、慣用的に漠然と「迷信」なる用語で表現されていくことになる。

ところで、一九一九年の三・一運動は総督府の官制を大幅に改正させ、文化政治への移行にともない警察機構が憲兵警察制度から普通警察制度へ改編された。中央では警務総監部が廃止され、警務局として総督府の一部局に編入される。各道では道警務部が廃止されて道知事に警察権が与えられ、新たに道に第三部（後に警察部と改称）が設置された。

三・一運動の衝撃とそれにともなう警察機構の改編は、旧慣制度調査事業にも方針転換をもたらしたと考えられる。すなわち、目的が「旧慣」の法令化よりも、取締り対象である「迷信」を調査して行政上の資料とする方に重点が移ると考えるのである。

具体的に述べるなら、三・一運動後の情勢の変化にともない、「迷信」の中で行政の関心事となる事項がクローズアップされることになる。それらは、旧慣制度調査事業の第三番目の事業となる「風俗調査」の中に組み込まれている(3)。

従来において、「風俗調査」は「旧慣調査」と「制度調査」の参考事項として位置付けられていたが、一九二一年にこれら二事業から独立する。そして、「旧慣調査」が二分した「民事慣習」「商事慣習」、および「制度調査」と同等の事業に格上げされたのである。さらに、「風俗調査」において調査される内容は、行政上の資料とする目的をより強くもつものであった。

ではここに、「風俗調査」の二五項目を列挙しよう。「服装」「飲食」「住居」「車・輿・船」「出生」「冠婚喪祭」「礼俗」「職業」「学問」「俚諺」「礼儀」「家庭の日常」「宗教」「迷信」「節行」「医薬」「美術」「楽・歌・舞」「娯楽及遊戯」「族譜」「農業及漁業」「巫卜及術客」「姓名」「年中行事」「雑」となる。

ここで浮かび上がってくるのは、「風俗」という用語のもとに総督府が民衆における日常生活の世界に初めて本格的に足を踏み入れた事実である。「迷信」や「巫卜及術客」の項目は、警察犯処罰規則により取締りを受けている事項であるので（本書でいう「迷信」）、それらが項目として調査の対象にあがっている点はとくに注目される。

さらに、行政の観点から注目すべきは、「風俗調査」にはふたつの附属事業が設けられていたことである。それらは「朝鮮社会事情調査」と「部落調査」であるが、とくに三・一運動の衝撃のために行政の資料となる調査が求められたことによると考えられる。ただし、両調査とも関東大震災後の行政整理で中止されている。

二番目の「部落調査」（一九二一～二四年、小田内通敏による）はここでは省略して、「類似宗教」をはじめ土着文化に深く関わりのある「朝鮮社会事情調査」（一九一九～二三年）について説明しよう。

この調査は総督府嘱託の村山智順[4]が担当した。これは、一九二一年以前は「制度調査」の附属事業であったのが、独立して設けられた「風俗調査」の附属事業となったものである。「基礎調査」「社会生活」「社会問題」という三項目を調査したが、「基礎調査」の内容は「土地」「生物」「人種」「外関」で、「社会生活」の内容は「共同生活」「経済生活」「思想生活」「日常生活」「衛生」「治罪」であった（「社会問題」の内容は不明）。

前記ふたつの附属事業は中止に追い込まれたが、後にその必要性から、総督官房文書課における総督府調査資料の編纂事業の中で復活することとなる。「朝鮮社会事情調査」の後継調査は引き続き村山智順が、「部落調査」の後継調査は新たに善生永助が担当することとなった(5)。この復活は、まさに植民地統治の行政的関心事に深くかかわる内容の調査であることを意味しているといえよう。

村山智順は、この総督府調査事業で一九二四年に『朝鮮の独立思想及運動』（朝鮮総督府）調査資料第一〇輯）を、一九二六年に『朝鮮の群像』（同第一六輯）を、一九二七年に『朝鮮人の思想と性格』（同第二〇輯）を発表した。これらの調査資料は、総督府が三・一運動後において文化政治へと転換し、それにともない朝鮮人の内面性の把握を最初に試みたものと位置付けられよう。

一方の善生永助による「生活状態調査」は、『朝鮮の聚落　前篇・中篇・後篇』（同第三八輯・三九輯・四一輯、一九三三年二月・一九三三年二月・一九三五年三月）に代表されるように、村落の外面的部分における実態把握を試みたものと位置付けることができよう。

これらの調査事業に沿うかのように、朝鮮人の内面性の中でも、とくに民間療法や墓地・埋葬に関係する墓地風水に関しての世論操作が行われるようになる。総督府ではとりわけ民間療法を、「迷信療法」としてその「無稽」さや「危険」さを宣伝し始めるのだった(6)。これは、第一章で述べたように総督府が目指す近代医学にもとづく医療制度確立と真っ向から対立するものでもあった。

総督府の機関誌となる『朝鮮』では、一九二七年から一九二九年まで「衛生に関する風習並迷信療法」という題に代表されるシリーズを連載している。各道の警察部衛生課が、管内における民間療法の事例を要約して報告したものである。たとえば、平安南道警察部衛生課からの報告における編者による前文には、「その多くは無稽笑ふに

堪へざるもの、又は危険忍び難きもの等」と書かれている。(7)

このシリーズによる宣伝に歩調を合わせて、同様の民間療法を「迷信」として紹介した『朝鮮の文化と迷信』（後半部分が「迷信」）が一九三〇年八月末日に発行されている。著者は前野福蔵で、慶尚南道の咸安《ハマン》警察署の署長である。彼はその地位を利用して得た資料を用いているのであろう。定価一円七〇銭のこの著書は、初版発行の翌月の九月五日には再版を発行するという売れ行きである。この時点での、知識人層における「迷信療法」に対する関心の高まりを知ることができよう。

前述した村山による調査資料『朝鮮人の思想と性格』の「序」（総督官房文書課長による）には、「朝鮮人思想性格の系統立てる調査研究は只今慎重の用意を以つて進められて居るから、それが発表せられる期もさう遠くはなからう」とある。この「朝鮮人思想性格の系統立てる調査研究」は、「民間信仰」と題した三部からなる調査資料として発表されることになる。

「民間信仰」調査は、第一部が「朝鮮の鬼神」、第二部が「朝鮮の風水」、第三部が「朝鮮の巫卜」となる計画であった。実際には、第一部は『朝鮮の鬼神』（朝鮮総督府）調査資料第二五輯、一九二九年）、第二部は『朝鮮の風水』（同第三一輯、一九三一年）、第三部は印刷の都合上二分されて『朝鮮の巫覡』（同第三六輯、一九三二年）と『朝鮮の占卜と予言』（同第三七輯、一九三三年）として発表された。

第一部『朝鮮の鬼神』の「緒言」で、村山は「民間信仰」調査が開始された目的を明確に述べている。

猶ほ近時世界の各地に生起した外来思想は、潮の如く押寄せ来り、朝鮮の思想界も今や混沌たる形相を呈して居り、この外来思想が如何なる影響を朝鮮の社会生活、文化に及ぼすかは現在及び将来に渡つての重要な研究事項となつて居る。而してこの外来思想は恰かも接木の如きものであり、苗木のやうなものである。この接木がつくかつかぬか、苗木が根を下ろし花を咲くか否かは、その台木となる幹根を顧み、その植込みをする畑を考察してでなければ之を判ずることが出来ない。朝鮮文化の幹根をなし、外来思想の台木であり、苗床である民間信仰の研究は、今や全くその緊急を俟たれて居る。

かくて朝鮮の民間信仰研究は始められた。

「外来思想」という「接木」あるいは「苗木」が、朝鮮民衆に「つくかつかぬか」あるいは「根を下ろし花を咲くか否か」を判断するために、「外来思想」の「台木」あるいは「苗床」である「民間信仰」の調査が開始されたという。つまり、この頃活発化している各種の民族主義・社会主義運動が、「民間信仰」を媒介に民衆に浸透することへの危惧が前提となっている。それゆえ、民衆を再び独立運動に駆り立てるやもしれない「民間信仰」の存在に対して、その無気味さを率直に認めた文章であるといえる。

ここから、総督府当局者が三・一運動の衝撃を克服できないで、民衆の心意世界に対して抱き続けている危機感を読みとることができ、この危機感の要請により一連の「民間信仰」調査は始まったといえよう。三・一運動を引き起こした民衆の心意世界の究明に力点が置かれているのである。

この危機感が一九三〇年代に入ると、農村振興運動の開始にともない、その政策を推進する立場からの認識に転換することになる。次に、朝鮮総督府の農村振興運動を解説した資料から見てみよう。

朝鮮に於ては、従来国際的思想動向の推移の外に、日韓併合以来、思想苗床に潜在する一種特異の思潮が暗流して居る。そこに、朝鮮に於ける農村振興運動の思想的基調の特異性が胚胎してゐる。

然も此の思想的苗床なるものは極めて漠然たるものであつて、一部指導階層の使嗾如何によつては其の動揺常なきものである。これといふのも、半島の大衆が自己の生活に対する確固たる自覚と、訓練との欠如に因るものである。今日朝鮮人口の約八割を占むる農民が、疲弊困憊の極にある所以のものは、彼等に自主自立の精神なく、研鑽工夫の努力なく、勤倹力行の真面目がないからである。加ふるに、彼等は隣保相率ゐて郷閭共栄の実を挙げ、大衆の生活を安定せしめんとするなどの考へが頗る乏しいのである。即ち彼等は農業経営をして時勢に順応せしむる智能なく努力なく、又共働協励の精神なく、農民とし其の天職を体験し自覚するところがないのである。しかも思想的乃至精神的には、種々なる使嗾宣伝に雷同するの傾向を多分に持つて居るのである。故に暗動せる思想苗床を正調啓揚しつゝ、教養訓練に乏しい農村の大衆を指導するに当つては、自から其の方法条件等に於て、内地のそれと異なる処の工夫を要するのである。(8)

この資料の中の「思想苗床」あるいは「思想的苗床」とは、前述の『朝鮮の鬼神』に表現されていた朝鮮の「民間信仰」を指すことになる。そして、「思想苗床に潜在する一種特異の思潮」とは、「民間信仰」を「動揺常なきもの」にしている「自己の生活に対する確固たる自覚と、訓練との欠如」という「思潮」になると読みとれる。

これは人口の八割を占める農民たちを「疲弊困憊の極」に陥れている原因であり、別の表現として、農民たちに「自主自立の精神なく、研鑽工夫の努力なく、勤倹力行の真面目がない」等々と列挙されている。すなわち、農村振興運動の開始早々に総督府が直面した大きな障害として、農民の生活を支配している「民間信仰」が認識されているのである。これは、農村振興運動の開始を契機として、三・一運動後における危機感にもとづく「民間信仰」

観から、いわゆる「文明」の論理に立った「民間信仰」観への転換であるといえる。

（2）「民間信仰」調査の開始

「民間信仰」調査の第一部である『朝鮮の鬼神』は、第一編「鬼神編」と第二編「禳鬼編」で構成されている。「民間信仰」の第一に「鬼神」を対象としたのは、前述のように「迷信療法」の取締りという背景があってのことと考えられる。

第一編では「鬼神信仰」の概要が説明され、第二編では「鬼神信仰」にもとづく疾病治療を中心に鬼神祓いの諸行為が方法上の分類に従って例示されている。

資料は、第一編「鬼神編」の古い事例は古典文献や言い伝えを用い、その現行および第二編「禳鬼編」は「著書、報告、調査もの等」とされるが、具体的には今村鞆『朝鮮風俗集』（一九一四年）や『京城日報』、各地の警察署の報告・調査などが中心となっている。「緒言」には次のような文章がある。

又思想及び信仰は突如として発生するものでなく、飛離れて発達するものでもない。高級なる思想信仰の支持者と雖も嘗ては、目して以て低級となす一般大衆の思想信仰の洗礼を受けて来た者であるから、高級なものと考へられるものは、実は低級なるものを、その土台として堆み重ねた尖塔に他ならないものである。もしこの関係を一本の樹に喩へるならば、高級なるものはその葉や花であり、低級なるものはその幹であり、根である。打見たるところ花と幹とは全く別異なもの丶如くであるが、しかしその関係に於ては切つても切れぬ関係にあり、低級な幹や根に附著《ママ》しそれに培かはれてこそ高級な葉も花も美しく咲くのである。人ありこの花と葉を賞づるの余り、幹や根を忘れ、之を不用なりとして切り離したならば、その美しき花も葉も直ちに枯死し萎縮してしまうであらう。

現在吾等の眼につく朝鮮の生活、文化、思想の諸現象は実にこの比喩に於ける葉であり花である。この葉や花の性情を了解し、之を美しく繁り咲かせんが為めには、須らくその幹根をなす低級な思想、民間信仰の研究から着手しなければならぬのは瞭らかな事であらう。

当時の日本の社会学界は、社会進化論が主流を占めていたという。この資料にあるように、「思想信仰」を「高級」と「低級」に分類している点は、村山が社会進化論的な方法論を自己流に用いた結果ではないだろうか。ここで村山は、「高級なるもの」は「現在吾等の眼につく朝鮮の生活、文化、思想の諸現象」であるといい、一方の「低級なるもの」は「民間信仰」であるという。両者の関係でいえば、「高級なるもの」は「低級なるもの」を「土台として堆み重ねた尖塔」であるので、統治上において後者を前者から「之を不用なりとして切り離」すことには反対の立場をとっていることがわかる。

すなわち、後者である「民間信仰」を、統治上において前者の「性情を了解し、之を美しく繁り咲か」せるために必要な対象であると認識する立場である。これは、前述したような三・一運動後の危機感にもとづく「民間信仰」観の別の表現でもある。このような立場は、村山の調査資料を分析するうえで重要であると考える。

では、『朝鮮の鬼神』の内容に移ろう。第一編において執筆者の村山は、「鬼神信仰」を把握する前提として古典文献から「鬼神信仰」の記述を列挙しながら例示し、古来の諸学説や民間における「鬼神信仰」も検討している。そして、最終的に「鬼神信仰」を構造的に「幸福の賦与者」である「神」と、「災禍の発原体」である「鬼神」との「対立的信仰」として定義した。

村山はこの調査資料を著述する際、大坂六村[9]（大坂金太郎）に委託して慶州地方の「民間信仰に関する調査」という報告を得ているが（『朝鮮の鬼神』二〇五頁）、その内容は残念ながら不明である。大坂はこの報告と同じものを京城帝国大学教授の秋葉隆（社会学講座担当）にも送ったようだ。秋葉が同じ時期に大坂の報告を説明した文章によると、この大坂の報告では「民間信仰」が大きく「神に関する信仰」と「鬼神に関する信仰」という二種に分類されているという[10]。村山は、おそらく大坂の分類を参考にして前記の定義をおこなったものと考えられる。

秋葉は大坂の報告についての説明に続けて、大坂の研究が「鬼神に関する信仰」を「迷信」としないうえ、「毫も危険な解釈などを試みずに記述」しているとし、鬼神研究に慎重な態度を高く評価している。第一章でも述べたように秋葉は朝鮮の文化において、上層・表層の儒教的文化と下層・深層の巫俗的文化という二重構造モデルを提示することになる。つまり、秋葉は社会における巫俗的文化の占める重要な位置を認識しているわけである。それゆえ、秋葉が「危険な解釈」といって危惧したのには、巫俗的文化に連なる民間療法などが取締りを受けていた背景があるものと考えられるのである。

すなわち、民間療法などの宗教行為は、総督府が併合直後から警察犯処罰規則にもとづき取締りの対象としてきた違法行為に該当する。総督府や各道では、警察関係部署に衛生課が置かれてこれらの民間療法を取締っていた。

しかしながら、前述したように『朝鮮の鬼神』が発表される時期において、総督府では民間療法を「迷信療法」としてその「無稽」さや「危険」さを宣伝している。つまり、民間療法の取締りが徹底できていない状況をここからは読みとることができるのである。

このような民間療法と取締りとの対立関係において、『朝鮮の鬼神』は調査され、村山は秋葉のいう「危険な解釈」を試みたのであった。

彼は「迷信」という言葉こそ用いないが、『朝鮮の鬼神』の中で「神」と「鬼神」を安易に関係付けて、「神が鬼に接することに依つてその悪性を中和し、又は退消し、その結果人に与へた障害を消散せしめんとする」という「禳鬼」の解釈にまで論を拡大した。それゆえ、取締りを念頭に調査結果を発表する村山にとって、「禳鬼」の理論的解釈を試みることに最大の関心があったことがわかる。

こうして、村山は「禳鬼」の理論的解釈をもとに、前述した「高級なるもの」すなわち「現在吾等の眼につく朝鮮の生活、文化、思想の諸現象」の「性情を了解し、之を美しく繁り咲か」せるためという立場から、「鬼神信仰」を次のように位置付けることになる（「緒言」）。

> 之を要するに朝鮮に於ける鬼神信仰は禳鬼に依りて災禍を除き、而して人生の幸福を全ふせむとする消極的生活維持の欲求から出発し、発達し、而して今猶ほ存在するのであつて、その欲求の熾盛なるだけそれだけ鬼神の活動を盛んならしめて居るのである。

ここで、「消極的生活維持の欲求から出発」していると位置付けられた点に着目したい。すなわち、「鬼神信仰」の邪教性の基準は「禳鬼」にあり、「消極的生活維持の欲求」に求められるのである。

このような「鬼神信仰」の認識は、この後も進められる「民間信仰」調査にも影響していて（とりわけ第三部に）、「民間信仰」における邪教性の基準を設定することに労力が払われるのである。

「民間信仰」調査の第二部は『朝鮮の風水』（一九三一年）である。前述したように総督府は、一九二七年から一九二九年まで『朝鮮』に「衛生に関する風習並迷信療法」という題に代表されるシリーズを連載していた。ここで「迷信」の対象とされたのは、「迷信療法」に加えて祖先崇拝に関係する墓地風水であった。それゆえ、「民間信仰」調査の二番手に「風水」が対象とされたものと考えられる(11)。

秋葉が提示する朝鮮社会の二重構造モデルは、戦後も学界において一定の評価を得てきた。一方の村山が担当した調査資料は、統治目的からしてその対象が朝鮮民衆の下層・深層における巫俗的文化に向けられていったことは当然であったかもしれない。しかしながら、その対象を「低級」＝「民間信仰」という枠組みで捉え、さらにそれに対して取締りをするうえでの便宜的な分類をおこなったのである。

それゆえ、村山は「民間信仰」に対して、「半島の住民はその依頼の対象を鬼神と天地の生気との二つに認め」（『朝鮮の風水』の「緒言」）るというように、「鬼神」と「天地の生気」という二分類をおこなうことになった。そして、このような取締りの反映した二分類にもとづいて、後者の「天地の生気」でとくに墓地風水に関係して地中を流れている生気に関心を払った調査資料が『朝鮮の風水』である。

したがって、村山が捉える「風水」は墓埋政策の中で別途の方針・方法で取締りがなされているものである。そのため、総督府の「風水」観やそれへの政策はやはり別途に研究対象とすべきであると考えるので、本書では扱わないこととする。

「民間信仰」調査の第三部は『朝鮮の巫覡』（一九三二年）と『朝鮮の占卜と予言』（一九三三年）であった。

第三部が調査される時期において、総督府は意図していた医療制度確立が思うように進展しない状況に直面していた。すなわち、一九三一年一二月末現在において、病院数は官立が四、公立が四二、私立が八三で合計一二九にすぎない。医師数は一、七九一人（「内地人」が八一八人、「朝鮮人」が九三九人、「外国人」が三四人）で、医生は四、四七二人であった。[12] ここからは、医療機関は都市部に集中することになり、大部分を占める農村へは普及されていない状況がわかる。

第三部の前半である『朝鮮の巫覡』の調査に取り掛かった頃の村山智順は、各地の警察署からの報告を受ける段階で、一九三〇年（昭和五年）八月現在の巫覡数が一二、三〇〇人余りという報告の結果に驚き、それに比べ医師が少ないことを嘆いて次のように述べている。

…巫盲に至つては、昭和五年全鮮に於て一万二千余の多数を算し、医者よりも断然圧倒的勢力を民間に振つて居る処から察すれば、朝鮮の民間に於ては如何に衛生的慾求が満されず、その結果如何に変態的に鬼神信仰に依つて、漸く生活上の安心を得て居るかを知ることが出来るであらう。[13]

この資料は「犯罪対策」の観点から書かれたものである。ここからは、「巫覡信仰」をはじめとする「迷信療法」の根の深さに対して、村山をはじめ総督府当局者たちが抱いている一種の危機感を読みとることができよう。これは、農村振興運動開始以前の段階における「民間信仰」観として、三・一運動を引き起こした民衆の未知なる心意世界に対し抱き続けている危機感の表れの一つではないだろうか。

しかるに、『朝鮮の巫覡』が発表される時期には総督府では農村振興運動を開始しようとしていた（本格化されたのは一九三二年）。それゆえ、第三部の二つの調査資料は、三・一運動を引き起こした民衆の心意世界の究明のみでなく、いわば「文明」の論理で農村「再建」という目的のためにも農民の心意世界の解明に資せんとしている。そして、「鬼神信仰」にかかわる邪教性を示すことに苦心したといえる。たとえば、『朝鮮の巫覡』の「緒言」には次のように述べられている。

殊にこの巫禱信仰が、ややもすれば盲信に陥り、その結果反社会的な行為や、非衛生的な所業を敢行し、或は冗費・遊惰・依頼等の不生産的な気風を煽動して、愈々民衆を生活苦のどん底に押し込み、呻吟せしめむとする傾向ある今日の世相に於ては、之を単なる一部愚民の迷信に過ぎざるものとして看過するを許さないのである。（中略）…ややもすれば陥り易き反社会的な出来事を如何に監視すべきかと共に、この巫覡信仰を通じて表現せられる朝鮮社会の生活相に顧みて、如何に之が対策を講究すべきかの問題を呈示して居るものであるから、之に対して充分なる講究と慎重なる考慮を払ふべきものであることを忘れてはならない。

ここでは、「巫覡信仰」における邪教性が「反社会的な行為」「非衛生的な所業」「不生産的な気風」と表現されているが、これらはムーダンと呼ばれる巫女たちが行っている「禳鬼」の疾病治療行為をさしていったものである。それゆえ、ここで示された「巫覡信仰」における邪教性は、『朝鮮の鬼神』において提示された「禳鬼」の「消極的生活維持の欲求」という邪教性を応用し、農村「再建」の観点も加味されて「巫覡信仰」にあてはめたものだといえる。

また、この「緒言」で村山は、調査結果をして「巫覡信仰」を「監視」し「対策を講究」するための資料とするよう要請している点にも注目される（『朝鮮の巫覡』の分析の中で後述する）。

一方の『朝鮮の占卜と予言』では、「鬼神信仰」にかかわる「民間信仰」の別の例として「占卜法」（「図讖と予言」も最終章で扱われている）の邪教性が示されている。「緒言」には次のように述べられている。

朝鮮の民衆は、その往昔から、彼等の生活に働きかける不可思議力ある者の存在を信じて来た。これ朝鮮の民間に古往今来、天地自然乃至木石虫魚の精霊が悉く人生と交渉を有すると云ふ鬼神信仰の強固に支持せられ、この鬼神に対して咒力を及ぼし以てその力を左右し得るの能力ありと信ぜられる巫・覡類の活躍盛にして且つその普及の汎き所以である。

この精霊を内容とする鬼神信仰の把持、原始宗教人たる巫・覡類の活動こそ、要するに朝鮮民衆の人生観が、自己以外の力、不可思議力ある精霊に依つてその生活を左右せられるものであると云ふ信仰観念に立脚して居るからである。処がこの外力に依つてその生活を支配せられるとなす観念は、やがて自己の生活は他の外力外物の存在に依つて決定せられ、その決定のまゝに導かれるものであると云ふ宿命観念、運命観念の主要なる内容を形成するものに他ならない。従つて運命観念の抱持者がやがてその運命開拓を占卜法に求むるが如く、朝鮮の民衆がその生活の展開に絶大なる信頼を各種の占卜法に繋がむとする、また誠に当然なことゝ云はねばならば《ママ》ならぬ。

「占卜法」における邪教性は「鬼神信仰」から派生したものとして、「自己の生活は他の外力外物の存在に依つて決定せられ、その決定のまゝに導かれるものである」という「宿命観念、運命観念」で表現されている。

さらに、この「緒言」では前記資料に続けて、「占卜法」に依頼する民衆の心理を「朝鮮民衆の精神生活を特色づける本質的要素」と、「社会伝統をして恣にその偉力を逞ふせしむる外部的生活環境」という二者の「協力作用」に求めている。後者の「外部的生活環境」については、「社会教化殊に科学的知識」が普及していない状況に起因するとして、社会教化や教育の徹底に解決策を見いだしている。

ここでは前者の「本質的要素」に注目したい。これについて、次のように説明されている。

それは概して自力更生的気力の旺盛を欠くことであり、この気力盛ならざるが故に伝統の力に束縛せられ運命観・宿命観の人生観から解放せられない所以ではなからうか。

著者の村山は、前述したように『朝鮮の鬼神』において、「鬼神信仰」の邪教性の基準を「禳鬼」に置き「消極的生活維持の欲求」に求めていた。しかし、『朝鮮の占卜と予言』が発表された一九三三年は、「自力更生」をスローガンとして掲げている農村振興運動が本格化された年である。それゆえ、『朝鮮の占卜と予言』では『朝鮮の巫覡』と同様に、農村振興運動との対立関係の中で「占卜法」の邪教性が示されていると考えられる。すなわち、「占卜法」の邪教性は「宿命観念、運命観念」で表現され、その原因が「自力更生的気力の旺盛を欠くこと」にあると結論付けられるのであった。

こうして、「鬼神信仰」における「禳鬼」の解釈に端を発し、農村「再建」の観点が加味されながら、第三部の調査資料において「鬼神信仰」にもとづく「巫覡信仰」と「占卜法」の邪教性が提示されたのである。

(3) 巫覡「絶滅」論の登場

前述したように崇神人組合と警察当局との均衡状態が崩れたことは、警察当局にとって巫覡の取締り方針の早急なる確立が迫られることを意味する。それと同時に、巫覡の取締りの困難さを再認識させられたことは容易に想像できる。

それに加えて、さらに警察当局の上に重くのしかかってくる問題は、総督府が意図する医療制度確立が思うように進展しない状況であると考えられる。

少しまとめると総督府当局では、農村振興運動開始以前の段階における「民間信仰」観として、三・一運動を引き起こした民衆の未知なる心意世界に対して危機感を感じていた。その危機感の反映として、総督府では「民間信仰」調査に先立ち、民間療法を「迷信療法」としてその「無稽」さや「危険」さを宣伝し始めていたことは前述したとおりである。そして、このような世論操作を背景に総督府では「民間信仰」調査が進められ、「迷信療法」を主とする「禳鬼」の解釈をなした第一部の『朝鮮の鬼神』が一九二九年に発表された。

その後は、一九三三年より本格的に開始された農村振興運動との対立関係も「民間信仰」観に反映することになる。そして、「鬼神信仰」にもとづく「巫覡信仰」に関しては第三部（前半）の『朝鮮の巫覡』（一九三二年）が、同様に「占卜法」に関しては第三部（後半）の『朝鮮の占卜と予言』（一九三三年）が発表された。

ところで、農村振興運動が本格化された一九三三年の六月に、総督の諮問機関としての機能の強化が叫ばれていた総督府中枢院の中に、総督府当局が直接掌握する事実上の総督諮問機関として、施政研究会なる組織が設置された。この施政研究会は、総督府各局が管轄する施政上の重要事項の諮問を受け、それらを調査・研究して答申するという役割を担わされたものである。

施政研究会の社会部では、警務局の管轄下の要件である「巫子取締法規」の制定の可否について研究されることになった(14)。つまり、警察当局では「絶滅」を目的とする「巫覡信仰」の取締り法規の制定を、農村振興運動で叫ばれた「迷信打破」の切札として構想していたわけだ。これには、農村振興運動の現場において「巫覡信仰」取締り法規の制定要求の声が高まっていた背景がある。たとえば次のような声がある。

…各般の指導上にも支障少くないのであるから、現下に於ける農村振興の事業を合理的に達成しようとするには、先づ迷信打破に極力意を用ゆると同時に、第一着に各地巫卜経師等の徒を法的に絶滅せしむるやう、計画を講ぜられん事を切望して止まないものであります(15)。

資料の筆者は江原道の面長を務める朝鮮人である。この筆者の言葉を借りれば、農村振興運動において「合理的」な事業の達成を追求するあまり、「合理的」に反するとみなされる「巫卜経師等の徒」を「法的に絶滅」することを訴えているのである。この点は、『朝鮮の巫覡』の筆者である村山智順をはじめとして、農村振興運動でいわば収奪体系の「合理化」のために近代合理主義を追求する総督府官僚とその論理が共通している。

第二節　調査資料『朝鮮の巫覡』

村山智順が担当した「民間信仰」調査をはじめとする調査資料に対して、韓国では支配目的のものゆえに批判的な意見が多かった。それらは、村山の調査資料が各地の警察署からの報告書を基本資料にしている点で、用語が報告者の思いつきの漢字語であるなど、資料的価値を認めない立場である。これに対して崔吉城《チエ・ギルソン》は、目的は別問題として、客観的に資料的価値を見いだしそれを認めようとする立場をとっている(16)。日本では、たとえば川村湊は韓国の前者の立場を踏襲し、村山の「民間信仰」調査が「思想面における「朝鮮停滞史観」というべきもの」であり、「〝遅れた〟〝因習的〟な朝鮮人の精神世界という、偏向したプリズムの視覚から眺めた民間信仰の世界というべきものなのである」と批判している(17)。

図1　巫覡（前掲『朝鮮の巫覡』の「附図写真」より）

筆者の立場としては、崔吉城と同様に客観的に資料的価値が見いだせると考え、なおかつ同時に、川村の指摘する村山の思想的問題に関しても同様の意見をもっている。すなわち、両者を結び付ける立場に立つわけであり、結び付ける方法として、村山の思想的背景として統治政策との関連からより綿密な資料批判・分析が必要であると考えている。

それゆえ、今後の課題としては、民俗学・人類学・社会学からの細部にわたる本格的な資料批判と同時に、調査資料全体を総体的に政策との関連の中で位置付けることがあげられる。その課題解決に向けての第一段階として、まず調査資料の「（1）調査方法」と「（2）政策意図」を分析し、それを基礎的資料批判となすことが必要であると考える。

そこで、一九三二年に発表された〔朝鮮総督府〕調査資料第三六輯の『朝鮮の巫覡』を考察するに当たり、次のような点に着目した。すなわち、『朝鮮の巫覡』が発表される時期（三月と推定）において農村振興運動はまだ開始されていない。しかしながら、農村「再建」に向けて「迷信打破」を徹底するに至るいわば移行期に調査されたため、その後における警察当局の「巫覡信仰」取締りという政策面への反映が注目されるところである。前述したように、「巫覡信仰」取締り法規の制定要求の声がだんだんと高まってくる背景も併せて考えなければならないのである。

このような観点から、今後の本格的な資料批判のための基礎的資料批判となすべく、調査方法と政策意図を中心に調査資料『朝鮮の巫覡』を検討してみよう。

(1) 調査方法

『朝鮮の巫覡』より先に出された「巫俗」に関する論説には、朝鮮史編修会委員である李能和《イ・ヌンホア》の「朝鮮巫俗考」(一九二七年に啓明倶楽部より発行された『啓明』に掲載)がある。これは漢文で書かれていたが、日本語訳が朝鮮総督府機関誌『朝鮮』に「朝鮮の巫俗」と題して、一九二八年五月から一九二九年一月まで八回にわたり連載された。内容は、古典文献からの引用という形式をとりながら、とくに朝鮮時代を中心にして歴代の王ごとに「巫俗」の処遇を列挙したものである。

続いて『朝鮮の巫覡』の発表となるが、その目次は次のとおりである。

序　凡例　緒言

第一章　巫覡の分布

　第一節　巫覡の数

　第二節　身分、性、年齢

　第三節　分布状況

第二章　巫覡の称呼

　第一節　巫称の種類

　第二節　巫称の分布

　第三節　記録上の巫称

　第四節　巫称「巫堂」に就て

第一章と第二章は「巫覡信仰」の分布・呼称という概観を述べたものである。第三章・第四章・第五章は巫覡たちを対象にして、もう少し信仰の実態に迫り成巫の動機・過程、神事や儀式という内容を扱っている。第六章と第七章では社会との関連を見る視点から、「巫覡信仰」の実態が社会側の需要および社会への影響として述べられている。第八章は「巫覡信仰」で用いられる器具と経文（附録の「巫覡用祈禱経文」は具体例）を紹介している。総督府の調査資料という特殊性は、政治的判断に資することを示す第六章と第七章の項目に見いだすことができる。

では、調査方法を考察しよう。

『朝鮮の巫覡』で整理されている資料は、①古典文献、②各地の警察署からの報告、③現地調査の結果に分けられるが、大半は②各地の警察署からの報告に頼っている。これらの資料の中でとくに②と③に関連するが、村山が『朝鮮の巫覡』を執筆するに当たり、警察署に調査を依頼したり現地調査を行った過程を検証してみた。その結果をここでまず説明しておこう。

一九三一年に発行される『朝鮮の風水』の執筆が終わる頃だと思われるが、一九三〇年（昭和五年）の六月に村山は府郡島（府は市に相当）単位に設置されていた二〇〇余りの警察署に（京城府の場合は五カ所）、その管内における「巫覡信仰」に関して調査を依頼し（一回目）、報告を提出させていたようだ。その調査の内容は、「現在各地の信巫状況」および「現在各地の巫弊状況」という表にまとめられ、それぞれ第六章「巫覡の需要」の第二節「現在の信巫状況」、第七章「巫覡の影響」の第三節「全鮮の巫弊」の中に掲載されている。そこにはそれぞれ「昭和五年六月調査せる」「昭和五年六月現在に於ける」と記されている。この最初の報告から、村山はまず各地で行われている「巫覡信仰」の需要・弊害の状況把握に努めたことがうかがえる。

その次は、同年八月現在における状況として同様に各地の警察署に調査を依頼した（二回目）。その内容は、第一章「巫覡の分布」で統計資料として用いられた巫覡の数・出身階層・性・年齢、そして第二章「巫覡の称呼」で整理されている各地の巫覡の呼称である。ここでは「昭和五年八月現在」と記されていた。

二度にわたる報告で「巫覡信仰」の概観を押さえた村山は、最終の依頼となるが（三回目）、第三章から第五章にかけての信仰の実態に関する各項目について、それまでと同様に各地の警察署に調査を依頼したようだ。ここでは「昭和五年」とのみ記されているので、提出期限はこの年の年末すなわち一九三〇年末までであったと考えられる。

このように警察署に調査を依頼する一方で、「巫覡信仰」の概観を押さえてからの村山は同年一〇月に南部地方の全羅南道（一九三〇年八月の二回目の報告では巫覡数が最多）と慶尚南道、一一月に再び全羅南道に直接赴いて調査を行っている（第三章第二節・第六節）。そして、各地の警察署への最終依頼に対する報告が全て返された後の一九三一年三月には、北部地方の咸鏡南道で現地調査をおこなったようである（第三章第二節・第五節）。各地とも資料に年月が明記されている。

では、①古典文献、②各地の警察署からの報告、③現地調査の結果という三種の資料が『朝鮮の巫覡』の中でどのように用いられているのかを、その種類別に検討してみよう。

まず①古典文献であるが、古典の中の事例を主要資料にしているのは、第二章第三節「記録上の巫称」、第四章第二節「古来の神事」、第五章第一節「巫儀の観念」、第六章第一節「巫の需要と信頼」である。『三国史記』や『三国遺事』『朝鮮王朝実録』をはじめとして数多くの古典文献から多くの事例が引用されている。これらは、前述の李能和「朝鮮巫俗考」に載せられた厖大な引用を参考にしていると見てよい。

次に、②各地の警察署からの報告を検討しよう。最初の依頼により一九三〇年六月に提出された報告の内容は、「現在各地の信巫状況」の表と「現在各地の巫弊状況」の表に整理されている。報告を提出した警察署は二三〇カ所余りであるが、各警察署でどのような調査方法をとったかは不明である。内容からすると、後者の表は一九一二年制定の警察犯処罰規則にもとづいて各地の警察署が行った「巫覡信仰」取締りの事例報告であり、前者の表はその取締りの経験から民間での「巫覡信仰」の需要状況に関する所感を報告したものだとわかる。

後者の「現在各地の巫弊状況」の表は、事例報告の摘録として各地の警察署ごとにその管内における「巫覡信仰」の弊害を概略したものである。この「巫覡信仰」の弊害認識をふまえて、前年に発表されたばかりの『朝鮮の鬼神』における「禳鬼」という邪教性の判断基準に則り、村山が警察署からの報告を要約し、それを警察署の管轄地ごとに列挙したのが、「現在各地の信巫状況」の表であろう。ここで何よりも、『朝鮮の巫覡』に着手したばかりの村山が「巫覡信仰」に対して描いたイメージが、これら「巫弊状況」「信巫状況」であった点に注目される。

また、この一九三〇年六月の最初の報告は、「現在各地の信巫状況」および「現在各地の巫弊状況」の表以外に、第六章の第三節「タンゴル制」の導入部分においてこの制度の現存する地域を示すために用いられている。「タンゴル」とは南部地方に多く土着化している世襲巫のことで、彼らは特定の村落や家と得意関係にあり村落社会に公的に存在していた。

この次に、村山は同様のやり方で再び各地の警察署に調査を依頼し、一九三〇年八月現在における状況の報告を提出させ整理した。その依頼内容は、前述したように巫覡の数・出身階層・性・年齢、そして各地の巫覡の呼称である。

まず巫覡の数であるが、各道ごとにその数が集計され朝鮮全体では一二、三八〇人になっている（報告のなかった所が一二カ所ある）。各地の警察署管内における巫覡の数は示されていないが、これは警察当局の機密事項であるためだろう。報告の結果に関しては、各地の警察署においてどの程度巫覡を把握できていたのか疑問であるし、警察署によってもその把握の程度が異なるであろうから、この数は正確性を欠くものである。だが、警察署による把握という但し書き付きでだが、地方ごとの分布の程度を知るための手掛かりにはなろう。また、総督府にとって巫覡の多い地方が判明したことは、統治上の資料という点からいえば重要な意味をもつだろう。

以下、出身階層・性・年齢についても同様に各道ごとに集計されて表に示されている。それぞれ、「巫業身分統計表」「巫業者性別表」「年齢別有勢地方表」であるが、各表ともに前記の巫覡の数と同じで道ごとの集計であるため各地の警察署ごとの数字は示されていない。やはり、警察当局における機密事項なのであろう。それゆえ、表では各地の警察署管内をひとつの「地方」とし、それを最小単位にして数値を出すことになるのである。たとえば、「巫業身分統計表」では「常民最多地方」「賤民最多地方」「両班出ある地方」という項目に分けて、それぞれ該当する警察署の数を道ごとに集計しているだけなのだ。

また、第二章「巫覡の称呼」で整理されている巫覡の呼称は、各地の警察署管内ごとに報告がまとめられている。この報告も含め、漢字語による報告は調査時の報告者の思いつきが多く、「漢字語と朝鮮語との間にある〝中国文化〟化された「文化」と、固有の朝鮮文化との差異を見抜くことができない」との批判がなされている[18]。

では次に、三回目（最終）の依頼に応じて出された報告（一九三〇年末まで）について検討しよう。一回目と二回目の報告で村山は「巫覡信仰」の概観を押さえたが、三回目での報告は信仰の実態に関するもので第三章から第五章にかけての各項目に整理されている。

まず、第三章第一節「成巫の動機」であるが、ここには「成巫の動機」と「修業」というふたつの項目に分けられた表が掲載されている。これは、それぞれの項目について各地の警察署管内ごとにその報告をまとめたものである。

だが、これらふたつの項目ともにそれぞれの分類に該当する巫覡の人数は示されていない。ただ、各地の警察署管内ごとに分類名が多い順に並べられ、場合によっては多少の補足説明が付されているだけである。これは、警察署管内の巫覡の数を伏せるよう手を加えた結果であり、やはりこの数は公表できないものであることがわかる。

しかしながら、この表において、各地の警察署が人員を動員して管内における巫覡に対し個別調査をおこなった事実には注目される。その個別調査の方法や巫覡の把握状況に疑問は残るが、巫俗関係の資料の少ない中でこの表の結果は当時の巫覡の入巫過程を知る手掛かりにはなるだろう。たとえば、数年後に京城帝国大学の秋葉隆は、同僚の宗教学者・赤松智城との共著『朝鮮巫俗の研究　上・下巻』（一九三七・三八年）でこの表の結果を再整理し、それぞれの分類の多少の程度を示しているのである（下巻、六六〜六七頁）[19]。

次に、第四章第三節「現行の神事」に掲載されている「巫覡の主として行ふ祈禱占卜の種類」の表は、第三章と同様に一九三〇年（昭和五年）末までの各地の警察署からの報告の結果にもとづいたものである。この表は、「昭和五年全鮮の警察署から受けた報告そのまゝを左に挙げるであらう」とあるように、警察署管内ごとに報告をそのまま掲載したものである。

第五章第三節「各地現行の巫儀」に掲載されている「巫覡の主として行ふ方法」の表も、第四章第三節の表と同様である。この表は、警察署の報告を要約して管内ごとに列挙したものである。第四章第二節「巫儀の次第」は、この報告にもとづいて祈禱の分類（「招魂祈禱」や「病気祈禱」など）にしたがい事例を示したものである。また、京城帝大の赤松の論文「薦新賽神の行事」からの引用もある。

これら「巫覡の主として行ふ祈禱占卜の種類」の表と「巫覡の主として行ふ方法」の表における調査は、第三章第一節「成巫の動機」の表における調査と同時におこなわれたもので（一九三〇年末までの報告）、各地の警察署が人員を動員して巫覡に対し個別調査をおこなった結果の報告である。そして、個別調査の方法や巫覡の把握状況に疑問は残るが、当時の祈禱占卜の種類や儀式の方法を知るための資料としては意味をもつのではないだろうか。

では最後に、③現地調査の結果について検討しよう。前述のように「巫覡信仰」の概観を押さえてからの村山は、一九三〇年の一〇月に全羅南道と慶尚南道、一一月に再び全羅南道、そして警察署からの最終報告（一九三〇年末）が提出された後の一九三一年の三月に咸鏡南道で現地調査をおこなっている。

まず、一九三〇年すなわち昭和五年一〇月の全羅南道と慶尚南道での現地調査から考えよう。この調査の結果は、第三章の第二節「霊感成巫の過程」と第六節「成巫の機関」で用いられている。第二節では、全羅南道順天《スンチョングン》郡と慶尚南道河東《ハドングン》郡の巫覡の事例が補足として示されている。また、第六節で成巫の機関である「神庁」の項目で例示されている全羅南道の光州《クアンジュグン》郡や羅州《ナジュグン》郡の調査結果は、年月が単に「昭和五年」とだけ記されているため、この調査は一〇月の現地調査を継続しながらなされたものと推測される。

それから、一九三一年三月の咸鏡南道での現地調査であるが、この調査の結果は、第三章の第二節「霊感成巫の過程」と第五節「其他成巫の過程」で用いられている。そこでは、咸鏡南道北青《プクチョングン》郡の巫覡の事例が、それぞれ一例と二例あげられている。

以上の現地調査の分析からわかることは、第三章の第二節から第六節にかけて巫覡の成巫過程の分類にしたがい事例をあげていくに際して、第一節「成巫の動機」における各地の警察署からの報告内容だけでは不充分であったようだ。そのため、これを補足することが目的で村山は必要な事例採集に出掛けたと考えられる。やはり『朝鮮の巫覡』は、②各地の警察署からの報告が圧倒的に中心資料となっており、③現地調査の結果は補足に過ぎないことがわかる。

なお、補足以外の目的で村山が現地調査したものに「タンゴル制」があるが、これについては本章第三節で述べることとする。

（2）政策意図

『朝鮮の巫覡』において、総督府調査資料としての政策意図の色濃く反映されている部分は第七章「巫覡の影響」である。第七章は、第一節「巫覡の好果」、第二節「巫覡の弊害」、第三節「全鮮の巫弊」からなっている。前述したように、各地の警察署への最初の依頼に対する報告が一九三〇年六月に提出されたが、その際の報告は、第三節に掲載の「現在各地の巫弊状況」の表に整理されている。その報告は、一九一二年制定の警察犯処罰規則にもとづいて各地の警察署がおこなった取締りの事例を提出したものであり、表はそれらの事例の摘録である。

この報告の結果を村山が分類し整理したのが第二節である。第二節における「巫覡の弊害」の分類は、「その一、衛生上への禍」「その二、経済上への禍」「その三、思想上への禍」である。そして、第一節「巫覡の好果」はこの「巫覡信仰」の「弊害」に対する認識が固まった後に書かれたものと考えられる。第一節における「巫覡の好果」の分類は、「その一、生活上への功」と「その二、文化上への功」である。

まず、第二節の「巫覡の弊害」から検討しよう。この節で村山は、「巫覡信仰」の「弊害」を位置付けるうえでの基準を明確に示している。たとえば次のような文章がある。

…この巫俗が元来保守的なものであり、素朴的なものであるだけ、それだけ進歩発達を約束すべき社会の生活文化にとつて障害となることは自然の理であるが、かくて朝鮮の巫俗は一面朝鮮社会の生活及び文化の上に尠からざる弊害を及ぼして居るのである。

ここでは、「進歩発達を約束すべき社会の生活文化にとつて障害」となることが「巫俗」つまり「巫覡信仰」の「弊害」の基準とされている。この「進歩発達」という概念が具体的に指すものは、一九三一～一九三二年の状況からすれば、統治上の重要課題となった疲弊に喘ぐ農山漁村の「再建」だと考えられる。そのため、村山は「弊害」の分類を「その一、衛生上への禍」「その二、経済上への禍」「その三、思想上への禍」という村落「再建」に関係する内容にしたのである。では、各分類について具体的に見ていこう。

「その一、衛生上への禍」では、次のように「鬼神信仰」とのかかわりが強調されている。

…併合以来当局は、鋭意衛生機関の充実と衛生思想の開発普及に努めて居るに拘はらず、その成績遅々として著しき進歩を効さないのは、之等の施設を受入れる民衆の間に、抜くべからざる鬼神信仰が存在して居るからであり、一面この信仰を維持し、伝播する処の巫人が存在して、これを培養して居るからである。

ここでは、調査資料『朝鮮の鬼神』において示された「禳鬼」という邪教性を前提にして、「衛生思想の開発普及」を遅らせている「鬼神信仰」を、「巫覡信仰」が「伝播」し「培養」していると論じられている。つまり、「禳鬼」という邪教性の基準と同位置に「巫覡信仰」が位置付けられたのである。

それゆえ、「巫覡信仰」における疾病治療の行為を「迷信行為」と呼んでいる。そして、いわゆる近代医学普及の障害として、「巫覡信仰」の「祈禱療法が、如何に危険性を多分に帯びたものであるか」を示すために、各地の警察署の事例報告（警察犯処罰規則にもとづき各地の警察署がおこなった「巫覡信仰」取締りの事例報告で、一九三〇年六月に村山に提出されたもの）の中から一三の例があげられている。

これらは、「桃の枝で絶えず患者を殴打」したり、「患者を無理やり水中に押し込み、遂に窒息死に至らしめ」たなど、「危険性」の付随した疾病治療の代表的な例である。ここから村山は、「危険性」の付随した行為が「巫覡信仰」の疾病治療の典型であると認識していることがわかる。そして彼は、外部に表現され一般の目で確実に確認できる「危険性」を提示することが、「禳鬼」という邪教性を明確に示すことになると考えたようである。

次に、「その二、経済上への禍」を見よう。たとえば次のような文章がある。

…不幸の結果に終つた時にも、それが医療に依つた場合であれば、少し許りの費用も空費したと感ずるが、巫禱に依つた場合であれば、これだけ手を尽し入費をかけても助からなかつたのでは、避けがたき運命であつたのであるから致し方がないと潔くあきらめて、少しも資財を空費したとは考へないのが一般の観念となつて居るから、巫禱に対する経済的出費が多大に上つて居ることは看過すべからざる状況を呈して居るのである。（中略）朝鮮の貧困と云ふ経済現象生起の一因に、この巫禱に依る過重支払が加はつて居る事を看逃してはならない。

ここで、「巫禱に対する経済的出費が多大に上つて居る」理由として、「避けがたき運命」というような「鬼神信仰」にもとづく運命観があげられている点に注目される。この分類でもやはり、「禳鬼」に引き寄せて邪教性を示そうとしているのである。そして、「巫禱」の出費が「朝鮮の貧困」の一因であるという見方は、まさに前述の「進歩発達を約束すべき社会の生活文化にとって障害」という認識に立ってのもので、農山漁村を疲弊に陥れている悪弊のひとつが「巫禱」の出費であるといいたいのであろう。

では、三番目の「その三、思想上への禍」を見よう。たとえば次のような文章がある。

然らば何をか朝鮮思想に及ぼせる巫の影響となすか、その第一に数ふべきは巫及び巫信仰に依る鬼神信仰の普及と支持から、厳正批判の精神的発達を阻害して居ることである。由来朝鮮に於ける鬼神の観念は、（中略）極めて原始的な素朴な信仰意識に依つて構成されて居るものである。（中略）第二の影響は、人生に生起する事物に対して厳正に批判する精神的発達を阻害せし事を出発点として、人生一切の出来事を合理的に解決せむとはせず、生活は総で《ママ》鬼神と云ふ不思議力あるものの支配に依るものであると、人生を運命的に解釈せむとする運命観念を民衆の大部分に支持、確保せしめた事である。朝鮮の民衆は、概して中世以後自己の努力に依つて合理的に生活の発展開拓を敢てするの気風衰へ、殊に個人の覚醒と自主的活動の世界的風潮の押寄せ来る現代に於ても、自依的、進取的気力の作興が甚だ微々たるの状態を見るのであるが、（下略）

ここでも、「鬼神信仰」との関係が強調されている。第一の影響としては、「巫及び巫信仰に依る鬼神信仰の普及と支持」が「厳正批判の精神的発達を阻害」するということである。ここで注目されるのは、「鬼神信仰」が「極めて原始的な素朴な信仰意識に依つて構成されて居る」とあるように、その原始性・後進性を強調している点である。

第二の影響としては、「鬼神信仰」から派生的に生み出された「運命観念」を、「民衆の大部分に支持、確保せしめた事」とされている。この「運命観念」が、当時の民衆をして「自依的、進取的気力の作興が甚だ微々たるの状態」に陥れているとする点に注目される。つまり村山は、農山漁村における村落「再建」の内容として、前述の「進歩発達を約束すべき社会」やここでいう「合理的に生活の発展開拓」というものを考えたため、その「再建」の障害として「運命観念」を位置付けているのであろう。[20]

次は、ここでこの「進歩発達」や「合理的」という概念に注目し、「鬼神信仰」との関係が強調される問題を解くカギとして、第一節の「巫覡の好果」に戻ってこれを見る中で検討しよう。

第一節「巫覡の好果」では、「巫覡の好果」が「その一、生活上への功」と「その二、文化上への功」とに分類されている。「その一、生活上への功」では、とりわけ「巫覡信仰」における「呪法的衛生機関」としての要素が「治病の任に当つて来た」ことを高く評価している。この点に関して、「医薬の発達普及を見なかつた朝鮮社会に於て、人々の生命保護てふ非常に重大な役割を演じ来つたもの」と説明されている。つまり、「医薬の発達普及」に対峙するものとして「巫覡信仰」の疾病治療を位置付け、朝鮮社会の後進性を前提にして前者の代替としての後者の役割を評価しているわけである。

「その二、文化上への功」では、「よく朝鮮固有の原始文学及び原始舞楽を伝承し運載し来つた事」が評価されている。ここで、朝鮮の「固有」性が「原始」と表現されている点に注目される。別の箇所では、「鬼神信仰」にもとづく朝鮮「固有」の信仰・思想を「巫覡信仰」が継承してきたため、「朝鮮本来の信仰思想を窺はんとする者には、現在の巫信仰そのものが極めて重要な研究対象であることは勿論」と記されている。さらに、「かく千余年前の文化をまのあたりに示す点に於て…古代文化の保持者として」と述べられている。

したがって、「固有」性は「原始」性を意味し、「鬼神信仰」が朝鮮の「原始」性を象徴するものであり、その継承者の「巫覡信仰」も同様に「原始」性をもったものとして位置付けられているのである。

ここから、「鬼神信仰」にかかわる「巫覡信仰」の邪教性が「原始」性で表されていることがわかる。そして、その「原始」性の枠の中においてなら「巫覡の好果」として評価できるということである。「その一、生活上への功」でも、朝鮮社会の後進性という枠において「巫覡信仰」を評価したものであった。

このような判断の背景には、前述の「運命観念」の例のように、「巫覡信仰」が農山漁村の「再建」の障害になるという村山の認識があるのだろう。それゆえ、前述の「進歩発達を約束すべき社会」や「合理的に生活の発展開拓」という村落「再建」の内容に対峙するものとして、村山は「巫覡信仰」における「原始」性を位置付けたのだと考えられる。「進歩発達」と「合理的」に対峙する「原始」性、この対立構造はまさにいわゆる「文明」の論理にもとづいて生み出されたものである。

つまり、農村振興運動の時期になると、総督府官僚たちは近代合理主義を追求するうえで、非合理とみなされるものを「迷信打破」の対象として規定する。それゆえ、村落「再建」は彼らにとって、「原始」の中にある朝鮮社会にいわば「文明」を与える作業であるため、その際に非合理的な「巫覡信仰」は「迷信」として位置付けられるのである。

要するに、『朝鮮の巫覡』では一貫して「巫覡信仰」が「鬼神信仰」と関係の深いことが強調されていたが、それは単に「禳鬼」との関係を示すことで邪教性を提示しただけでなく、「鬼神信仰」の「原始」性と同位置に「巫覡信仰」があることを示すことでも、その邪教性を提示することとなった。

したがって、第一章第一節で述べたように、農村において巫俗の基盤が崩壊しながら民族宗教の基盤が形成されている状況があったが、これに関して『朝鮮の巫覡』の著者は思いも及ばないのは当然のことであった。

第三節　「巫子取締法規」の到達点

(1)「タンゴル制」の発見

この調査資料『朝鮮の巫覡』の調査結果が出された直後に、農村振興運動が開始されて「迷信打破」が声高く叫ばれていく。だが、『朝鮮の巫覡』において村山は「巫覡信仰」の「絶滅」を提唱することはなかった。むしろ村山はこの調査資料で、わざわざ「巫覡の好果」の節まで設けている。それに加え、第五章第一節「巫儀の観念」では『天倪録《チヨナロク》』のある故事があげられていた（二七五〜二七八頁）。この故事の内容であるが、一地方官が領内で「見付け次第杖殺」するという「追放令」を出して「巫覡」の「撲滅」を図っていた。だが、禁令を破ったある巫女を試みて、死んだ友人の「鬼神」を呼び出させたところ、「真巫のあることも知」るに至って「巫覡に対する認識の浅かつたことを悟」った。そして、「禁巫の令」を撤回したという。

ここから、村山は巫覡「絶滅」論に対して否定的であることがうかがえる。つまり彼は、朝鮮社会の「原始」性という枠において「巫覡信仰」を評価していた。これは『朝鮮の鬼神』において、思想・信仰の「高級なるもの」と「低級なるもの」とを設定し、統治上において後者を前者から「之を不用なりとして切り離」すことには反対の立場をとっていたことと深く関連していると考えられる。

彼にとって「再建」前の朝鮮農村はいまだ「原始」性の中にあるため、その枠の中での役割を評価している「巫覡信仰」に対して、一様に「絶滅」を図ることには慎重にならざるを得なかったものと考える。

それを示す文章が「緒言」に書かれているので次に示そう。


…や丶もすれば陥り易き反社会的な出来事を如何に監視すべきかと共に、この巫覡信仰を通じて表現せられる朝鮮社会の生活相に顧みて、如何に之が対策を講究すべきかの問題を呈示して居るものであるから、之に対して充分なる講究と慎重なる考慮を払ふべきものであることを忘れてはならない。


ここで村山は、暗に巫覡「絶滅」論を意識しながら、「巫覡信仰」取締りに対しての慎重論を述べ、「対策」に当たり「巫覡信仰」の「監視」および「充分なる講究と慎重なる考慮」の必要性を主張しているのである。

村山がこのような主張をするようになったのは、農村において「タンゴル制」を見いだしたことが直接的な要因であったと考えられる。

たとえば、かつての全羅南道では日本の檀家制度に似た巫俗の「タンゴル制」が存在したが、この「タンゴル制」の存在には注目すべきだと考える。とくに、巫覡と村落との関係における「タンゴル制」の場合は、巫覡は「村落自治」を背景とした強固な信徒組織をもっていた。

村山智順は「タンゴル制」に関して現地調査をおこなったことがある。『朝鮮の巫覡』の中で、村落との関係における「タンゴル制」を全羅南道の海南地方の例から次のように紹介している。ここからは、「村落自治」を背景とした信徒組織が依然と「巫覡信仰」を保っていたことを知ることができる。

全羅南道、海南郡、玉泉面は、里洞（部落）数十五、一里洞の戸数約八十であるが、こゝに現に八戸のタンゴル巫家があつて、その一巫家が一二の里洞をそのタンゴル範囲として居るから、一里洞として巫のタンゴル部落でなく、復た一戸としてタンゴル宅でないものはない。而して此処のタンゴル巫とタンゴル宅との関係は、巫があつてそのタンゴル宅を定めたと云ふよりも、部落民が必要上からタンゴル巫を置くと云ふ風である。

（下略）

この資料をはじめとして、村山の「タンゴル制」に関する調査報告は貴重な資料であると考えられる。総督府の「迷信打破」に批判的な秋葉隆でさえ、[21]『朝鮮巫俗の研究　下巻』の「タンゴル制」の記述において、「巫と村落」の項目では村山の報告を参考にして書いている。そこで、村山の「タンゴル制」の記述に関してもう少し検討することにしよう。

村山智順は、『朝鮮の巫覡』の調査段階で「タンゴル制」に関心をもち、それが最も普及している全羅南道に、他の現地調査と同じ時期の一九三〇年一一月に赴いている。そこでの調査結果は、第六章「巫覡の需要」の第三節「タンゴル制」において、光州地方・海南《ヘナム》地方・長興《チャンフン》・順天・羅州という地域別に示されている。そして、村山は「タンゴル制」を定義して、「祈禱祭祀を行ふ巫と祈禱祭祀を希望する人々との間に結ばれたる信仰団体、宗教団体」であるとし、さらに「民間に於ける巫需要の強固なる一表現である」と述べている（四八二頁）。

このように、村山は調査資料で「タンゴル制」を示すことによって、「巫覡信仰」を単なる「迷信」として片付けてしまうのは軽率で、民間において組織だって「強固」に信じられている「信仰団体、宗教団体」なのだと訴えているのである。皮肉にも総督府の嘱託である村山が、警察当局に対峙する位置にある「タンゴル制」を見いだし、

「信仰団体、宗教団体」として認識したわけだ。

村山が、『朝鮮の巫覡』の調査開始時において関心をもったのは「巫弊状況」と「信巫状況」であったが、現地調査の過程で「信仰団体、宗教団体」としての「タンゴル制」を見いだしていた。彼の発見した農村社会における「タンゴル制」の影響力が、村山をして、「緒言」において慎重論を主張させたといっても過言ではあるまい。

(2)「巫子取締法規」制定の可否

ところで、農村振興運動が本格化された一九三三年の六月に、総督の諮問機関としての機能の強化が叫ばれていた中枢院に、総督府当局が直接掌握する事実上の総督諮問組織としての施政研究会が設置されたことは前述した。施政研究会の社会部では、警務局の管轄下の要件である「巫子取締法規」の制定の可否について研究されることになった。つまり、警察当局では「絶滅」を目的とする「巫覡信仰」の取締り法規の制定を、「迷信打破」の切札として構想していたわけであり、その背景には農村振興運動の現場における「巫覡信仰」取締り法規の制定要求の声があった。

だが、施政研究会の答申内容は「巫子取締法規」制定を不可とするものであった。次に、その答申内容を紹介した『東亜日報』の記事を示そう(以下、新聞記事の日本語訳は青野)。

◇巫女取締法規制定の可否—迷信の所産である巫女がもたらす害毒は相当に大きいゆえに、これに法規を設けて厳重に取締ることは時宜を得た処置であるといえよう。

しかし、一時にこれを禁止するときは、一万三千の巫女の群が生活の道を失ってしまうという重大な社会問題を引き起こす懸念もなくはない。

それゆえ、急激な弾圧主義を取らないで、今後の新規開業を許可しないと同時に、祈禱料の最高限度を定め、迷信にのめり込み法外の金品を奪われないように防止する。そして、医療行為を厳禁し、または祈禱するときに暗室を使用させないようにし、風俗上の問題を起こしやすい場面を禁止するなど、適当な取締り法を改正して巫女たちが及ぼす害毒を減少させる。

それと同時に、組合を組織させて適当に指導し、また一般民衆の知的向上を図って迷信が発生する余地がないようにし、漸減主義を採択するようにする。(22)

このように、答申は巫覡「絶滅」論の反映した「巫子取締法規」制定という「急激な弾圧主義」を否定している。そして、既存の「適当な取締り法を改正」したり、「組合」組織の「指導」や民衆の「知的向上を図」るなどの「漸減主義」をとることを可とするものであった。

この答申を受けて、総督府では巫覡「絶滅」論的な「巫子取締法規」の制定を見送っている。政策決定過程は資料の制約のために不明であるが、制定回避には、村山がすでに『朝鮮の巫覡』で主張していた慎重論の存在を無視することはできないと考える。

しかしながら、巫覡「絶滅」の強圧策が回避されたとはいえ、農村振興運動の「迷信打破」のスローガンの下で、「巫覡信仰」の疾病治療はその取締りが試行されている。

農村振興運動で農民たちに対する「迷信打破」が、具体的にどのように実施されたかについても資料がないために不明であるが、全羅南道の一つの資料から可能な限り探ってみよう。全羅南道では、行政が創出した「自治」団体を農村振興実行組合と呼んだ。この農村振興実行組合での実行事項を解説した論説は、「巫盲符呪等の迷信禁絶」について次のように述べている。

…巫女部落への出入を防止し、或は違約金制度を設け、組合によつては組合員七戸を一区として一名の月当番を定め、区域内の事件に付予め注意し事前に警告を与へ、組合役員と警察官憲との連絡をとり、之が根絶に努めてゐる。(23)

ここでは、①村落へ巫女が出入りすることの防止、②違約金制度、③組合役員と警察官憲への通告という手段がとられていることがわかる。同資料にある具体例を見ると、模範部落である全羅南道の光陽郡《クアンヤングン》津上面《チンサンミョン》旨元里《チウオンニ》において、行政創出の「自治」団体である旨元里振興会では、「迷信陋習の打破」のために②違約金制度の手段を用いており、一回につき五銭を徴収している。五銭といえば、農民が精米を売るときの販売価格に換算すると米約三合分になる。

とはいえ、全羅南道は巫覡が最も多いという調査結果が出され、巫俗のとくに盛んな地方であった。それゆえ、このような手段が巫俗を信じる農民たちに対して実際に功を奏したかははなはだ疑問である。

(3)「巫子取締法規」の到達点

次は、前述の施政研究会の答申にあった「漸減主義」の各方策について考察してみよう。

この答申を受けて、総督府当局では「巫子取締法規」の制定を見送ると同時に、この「漸減主義」の各方策について検討を迫られることになる。それを担当したのは総督府警務局であった。『東亜日報』の記事には答申後の経緯が書かれているので、次に示そう。

〔答申によると、強圧すれば被害が予想されるので〕取締規則を制定するのだが、一種の宗教類似団体の恰好で組合形式の団体を作らせた後に、これに適当な法令を作成することになったという。

このようにムーダン（巫覡）たちを統制するには、在来の崇神人組合などを各所に組織させ、脱線的行動ができないようにすると同時に、「クッ」やその他の行動を組合のような場所や室内で許可し、屋外の行動は絶対に禁止する。それと同時に、時間なども制限して安寧の妨害などの行動も徹底して防ぐ考えであるという。

このような要領のもとで統制を断行し、ムーダンたちが及ぼす弊害を厳戒せんと、警務局で草案を作成中であるが、これが終われば即座に実行されるという。(24)

この記事にあるように、「漸減主義」の各方策は「一種の宗教類似団体の恰好で組合形式の団体を作らせた後に、これに適当な法令を作成する」という政策案に到達したことがわかる。そして、警務局ではその「法令」の「草案を作成中である」という。

その後総督府では改めて巫覡数を調査し、およそ一年後の一九三五年七月にその結果を男女別と道別で公表している。それによると、総計が一一、六八七人で、そのうち男性が三、四六六人、女性が八、二二一人であった。道別では、最多の全羅南道が三、〇三〇人、次が京畿道で二、〇五二人、次は平安北道の一、〇七七人という具合である。(25)一九三二年の『朝鮮の巫覡』の調査では、巫覡の総数が一二、三八〇人となっていた（一九三〇年八月現在）。両者の調査の間には約五年の時間が流れ、その間に村落では「迷信打破」が実施されていた。それにもかかわらず、巫覡数はあまり減少していない結果が出されたことになる。

この結果を報じた『東亜日報』の記事は、見出しに「強力の取締り方法がない」という一文を添えて、警務局に対する苛立ちを次のように述べている。

…強力の法規出現を一般が期待しているのが事実だが、取締り当局としてもいまだこれに関する具体案を立てることができず、警察犯処罰規則などでわずかに崩すというのが現状となっている。そのため、その取締り方法が徹底できないままでいるわけである。これに一つの具体案を立てようと、数年にわたり警務局では考究に考究を重ねているが、いまだ名案が立っていないという。(26)

このように、一九三五年七月の段階で警務局はまだ「具体案」を出すことができないのであった。

この時期は、総督府において心田開発運動の方針が打ち出されていて（一九三五年一月に公表）、神社利用策の導入が模索されることとなる。その導入に関与したのは崔南善《チェ・ナムソン》であった。

彼は、檀君神話にもとづく文化を「不咸文化」と呼び、類似性を利用して朝鮮を主とし、日本を従とするいわば「鮮日同祖論」的な神道文化の系統を打ち立てることを図っていた。そして、その手段として、総督府内でその神道文化に神社信仰を取り込んでいくことを意図する神社利用策を主張するに至ったのである。(27)

心田開発運動で「信仰心」の対象が調査された際に、崔南善は「固有信仰」という言葉で彼の神道文化論を説いている。(28) その「固有信仰」には巫俗や村落祭祀も含まれているが、総督府当局ではその後に神社利用策導入で注目されることになる「部落祭」と、取締り対象であった「巫覡信仰」とは明確に区別して対処している。すなわち、心田開発運動に端を発する神社利用策では、「巫覡信仰」は利用対象として認識されることはなかったのである。その後の「巫覡信仰」取締りに関しては不明であるが、法令面から見る限り、巫覡の取締り法規が制定されることはなかったと判断できる。

しかしながら、一九四二年になっても崇神人組合が存続している事実には注目される。この年の八月に、崇神人組合の組合長である「白川甲戌」（「巫徒」四二歳、朝鮮人、創氏改名後の名前だろう）に対して「業務横領」で懲役一年の判決が下された。検事局の資料には次のように記されている。

…国防献金其他合計金二千六百九十四円五十銭ヲ組合員ヨリ徴収シタルヲ奇貨トシ昭和十五年十二月二十日頃ヨリ同十六年十二月十日迄ノ間前後数百回ニ亙リ自己ノ業務上占有ニ係ル右金中ヨリ一回ニ二、三円宛合計七百七十五円七十六銭ヲ自用ニ消費横領ス(29)

「国防献金」とあるから、警察当局は巫覡統制のために崇神人組合を利用している可能性が浮上してきた。また、朝鮮人の組合長が「七百七十五円七十六銭」を「自用ニ消費横領」したというが、その目的自体も事実かどうかは判断できない。それゆえ、この時期においても存続し、かつ多額の「徴収」能力をもっている点に注目して、次のようなことがいえないだろうか。すなわち、かつての崇神人組合のように、巫覡たちと警察当局との対立関係の中で、双方の均衡を保つ存在として再び登場してきた可能性を指摘できないだろうか。

註

（1）朝鮮総督府中枢院編『朝鮮旧慣制度調査事業概要』（一九三八年）三四頁。

（2）以下における旧慣制度調査事業の概観は、前掲『朝鮮旧慣制度調査事業概要』を参考にして整理した。

（3）以下における旧慣制度調査事業の方針転換の説明も、前掲『朝鮮旧慣制度調査事業概要』を参考にした。

（4）村山智順についてわかる範囲で紹介しよう。

新潟県の出身で、一九一九年七月に東京帝国大学の哲学科（社会学専修）を卒業した。後に京城帝国大学教授となる秋葉隆は村山の後輩で、改組後の社会学科を一九二一年三月に卒業している（『東京大学卒業生氏名録』東京大学、一九五〇年）。卒業論文は「日本国民性の発達」であった。村山は東大卒業後、朝鮮総督府中枢院の嘱託として、旧慣制度調査事業の中の「朝鮮社会事情調査」（一九一九〜二三年）を担当する。

不明の時期が少しあって、一九二五年四月現在は、総督官房文書課の嘱託（年手当二、五〇〇円）として「朝鮮事情調査ニ関スル事務」を担当している（『朝鮮総督府及所属官署職員録』一九二五年四月現在）。その後、一九四〇年七月一日現在までは総督官房文書課嘱託を務めていることが確認できる（『朝鮮総督府及所属官署職員録』一九四〇年七月一日現在）。

翌年の一九四一年三月では肩書きが「調査二係主任」となっているが（『朝鮮総督府』調査資料第四七輯『朝鮮の娯楽』一九四一年）、どの部署かは不明である（『朝鮮総督府及所属官署職員録』には課までしか掲載されていないため）。

しかし、一九四一年七月一日現在において総督府を辞職している（『朝鮮総督府及所属官署職員録』から名前が消えている）。

최석영《チエ・ソギヨン》『일제하 무속론과 식민지권력』（『日帝下の巫俗論と植民地権力』書景文化社〔ソウル〕、一九九九年）の第六章の註(37)によると、この頃は朝鮮奨学会の主事として活動していたという（『拓殖パンフレット』〔第一八輯、一九四一年〕所収の村山智順「朝鮮文化の性格」をもとに）。

なお、村山の卒業論文の題は東京大学社会学研究室で調べていただいた。

（5）以上における旧慣制度調査事業の概観も、前掲『朝鮮旧慣制度調査事業概要』を参考にして整理した。
（6）風水は地中を流れている生気に通じることにより繁栄のエネルギーとする信仰で、植民地朝鮮の民衆にとって風水の主流をなすものは墓地風水であったといえる。朝鮮の墳墓（土饅頭）は一般に山に設けられたが、それは山に走る生気の脈のつぼに墓地をつくり、死者の骨を通じてその生気が子孫に貫通し繁栄できると信じられたからである。そのため、死者を埋葬あるいは改葬（災厄のあった場合）する場所の選定は一族の禍福を決定する重要な行為であった。
（7）「朝鮮に於ける衛生に関する迷信　二」（『朝鮮』一四九、一九二七年一〇月）。
（8）朝鮮総督府編『朝鮮に於ける農山漁村振興運動』（一九三三年）、一一～一二頁。
（9）大坂六村は、慶州で普通学校の校長として勤務する傍ら、その地方の民俗を調査・収集していた人物である。
（10）秋葉隆「朝鮮民俗の研究に就て」（『朝鮮』一五五、一九二八年四月）。
（11）墓埋政策では、併合直後において「墓地、火葬場、埋葬及火葬取締規則」（総督府令第一二三号、一九一二年六月）により、一律に墓制の「共同墓地」化が推進された。すなわち、「共同墓地」は墓地風水や朝鮮王朝の墓埋政策を否定し、墓制を安易に「共同墓地」に統制しようとしたものである。罰則条項も設けられ、「共同墓地」以外への埋葬（一定の例外も認められたが）は処罰の対象になった。墓地風水と墓埋政策に関しては、別途に考察する必要がある。
（12）「医療機関数調」（『調査月報』三―一〇、一九三二年一〇月）。
（13）村山智順「民間信仰と犯罪対策」（『朝鮮』一九〇、一九三一年三月）。
（14）「彙報」（『朝鮮』二一九、一九三三年八月）。
（15）金炳炫「迷信打破を期し先づ巫女を絶滅せよ」（『朝鮮地方行政』一三―六、一九三四年六月）。金炳炫は江原道金化郡金化面の面長である。
（16）崔吉城《チェ・ギルソン》「日帝時代의《の》民俗・風俗　調査　研究」（崔吉城編著『日帝時代　한《ある》漁村의《の》文化変容　上巻』亜細亜文化社〔ソウル〕、一九九二年）や、崔吉城「日本植民地時代の民俗学・人類学」（崔吉城編著『日本植民地と文化変

容――韓国・巨文島』お茶の水書房、一九九四年）が、前者の立場への批判とともに氏の主張を知るうえで参考になる。

(17) 川村湊『「大東亜民俗学」の虚実』（講談社、一九九六年）五二頁を参照。同書の第一章「朝鮮民俗学の成立」は、植民地期の朝鮮人による朝鮮民俗学を、従前の「〝漢文〟民俗学」や支配者たちの「植民地民俗学」と対峙させながら、思想的な位置付けをなしたものといえよう。

(18) 同前、五五頁を参照。

(19) 前掲『日本植民地と文化変容――韓国・巨文島』の第一章「日本植民地時代の民俗学・人類学」（崔吉城）では、次のように資料的価値が評価されている（二一頁）。

これ〔『朝鮮の巫覡』における成巫動機についての資料呈示〕は秋葉隆によってより具体的、分析的な調査と研究が成し遂げられたものである。それは単なる霊感と世襲の動機にとどまらず、韓国巫俗を南北型（南：世襲、北：降神）として特徴づけた出発点にもなっている。

(20) 農村振興運動は一九三二年秋に開始され翌年から本格化されたため、一九三二年に発表された『朝鮮の巫覡』では、農山漁村の「再建」が農村振興運動として明確に記されるはずはない。第一節第二項ですでに述べたように、『朝鮮の巫覡』の次に発表された『朝鮮の占卜と予言』（一九三三年）では、「宿命観念、運命観念」の占卜が農村振興運動の障害となる（ことに「自力更生」と真正面から対立する）ものとして明確に記述されている。

(21) 赤松智城と秋葉隆は植民地支配下の朝鮮に赴き、京城帝国大学教授としてそれぞれ宗教学と社会学を専門とした人物だが、彼らは当時総督府により弾圧されている「巫俗」の研究に情熱を注いでいた。そして、「巫俗」を現地調査した結果をもとに『朝鮮巫俗の研究　上・下巻』（赤松智城・秋葉隆著、一九三七・三八年）を発表した。この研究が、朝鮮文化の独自性を十分に汲み取るものになり得なかった点に批判もあるだろう。だが、当時の総督府支配下という制約の中で、彼らの「巫俗」研究が、総督府がおこなっている「迷信打破」に対して抗議する意味をもった事実に驚かされる。

宗教学の立場から赤松は下巻（「巫俗と道仏二教との関係」）で、「巫俗」そのものでなく、彼が「高等的」と考える仏教的要素や祖先崇拝の要素を評価しており、これらの要素の「改善」と「善導」を主張している。彼の「巫俗」観にはこのような限界があるが、総督府が「迷信又は邪教として排斥せんとする」こと（＝「巫俗」への「迷信打破」）を、「最も戒しむべき認識不足」であると非難している。そして、総督府の中で議論されていた巫覡「絶滅」論に対しても、「甚だ誤つた偏見」と厳しく批判し、「巫俗」の保護を主張している点は高く評価できよう。

(22)「巫女取締는《は》漸減　駅名（朝鮮文）廃止反対」（『東亜日報』一九三三年一一月二四日付、二面）。

(23) 吉田猶蔵「全南に於ける農村振興と模範部落」（『朝鮮』二二六、一九三四年三月）。

(24)「全朝鮮　万八千巫党取締規則을《を》制定」（『東亜日報』一九三四年六月一〇日付、二面）。

(25)「巫覡은《は》언제까지《いつまで》　万一千名이《が》尚存」（『東亜日報』一九三五年七月七日付、二面）。

(26) 同前。

(27) 拙著『帝国神道の形成——植民地朝鮮と国家神道の論理』（岩波書店、二〇一五年）、第二章第一節および第五章第二節を参照。

崔南善は、三・一運動での中心人物のひとりとして逮捕された。当時の文化政治の下にあって、一九二一年に総督府の懐柔政策により仮出獄になった崔南善は、以後、いわゆる「民族改良主義」の宣伝をおこなって民族主義右派を抱き込む役割を担ったとされる。そして、一九三五年七月まで朝鮮史編修会委員と同会嘱託を兼任し、年手当二、一六〇円という待遇を受けていた。以後、一九三六年に中枢院参議、一九三九年に満洲国の建国大学教授を歴任している。

(28) 崔南善「朝鮮の固有信仰　上・下」（朝鮮総督府中枢院編『心田開発に関する講演集』一九三六年）。

(29) 朝鮮総督府高等法院検事局思想部編『思想彙報続刊』一九四三年、五一頁。

第三章　朝鮮総督府の「類似宗教」概念と終末思想

第一節　「類似宗教」概念の形成

（1）警察犯処罰規則での規定

序章で述べたように、私は民族宗教（「類似宗教」）には両面性があると考えている。たとえば、私的領域＝日常では民族宗教から巫俗的要素が多く見いだされる。一方で、民族宗教が植民地支配に抵抗したり独立を目指して公的領域に浮上しようとする時、その作用には終末思想が大きく働いていて、それが受け皿となり近代的な民族主義的ナショナリズムへと発展していくと私は考える（詳細は序章の「四　朝鮮の終末思想」を参照）。

民族宗教の日常における取締りには警察犯処罰規則が適用され、非日常における取締り、つまり民族宗教が公的領域に浮上しようとする際に適用されるのが保安法である。宗教的な結社として認められた「類似宗教」は、結社を取締る保安法第一条が取締りのうえで基本法規であったが、日常においては過度な巫俗的要素を対象とする取締りが主となるため、警察犯処罰規則が適用されたわけである[1]（詳しくは後述）。

一九一九年に三・一独立運動が起き、周知のように総督府の統治方針がいわゆる武断政治から文化政治へと移行した。この移行期において、一九一九年四月に三・一運動鎮圧の目的で制定された「政治ニ関スル犯罪処罰ノ件」

（制令第七号）が制定され、この独立運動を担った多くの宗教者たちも検挙されている。民族宗教に関しては、とくに天《チヨン》道《ド》教《ギヨ》が三・一運動との関連で「政治ニ関スル犯罪処罰ノ件」による検挙者を大量に出し、組織としても大打撃を被ったという。(2) この大がかりな取締りが一段落ついた後、民族宗教は警察犯処罰規則の適用に戻って日常における取締りを受けることになる。

では、警察犯処罰規則の説明に移ろう。併合直後に警察犯処罰規則（一九一二年、総督府令第四〇号）が制定されたが、これは日本「内地」における警察犯処罰令（一九〇八年、内務省令第一六号）に対応したものである。

しかし、併合から約一年半後に制定された警察犯処罰規則には、植民地に特有な罰則規定が組み込まれ（二ヵ条からなり、第一条は八七にわたる細則がある）、「内地」の警察犯処罰令をさらに強化したものとなった。そのため、いわゆる「軽犯罪」をもって抗日義兵や抗日運動を進める者を「別件逮捕」できる役割も担っていた。すなわち、違反者には苛酷な「笞刑」が濫用され、また訊問に先立つ拷問により自白を強要して罪が捏造されるなど、植民地支配のための治安法として用いられていた。(3)

この警察犯処罰規則が適用されて、巫俗・占卜のような民間信仰をはじめ、民族宗教の日常における宗教的な行為が取締りの対象とされた。ここではその意味を考えてみよう。

まず、「内地」での明治国家におけるいわゆる「淫祠邪教」観を、関係法令から確認しておく。

政府は、祈禱や「惑人」行為などに象徴される民衆の日常的な信仰現象を統制しようと、早くから大阪・徳島などで禁令を出したが、その内容をまず明確に示したのは一八七三年一月一五日の教部省達第二号である。そして、翌年の一八七四年六月七日の教部省達書乙第三三号では、「邪教」性の基準が「禁厭祈禱」における「医療ヲ妨ケ湯薬ヲ止メ」るなどの諸行為として明示されている。

一八八二年施行の刑法では違警罪として、「吉凶禍福ヲ説」いたり「祈禱符呪ヲ為」して「人ヲ惑ハシテ利ヲ図ル者」への処罰が規定された。これにより、人を欺罔する意思がなく自ら信じてなした行為でも処罰の対象となり、宗教家における予見・予言性がもつ社会性の有無にまで関係することとなった。

このような刑法の対象とされた宗教行為における反社会性は、一九〇八年には警察犯処罰令で、明確に「流言浮説」をなすこと、「吉凶禍福ヲ説キ…人ヲ惑ハ」すこと、「医療ヲ妨ケ」る行為などと規定された。

以上のように、明治政府は法令の制定によって「民衆の日常的な信仰現象の統制をめざした」のであり、宗教の「邪教」性とは「宗教と国家社会がかもす相克関係に規定されて」いたと見なければならない[4]。

それでは、朝鮮の警察犯処罰規則はどのような規定からなっているのであろうか。警察犯処罰規則は、その治安法的な特色にもかかわらず、宗教行為に直接関係する項目は警察犯処罰令の項目（第二条第一六～一九号）をそのまま導入したもので、ほとんど同じ文言からなっている。次に示そう。

第一条　左ノ各号ノ一ニ該当スル者ハ拘留又ハ科料ニ処ス

（中略）

二十一　人ヲ誑惑セシムヘキ流言浮説又ハ虚報ヲ為シタル者

二十二　妄ニ吉凶禍福ヲ説キ又ハ祈禱、符呪等ヲ為シ若ハ守札類ヲ授与シテ人ヲ惑ハシムヘキ行為ヲ為シタル者

二十三　病者ニ対シ禁厭、祈禱、符呪又ハ精神療法等ヲ施シ又ハ神符、神水等ヲ与ヘ医療ヲ妨ケタル者

二十四　濫ニ催眠術ヲ施シタル者

（傍線は青野）

これらの項目における相違点といえば、警察犯処罰規則の第一条第二三号に「又ハ精神療法」とあるように、民間信仰の精神疾患治療行為を指す文言が付加されている点のみで、他は全く同じである。それゆえ、この資料の規定は、当然ながら植民地支配のために民衆の日常的な信仰現象を統制しようとする意図のもとに導入されたものであることがわかる。そして、「精神療法」を加えた取締り対象となる項目が土着文化における巫俗的要素と重なっているため、取締りを担当する警察当局は民衆の日常的な信仰現象の中でも巫俗的要素をとくに「迷信」と認識していることが推測できる。

以上のように、併合直後から朝鮮の民間信仰や民族宗教の日常における宗教行為は警察当局の取締り対象となったため、巫俗的要素も含めた民衆の日常的な信仰現象が統制されるのであった。

(2) 布教規則に見る「類似宗教」概念

まず、併合から三・一運動に至るまでの時期において、朝鮮総督府が制定した宗教関連の法令を整理しよう。併合前の統監府時代において、一九〇六年に制定された「宗教ノ宣布ニ関スル規則」(統監府令第四五号)は、大韓帝国で活動していた「神道仏教其ノ他宗教ニ属スル教宗派」の日本人布教者を対象にしたものだった。それゆえ、併合当初において、依然と有効であったこの法令の欠陥をカバーする法令が必要とされる。

そこで、従前より宣教活動をおこなっていた欧米人のキリスト教布教者や朝鮮人の宗教者をも適用対象とする法令として、寺刹令(制令第七号、一九一一年)と布教規則(総督府令第八三号、一九一五年)が制定されることになった。

寺刹令は「寺刹」(いわゆる「朝鮮仏教」の寺院)に統制を加え、「朝鮮仏教」を無力化することにその意図があった。布教規則はより重要である。「内地」で公認されている欧米のキリスト教に加えて、注目すべきは「朝鮮仏教」をも公認宗教とすることで統制の枠内に入れている。さらに、布教規則はこうした公認宗教を条文で明記するだけでなく、非公認団体の中から〈懐柔〉対象となる「類似宗教」団体を認めている。つまり布教規則は、私のいうところの国家神道体制を朝鮮に導入するうえで大きな役割を果たした法令である（後述）。

それから、併合後に神社および「寺院」（「内地仏教」の寺院）に関して、主に創立の手続き等を規定した法令は神社寺院規則（総督府令第八二号、一九一五年）である。これは神社および「内地仏教」の寺院を創立するための手続きを定めた法令で、その年一一月の大正天皇即位礼に備えて、朝鮮にも神社制度を発足させるために出されたものである。

この法令の神社に関わる部分は、神社の創立・運営面に関して基準を明示することが重視されていたと思われ、第一条で創立許可申請する際に創立の事由や神社の称号、創立地名、祭神、境内地の広さや状況、創立費や支弁・維持の方法、崇敬者数を具申することが義務付けられている。そして、崇敬者三〇名以上の連署が必要であるし（第一条）、「社殿及拝殿」を備えるという規定もある（第二条）。やはり神社の創立・運営面で基準が示されていると解釈できる。なお、その後一九三六年八月の神社制度改編では、神社規則（総督府令第七六号）と寺院規則（総督府令第八〇号）に分離して別々に制定されることになる。

一方で、植民地に特有な状況として、神社の運営面・設備面で、たとえば崇敬者、神職、社殿等の設備などで神社の基準を満たすことが困難な場合も現実的には起こり得る。このような場合に「特例」として認められた施設が神祠《しんし》で、設立のために神社よりも低い基準を定めた法令は「神祠ニ関スル件」（総督府令第二一号、一九一七年）である。その第一条で、「本令ニ於テ神祠ト称スルハ神社ニ非スシテ公衆ニ参拝セシムル為神祇ヲ奉祀スルモノヲ謂フ」と定義されている。この「神祠ニ関スル件」も一九三六年の神社制度改編にともない、分離制定された神社規則の内容に合わせるように改正されている（総督府令第七九号）。

次は朝鮮における宗教的存在の中で、布教規則の規定により公認宗教団体との間に境界を設けられ排除された非公認団体について述べていこう。非公認の宗教団体に関して、「内地」と朝鮮の両方に共通しているのは「結社」としての取締りである。それを前提にして、朝鮮での結社に関わる規定を見てみよう。

大韓帝国期に制定された保安法（法律第二号、一九〇七年七月）は、「朝鮮ニ於ケル法令ノ効力ニ関スル件」（制令第一号、一九一〇年八月二九日）により併合後も効力を有した。第一条は次のとおりである（併合前は、「朝鮮総督」ではなく「内部大臣」）。

第一条　朝鮮総督ハ安寧秩序ヲ保持ノ為メ必要ノ場合ニ結社ノ解散ヲ命スルコトヲ得

保安法は朝鮮人を対象とした法令で、「内地」の治安警察法（集会・結社、さらには労働争議・小作争議などを取締る治安法として運用された）の必要な条項だけを借用した「縮約」版であったといえる。

しかし、朝鮮の保安法には届出制の規定がない。植民地支配を前提とした法令であるゆえに、より治安重視の厳しい内容となり、朝鮮人による政治的結社は存在を許されなかった。なお、三・一運動以後は、「政治ニ関スル犯罪処罰ノ件」（前述）や治安維持法（法律第四六号、一九二五年）が治安法として追加されている。(5)

以上から、保安法施行後における朝鮮の非公認宗教団体は、法的には結社に加えて秘密結社という範疇も明確にされていた。つまり、非公認宗教団体は「安寧秩序」を乱すと判断されない団体に限り結社（宗教的結社）として存在を許され、存在を許されない団体は秘密結社にされたといえる。秘密結社に対してはこの保安法第一条の「解散」規定を盾に厳しい取締り・弾圧が加えられ、さらに「安寧秩序」を乱すと判断された場合には「解散」させられることになる。ただし、存在を許された宗教的結社でも、あくまでも警察当局の取締り対象であったため、取締りの一環として個々の違法とみなされる行為に対しては個別に法令が適用されたと考えられる。

以上をまとめると、植民地ゆえに朝鮮の宗教行政の所管外の団体は、治安重視の厳しい取締り環境に置かれていた。法的には結社（宗教的結社）に加えて秘密結社という範疇でも厳しい取締りを受けたため、秘密結社は宗教活動のためには結社として存在を許されることが大きな課題であった。このことを非公認宗教団体の取締りを所管とする警察当局の立場から見れば、宗教行政の所管から外れた団体を一括りに取締っていたのではなく、法的に結社として存在を許す団体と、それ以外の存在を許されない秘密結社とに分けて取締りをおこなっていたことがわかる。

では、このような朝鮮在来の非公認宗教団体を国家神道体制の中に取り込むために、朝鮮総督府はどのような法的措置をとったのであろうか。総督府の宗教行政に関わる法令として、一九一五年に制定された布教規則を検討してみよう。

布教規則の第一条でいわゆる公認宗教が定められている。公認宗教が成文化され、「神道」（いわゆる教派神道）、「仏道」（「内地仏教」と「朝鮮仏教」）、「基督教」と定められた。

第一条　本令ニ於テ宗教ト称スルハ神道、仏道及基督教ヲ謂フ

公認宗教の総督府内での主管部署は、学務局宗教課（一九三二年より同局社会課、一九三六年より同局社会教育課、

以下略）である。なお、神社の主管部署は「内地」同様に神社非宗教論の立場から、一九二五年に学務局宗教課より移管され内務局地方課、一九四一年より司政局地方課、一九四三年より総督官房地方課であった。

それでは、「宗教類似ノ団体」を規定した第一五条を見てみよう。

第一五条　朝鮮総督ハ必要アル場合ニ於テハ宗教類似ノ団体ト認ムルモノニ本令ヲ準用スルコトアルヘシ
前項ニ依リ本令ヲ準用スヘキ団体ハ之ヲ告示ス

この「宗教類似ノ団体」という用語は、「内地」で一九一九年に生まれたとされる「類似宗教」概念の先駆的な使用といえ、しかも条文に明記されている。細かく見ていくと、「宗教類似ノ団体」が属している範疇が前提としてあり、その範疇を対象にして、その中から「宗教類似ノ団体」と認めるものがあることがわかる。その範疇は宗教行政の所管外の団体であると考えられる。

ここで前述した保安法第一条による結社取締りを振り返ってみるなら、植民地ゆえに朝鮮の非公認宗教団体は治安重視の厳しい取締り環境に置かれていたため、法的には結社（宗教的結社）に加えて秘密結社という範疇も明確にされていた。このことを非公認宗教団体を管轄とする検察・警察という治安当局の立場から見れば、宗教行政の所管から外れた団体を単に取締っていたのではなく、法的に結社として存在を許す団体と、それ以外の存在を許されない秘密結社とに分ける取締り手段をとっていたことも前述した通りである。

このような結社と秘密結社とに分ける取締り状況が宗教行政に反映されたらどうなるだろうか。前記の布教規則第一五条は、宗教行政の所管外の団体という範疇を前提にして、その中から「宗教類似ノ団体」と認める団体を規定した条文となる。つまり、警察当局による取締り状況がこの第一五条に反映されていることを確認できるのである。

少し整理すると、警察当局による取締り状況を宗教行政に反映させて、宗教行政における法的な規定を設けたのが布教規則第一五条と考えられる。言い換えれば、第一五条により宗教行政の所管外の団体という範疇において、結社として存在を許された団体（宗教的結社）を宗教行政上「宗教類似ノ団体」と認める規定がなされたといえるのである。(6) しかも、「本令ヲ準用スルコトアルヘシ」とあるから、この規定は宗教行政側にとって自らの所管である公認団体となる可能性を「宗教類似ノ団体」に与えたものと解釈できるだろう。その点で、「宗教類似ノ団体」は宗教行政の所管に取り込むことを意味する〈懐柔〉に位置し、他の存在を許されない秘密結社は〈取締り〉に位置していたといえる。

ここにおいて「内地」とは異なる朝鮮の特徴が見いだされる。つまり、警察当局の取締り対象である宗教行政所管外の団体の中で、〈懐柔〉に位置する団体という範疇が設けられたことと、それと同時にそれ以外の〈取締り〉に位置する範疇も設けられたことである。

以上を整理するなら、公認宗教団体と非公認宗教団体という「内地」の枠組みとは異なり、治安的立場が前面に出てくる朝鮮では宗教行政にも取締り状況が反映された。すなわち、宗教行政所管外の団体の中で範疇が二分されて、〈懐柔〉に位置する団体が法的に「宗教類似ノ団体」（「類似宗教」）として認められ、それ以外の〈取締り〉に位置する団体が秘密結社であったわけである。植民地朝鮮では治安重視の立場のため、存在を許されない秘密結社に対してより効果的に取締りをおこなううえで、宗教行政上で〈懐柔〉に位置する団体の存在が必要だったと考えられる。

したがって、宗教行政が管轄するか否かで公認宗教団体および非公認宗教団体に区別される範疇は「内地」から朝鮮に導入されたといえるが、朝鮮では治安重視の立場が前面に押し出されたため、「内地」とは異なり公認宗教団体、非公認宗教団体、秘密結社という三つの区別がはっきりしていたのである。

この項の最後に「類似宗教」概念を簡単にまとめておこう。朝鮮総督府は「内地」の国家神道体制を植民地である朝鮮に適用するために布教規則を制定したといえる。なぜならこの布教規則は、在来の「朝鮮仏教」をも公認宗教として包摂し、さらに排除している在来の非公認団体の中から懐柔して宗教行政に包摂する団体を生みだそうとする内容であるからだ。

たとえば、布教規則第一条により公認団体と非公認団体の間に明確な境界が設けられた。前者は宗教行政が所管し、後者は警察当局が所管する。そして第一五条からわかるのは、〈取締り〉対象である非公認団体の中から〈懐柔〉対象の「類似宗教」という範疇を設けたということである。すなわち〈懐柔〉の対象としての「類似宗教」は、宗教的な法的秩序の中では非公認団体でありながらも公認団体との境界近くに位置していた。

（3）「類似宗教」概念の変遷

前項で提示した「類似宗教」概念を次の第二節でおこなう調査資料分析につなげるために、この第三項では簡単に「類似宗教」概念の変遷について要約しておく(7)。

「内地」と朝鮮に共通していえるのは、「類似宗教」概念は宗教行政が非公認団体をその所管内に取り込む意図をもった際に生じたということだ。そのため「類似宗教」は、宗教行政の所管内に取り込む意味での〈懐柔〉の対象となる宗教団体を指していた。そして、その概念と用語はともに先に朝鮮で形成され（布教規則、一九一五年）、その後、宗教団体法の制定を目指す文部省による非公認団体の〈懐柔〉化方針に沿って（一九二〇年代～三〇年代）、「内地」にその概念と用語が逆輸入された可能性が高いと考えられる。

布教規則の制定後における「類似宗教」取締りを見るなら、警察当局では三・一運動後において取締り方針に転換があり、一九三〇年代前半の時期まではあるが、「類似宗教」に認められた団体が増加していることを確認できる。つまり、朝鮮総督府は「類似宗教」に対してもともと〈懐柔〉化方針をとっていたが、当初「類似宗教」に認められたのはまだ天道教など数団体に過ぎなかった。だが、一九一九年の三・一運動後において、総督府は〈懐柔〉化方針をさらに進めて対象となる団体を拡大し、一九三五年頃には「類似宗教」は七三団体（後述の『朝鮮の類似宗教』に掲載された団体数による）にまで増えていたのである。

一九三〇年代にはいると、朝鮮では朝鮮総督府の調査資料『朝鮮の類似宗教』（一九三五年）の発表や心田開発運動（一九三六年に実質的に始動）を契機に、警察当局が「類似宗教」団体に対して、国体および植民地支配に反抗する終末思想を危険視する認識で臨んでいた。前述したように三・一運動後において取締り方針に転換があり、〈懐柔〉化方針がさらに進んで対象となる団体が拡大されていたが、心田開発運動以降は〈懐柔〉化方針が後退するとともに、秘密結社のみならず、「類似宗教」団体に対しても厳しい取締り・弾圧がなされたのである。

このような心田開発運動以降の時期において、「類似宗教」団体に対する取締り方法が、「秘密布教」の発見へと重点が移っていく。その取締りの中心は保安法第七条違反で、適用対象が団体の終末思想に関わる布教手段であった。なお、宗教団体の言動が布教手段を超えて相当に危険視された場合は、治安維持法第一条が適用されたと考えられる（本章の第三節第四項で論じる）。

その後、宗教団体法が「内地」で制定・施行された（一九三九年四月制定、一九四〇年施行）。朝鮮総督府は宗教団体法の施行を保留する代わりに、布教規則を一部改正して「類似宗教」の取締りを強化する方針をとろうとしていた。そういう治安最重視の状況下で、一九四一年五月に改正治安維持法が施行された。仮にこの法令の当該規定が適用されるならば、「類似宗教」の取締り強化を図ることができるため、布教規則の改正はもはや不要となるうえ、保留されていた宗教団体法もまた施行されなかったものと推測される。

なお、布教規則第一五条は「類似宗教」を〈懐柔〉対象とする内容の規定であったが、この条文が準用されて公認される「類似宗教」団体は存在しなかったといえる。

(4)「邪教取締」の模索

第一章第二節第四項で述べたように、植民地期における終末思想の変容はプロテスタントや民族宗教団体において、その教理に『鄭鑑録』的な色彩が強まり千年王国主義的性格をもつという傾向が見られてくる。このような変容を、総督府はどのように捉えたのであろうか。

一九一九年の三・一運動に関わる大がかりな取締りが終わってから、次節で扱う〈朝鮮総督府〉調査資料第四二輯『朝鮮の類似宗教』が発表される一九三五年までの時期において、「類似宗教」は巫俗と同様に日常における宗教的な行為が取締りの主対象であり、警察犯処罰規則の規定が適用されていた。

この時期まで、「類似宗教」に関しては警察当局の内部文書で扱われるのみで、公には報じられることが少なかった。総督府関係では、わずかに警察当局の取締りと関係した報告が、総督府機関誌『朝鮮』に載せられているだけである。(8)

また、『東亜日報』は一九二〇年代にいくつかの団体の様子などを知らせる記事を載せているが、本格的には一九三〇年代になってようやく警察当局の取締り状況を伝えるようになる。

では、総督府が「類似宗教」の実態把握に乗り出すのはいつのことであろうか。その手がかりとして、『東亜日報』の記事から、一九三二年に総督府は「類似宗教」調査をして統計を出した事実を知ることができる。[9]それは「最近の総督府調査「宗教類似団体」」に収録されたもので、「一般社会に不動の勢力をもっている」団体を除いた「知られることのない集団のみを選んで作った統計」である（以下、新聞記事の日本語訳は青野）。それによると、「何教、何教といって惑世誣民する団体が五五カ所もあり、その信徒だという者は一〇万名余りに達する」という。

この統計を受けて、二年後の一九三四年には、「類似宗教」団体の「現状を調査したのちには、…今後の取締り方針などを確立する」という。[10]時は農村振興運動が始まり、村々では「迷信打破」が叫ばれている時期であった。この「類似宗教」団体の「調査」とは、一九三五年に発表される『朝鮮の類似宗教』である。

調査資料の検討の前に、先にこの調査資料発表前の段階における「邪教取締」について説明しておこう。『朝鮮の類似宗教』の発表の前々年である一九三三年頃に、総督府の警務局保安課では、朝鮮農民社の「郷村自営」運動（第四章で論じる）に弾圧を加え始めた。それは、同局の資料に「単なる農民組合運動取締方針のみを以て律し難く、天道教の特殊団体たるに鑑み、特殊の取締方針を以てその動向を視察し周密なる取締を加へつゝある」[11]という記述からうかがえる。この取締りは「特殊の取締方針」によっているので、他の民族宗教団体一般に対するものではない。

『朝鮮の類似宗教』の発表前、つまり「類似宗教」の取締り方針が確立するまでは、一般的には農村振興運動における いわば「迷信打破」的な取締りをしている。すなわち、「文明」の論理に立ってとくに農村振興運動を推進するうえで農村社会への悪影響を考慮し、警察犯処罰規則を基本法規として取締りがなされたと考えられる。

たとえば、一九三三年一月から翌三四年三月までに検挙された件数は一七〇件であったが、種類別に見ると、教主や信徒についての予言に関するものが三四件、農村振興運動に関する「流言」が三四件、病気の治療行為に関するものが七件である。そのうち、普天教《ポチョンギョ》の検挙数が九八件と最も多かった。「拘留処罰」を受けた者は、「普天教にのみ二六人の多数に達した」ということである。[12]「拘留処罰」とあるから、即決法である警察犯処罰規則違反の検挙・処罰であることがわかる。

普天教は早い時期から取締りを受けている。普天教は一九〇九年に車京石《チャ・ギョンソク》（京錫《ギョンソク》）が創設した団体で（吽哆《フムチ》教《ギョ》」「太乙教《テウルギョ》」とも呼ばれた姜甑山《カン・ヂュンサン》の団体からの分派）、「類似宗教」に認められて「普天教」の看板を出したのは一九二二年のことである。弥勒下生信仰の影響が指摘される団体である。

普天教はある意味では『鄭鑑録』の影響も受けていたといえる。普天教におけるいわば予言の地は、全羅北道の井邑郡《チョンウプクン》笠岩面《イパンミョン》大興里《テフンニ》である。この地域は弥勒信仰に関係の深い地で、近くには母岳山の金山寺があり、古代より弥勒降臨の地として信じられてきた。この金山寺で修行した経験のある姜甑山は、東学よりやや遅れてその教えを説いたが、彼は死後に弥勒となって降臨するといわれた。普天教を創設した車京石もこの地の出身である。

普天教は、教主が「登極」するという予言に関係する「通報」や元幹部・信者らの「告訴」が数次あったため、警察当局はその都度教主あるいは幹部を捜索・尋問したり拘留したりしたようである。[13]

しかしながら、警務局資料によると、警察当局はまだ取締り方針を確立していない一九三三年の段階で、「類似宗教」に対しての認識は次のような軽視したものだった。

…目下三十有余の団体あるも其の内東学の鼻祖崔済愚（号水雲）より出でたる天道教、侍天教の一派と、道教

の流を汲む吽哆教の姜一淳（号甑山）を祖とする普天教等最も勢力を有し、他の各教派には特記すべきものなし。(14)

このように天道教、侍天教《シチョンギョ》、普天教以外の「他の各教派には特記すべきものなし」という程度の認識であった。普天教の把握に関していえば次のとおりだ。

…昭和七年秋以来全鮮《ママ》に抬頭せる自力更生運動（農村振興運動）により断髪、色服等の実践を提唱せられ普天教の保髣制に抵触し各地に於て教徒対非教徒の確執あり。加ふるに該運動に依る農民の自覚に伴ひ脱教者続出の傾向ある為教勢拡張に苦慮しつゝあり。(15)

ここからは、農村振興運動(16)の推進に照準を合わせて取締りを実施していることがわかる。それゆえ、いわば新王朝の予言に対して特別に警戒するわけでもなく、むしろその予言に関しては近代主義的な立場に立って、農村振興運動を推進するうえでの障害の一要素と判断されたと考えられる。

では次節で、総督府の本格的な「類似宗教」調査について検討しよう。

第二節　調査資料『朝鮮の類似宗教』

（1）調査方法

村山智順による「民間信仰」調査第三部の後半部である『朝鮮の占卜と予言』（一九三三年）では、その第十一章「図識と予言」において鶏龍山の『鄭鑑録』予言に関して論及されている。

この第十一章で村山は、三・一運動前後におけるシンドアン（신도안＝新都内）の戸数の増加を提示している。一九一八年末では戸数六〇〇戸足らず、人口約二、六〇〇人であったのが、三・一運動の直後は戸数一、五〇〇戸余り、人口約七、〇〇〇人にまで増加している。それゆえ、村山は「如何に移住熱即ち新興王都信仰が強く民心を左右せしかを物語るものである」と、鶏龍山の『鄭鑑録』予言に警戒を呼びかけている。

そこで総督府当局は、一九三三年の『朝鮮の占卜と予言』の発行が終わった直後に、村山に嘱託してこの信仰の解明のための調査に着手している(17)。これがすなわち『朝鮮の類似宗教』の調査である。それゆえ、この「類似宗教」調査は従前の「民間信仰」調査からの連続性の中でおこなわれたものとして位置付けられる。

〔朝鮮総督府〕調査資料第四二輯『朝鮮の類似宗教』は一九三五年に発表されたが、その目次は次のとおりである。

序　教章　分布図（天道教・普天教）　はしかき

第一章　類似宗教の発生
　第一節　当時の宗教思想
　第二節　当時の社会状勢
第二章　東学系類似宗教団体
　第一節　東学教祖崔済愚
　第二節　東学の教義
　第三節　東学教団の沿革
　第四節　東学系類宗の現況
第三章　吽哆系類似宗教団体
　第一節　吽哆教祖姜一淳
　第二節　吽哆系類宗
第四章　仏教系類似宗教団体
第五章　崇神系類似宗教団体
第六章　儒教系類似宗教団体
第七章　系統不明の類似宗教団体
第八章　類似宗団の分布と教勢消長
　第一節　現在教勢
　第二節　年次別地方別分布消長状況
　第三節　系統別類宗消長状況
第九章　類宗の信仰意識
第十章　類宗の影響

各分類において現況報告がなされているが、「東学系類似宗教団体」では、天道教の四派など二一団体の現況が報告されている。それから、「吽哆系類似宗教団体」では吽哆教（훔치교）・普天教など二二団体、「仏教系類似宗教団体」では仏法《ブルポブ》研究会《ヨングフエ》など一一団体、「崇神系類似宗教団体」では関聖教《クアンソンギヨ》など一七団体、「儒教系類似宗教団体」では太極教《テグクキヨ》など七団体、「系統不明の類似宗教団体」では済化教《チエホアギヨ》など五団体である。合計すると七三団体となる。

目次の分類からわかることは、すべての「類似宗教」の基点に東学を置き、東学系を「類似宗教」の第一の柱にしており、第二の柱には吽哆系を据え、他は既成宗教の系統（ただし、「崇神系」は特定の神を崇拝する団体や「巫卜の団体」）にしたがって分類していることである。そして、冒頭の分布図で天道教（東学系の代表）と普天教（吽哆系の代表）を扱い、第一章および第二章で東学や吽哆教に関する記述を多く載せている。ここから、警察当局による取締り状況にもとづいての分類であることがわかる。

その一方で、一部で崇拝されていた檀君に対しては、目次の構成で特別に配慮されているわけではないといえる。一九二五年鎮座の朝鮮神宮への檀君奉斎論（のちの国魂神奉斎論）との対立以来、総督府では檀君に対して否定的であったが、その後の取締りでは重要度をもたなくなったためか、『朝鮮の類似宗教』において檀君はまったく重要視されていない。

たとえば、「崇神系類似宗教団体」の分類は、さらに「関羽」「檀君」「箕子」「七星神」を崇拝する団体と「巫卜の団体」「其他」に分けて列挙されている。そして、「檀君」の場合は檀君教《タングンギョ》・大倧教《テジョンギョ》・三聖教《サムソンギョ》の三団体のみが扱われているだけである。

ではまず、『朝鮮の類似宗教』の調査方法を検討することにしよう。村山は、「はしかき」において自ら調査方法を説明している。

> そこで筆者はこの調査に当り、親しく教本部に臨み、広く地方教区の実状に就いて調査探究を重ねたものも尠からず、且つ全般的なる教勢の沿革消長等に関しては、本府警務局の出版物を参照し、また各道警察部に依頼してそれ等の調査報告を煩はしたものであるが、或は未だその真実相に徹せざるものありやも計りがたい。

ここにあるように、村山は「広く地方教区の実状に就いて調査探究を重ねたもの」と、「全般的なる教勢の沿革消長等」というふたつの点に関して調査を行った。前者に関しては「親しく教本部に臨」んで調査をしたものであるが、天道教四派や普天教など、他団体に比べて教理・教則・組織などの資料を多く載せているものが該当する。しかしながら、「広く地方教区の実状に就いて調査探究を重ねたもの」について、村山は具体的な資料を掲載していない。

後者の「全般的なる教勢の沿革消長等」に関しては、「本府警務局の出版物を参照」するという方法と、「各道警察部に依頼してそれ等の調査報告を煩」わすという方法がとられている。天道教四派や普天教なども含めて、各団体ごとの「全般的なる教勢の沿革消長等」の説明は第二章から第七章までの大部分を占めており、さらに第八章で系統別に整理されている。それゆえ、これが量的には『朝鮮の類似宗教』の中心をなしているといえる。

これらの「全般的なる教勢の沿革消長等」の説明は、各団体の教理や組織、沿革などを知るうえで貴重な資料となっている。ただし、警察当局の取締り資料にもとづく沿革の記述に関しては、慎重に資料批判する必要があると考えられる。各団体の側でも別途に、それぞれに教団の沿革を記した教団史があるからである。

教団側の公式資料としての教団史は、一般的に神話化されるものであるから信憑性に欠ける傾向にある。一方の警察当局の取締り資料は、その資料的性格ゆえに内部情報まで詳細に知り得る側面もあれば、それが誤った情報にもとづいている場合もあり、両面性があるものだといえる。それゆえ、教団史と『朝鮮の類似宗教』での沿革という、両者の資料の照合により判断していくしかないと考えている。

ところで、「全般的なる教勢の沿革消長等」での教勢に関する説明は、府郡島単位で設置された（京城府の場合は五カ所）各地の警察署の管内において、各団体の教勢（管内に存在する団体名とその男女別信徒数）を調査してきた統計にもとづいている。その調査は一八七九年に創設された無量《ムリヤン》大道教《テドギョ》を皮切りにし、とくに一八八四年の東学系教団（慶尚北道）設立からは継続化しているので、統監府・総督府は朝鮮王朝・大韓帝国での調査を引き継いだものと判断できる。その結果が第八章にまとめられている。

そして、それに加えて『朝鮮の類似宗教』執筆のために特別に依頼された教勢調査の結果は、一九三四年八月末現在の教勢の統計表として第八章第一節「現在教勢」にまとめられ、また各団体ごとの「教勢の沿革消長等」の説明にもその団体の教勢表として添付されている。

ここで注目されるのは、この依頼に応じた各地の警察署での調査報告が、教勢に関する統計だけでなく「信仰意識」「影響」「身分・職業・貧富・智識」といった実態に関する内容も含まれていたことである。これらの調査報告は第九章「類宗の信仰意識」から第十一章「類宗の教徒」までにおいて用いられ、そこでの報告の結果を根拠として、第十二章と第十三章における「類似宗教」の評価に関する核心部分へと論が展開するのである。それゆえ、『朝鮮の類似宗教』で中心的な資料となったのは一九三四年八月末現在で報告された各地の警察署の調査結果であるということがいえるのである。

では、各地の警察署が一九三四年八月末現在で報告した調査の方法について検討しよう。調査内容は、各団体の教勢の他に、「類宗の信仰意識」（第九章）に関しては、『入教の動機」（第一節）、「入教の目的」（第二節）、「信受状態」（第三節）、「脱教の動機」（第四節）という項目である。それから、「類宗の影響」（第十章）に関するものは、「生活上への影響」（第一節）、「政治的なる影響」（第二節）、「社会上への影響」（第三節）、「思想上への影響」（第四節）である。そして、最後に信徒の「身分・職業・貧富・智識」（第十一章）に関する項目となっている。

まず教勢の調査についてであるが、宗教的な結社＝「類似宗教」として認められる際に提出したであろう教団側の資料にもとづいていると推測される。ただし、警察署から密偵を派遣して各団体の教勢を把握しようとした可能性も否定することはできない。警察当局は、「類似宗教」の教勢の推移を把握することに全力を注ぐであろうが、人数把握は本来困難を極めるものであるから、この調査結果の数値は正確性を欠くものであろう。だが、推移の中での増減の傾向性は示されるはずであるから、各団体の教勢の大体の推移を知るためには、他に決定的な資料のない中で重要な手がかりになると考える。

次に、「入教の動機」以下の各項目を見よう。ここでの単位は「延べ教区」となっているが、これは警察署の管内に存在する各団体の数を教区数として計算したものでその総数は七七四教区になる。

では、これらの各項目に対する調査方法を推定しよう。まず各地の警察署で調査内容の各項目ごとに、管内の各団体＝教区のそれぞれの典型的特質を書いて報告をした模様だ。それらの報告を受け取った村山は、各項目ごとに典型的特質を分類し、それぞれの分類に該当する教区数を統計として出している。

たとえば「入教の動機」という項目であるが、これは各地の警察署が管内の各団体ごとに一団体につきひとつの典型的と判断される「入教の動機」を書き込んだらしい。報告を受け取った村山は、これら典型的「入教の動機」の報告をさらに分類して一八種目（「不明」も含む）にし、それぞれに該当する教区数を示した。「布教者の勧誘に依るもの」という種目の場合、該当する教区は一八二（総数七七四教区）となっている。また、「不明」の種目に該当する教区が二四六という多さである。

このような方法は、個人を対象としたものではなく、しかもある団体にひとつの典型的特質を警察署において判断するという極めて主観的なもので、警察署の把握・取締り状況がそのまま反映される方法である。そしてさらに、今後の取締りに利用できるように、村山が分類した結果は各団体別・道別に集計しなおされ、大量の統計表となって掲載された。以上のような方法は、「入教の動機」以外の「入教の目的」などの各項目に関しても同様である。

また、第十章「類宗の影響」における「生活上への影響」「政治的なる影響」「社会上への影響」「思想上への影響」の各項目に関しても、それぞれの分類に該当する教区数が示されている。たとえば、「政治的なる影響」という項目では「騒擾事件を惹起し民衆を煽動したもの」(二七教区)など七種目があげられ、該当する教区の総計が一〇五であった。

これらの各項目の調査結果についていえることは、単位が「延べ教区」であり、しかも各地の警察署での取締りにもとづく判断に依存しているため、資料価値としては当然ながら信憑性に欠けるものである。それゆえ、このような調査結果が「類似宗教」に対して評価を加えるための手がかりとされ、第十二章「類似宗教の教跡」と第十三章「結論」での評価に結び付いたことを見逃すことはできない。

その点で、巫俗取締りへの慎重論を前提に自ら現地調査をおこなったり、各地の警察署にも巫覡の個別調査までおこなわせた『朝鮮の巫覡』とは調査方法において隔たりがある。

(2) 政策意図

では次に、『朝鮮の類似宗教』における政策意図を考察しよう。まず、第九章「類宗の信仰意識」から見る。「入教の動機」であるが、そこでは布教者側の勧誘方法にその要因を見いだしている。勧誘方法についての村山の認識は、「民度低き地方に於て勧誘したものが少くない」うえに、その勧誘が「民衆をしてころりと参らせるやうなうまいことであつた」というものである。

「入教の目的」では、前述の「うまいこと」の内容が「現実的利益」でありそれが入教の目的であると断定されている。さらに、この「現実的利益」を分類して「生活安定希望」と「権勢獲得希望」とに分けた。そして村山は、朝鮮の「類似宗教」の「特異なる現象」として「権勢獲得希望」が「現実的利益」の約半数を占めていることを指摘し、『鄭鑑録』予言と結び付けながら「権勢獲得希望」をことさら強調するのである。

「信受状態」では、村山は、「一般は教理に対する理解を有して居ないものと考へなければならぬ」と見ている。かつて教勢の盛んな頃は、「信受状態」はもっと「濃厚なものであつた」が、一九三四年の調査では「信念濃厚なものは極めて少な」いため「脱教」が多いと結論付けた。

「脱教の動機」では、各団体の教勢が急激に減退している理由を「脱教」に求めている。そして村山は、「教と教徒との関係が、かくの如き利益を目的とする社会関係」であるから、「何物かの物質給付」の「約束を果し得ざる」場合や「教徒の文盲が啓蒙せられる」にしたがって、「脱教の傾向は日に日を次いで遂に停止するところがないと考へられる」と判断した。

次は、第十章の「類宗の影響」に移ろう。まず「生活上への影響」では、「入教後経済生活に打撃を蒙つた」教区の多い理由として「致誠金品納付の挙」があげられている。それは、「教の目的成るの暁、立身出世の標準となる」ため、「必ずや何等かの地位か特権が配当されるに相違なしと盲信」するからだというように、前述の第九章「類宗の信仰意識」における各項目での結論を受けた判断となっている。

「政治的なる影響」では、村山は「積極的政治運動」と「消極的政治運動」とに分類している。とくに、前者の代表的事例として「東学党の乱」と「騒擾事件」（＝三・一運動）をあげ、その後も「政治的に民心を惑乱した事は枚挙に遑なき程」だと述べているように、この「政治的なる影響」を強調している。

「社会上への影響」では、「類似宗教」が「一般社会から嫌忌の対象」となっているという結果が導き出されている。

「思想上への影響」では、村山は「革命思想」と「民族意識」が布教の手段として最も多く用いられ、朝鮮の

「類似宗教」の重要な特色であるとみなしている。各団体は「民族意識」を刺激し合って信徒を獲得するのであるが、その「民族意識」を刺激するのに最適のものとして用いられたのが『鄭鑑録』の「新都」信仰という「革命思想」であった。それゆえ、信徒は将来「特権を賦与」されることを信じて「誠米或は誠金」を納付するばかりで、「勤労精神」が「次第に退嬰し去つた」と結論付けている。

また、第十一章の「類宗の教徒」で、村山は「類宗の教徒は大部分社会上の身分も低く富もなく智識も無き人々(男女)であることが明らかに観察せられる」という結論を導き出している。

以上のような「類宗の信仰意識」と「類宗の影響」、および「類宗の教徒」における統計結果を通じた結論付けと、前述の調査方法で見た各項目の調査結果を手がかりに、村山は第十二章「類似宗教の教跡」と第十三章「結論」で、「類似宗教」の評価と対策案の提示を試みるのである。

第十二章「類似宗教の教跡」の第一節「類宗の宗教思想運動」では、村山は「類似宗教」における①『鄭鑑録』の「新都」信仰という要素と、「民間信仰」調査以来関心をもっている「鬼神信仰」「巫覡信仰」などの②民間信仰の要素を見いだしている。そのため、「地上天国思想」と「奇蹟と救世主」という二点に重点が置かれていると考えられる。

前者は、民衆が「物質的天国と観念した」という内容のもので、「民衆の共通な快楽享有の願望」は「官位と特権とを獲得すること」だと位置付けられた。後者は、「類似宗教」が「民間信仰に含まるゝ総ての奇蹟と霊術信仰を採用」しており、「奇蹟と霊術信仰」を「救世主」ひとりの「作用として統一調和」し、しかも「救世主」にとってその「霊術・奇蹟」は無限であるとする。それゆえ、この思想のために「続々として救世主があらはれ」て、「類似宗教」の発生を促したと判断している。

第十二章第二節「類似宗教の社会運動」では、前記の二点の中でとくに①の要素である「地上天国思想」にもとづく「社会運動」を、「東学党の乱」「一進会の活動」「三・一騒擾運動」「聖都運動」の順で整理している。つまり、これら四項目は「地上天国建設運動」としての位置付けで一貫しているのである。

たとえば、「三・一騒擾運動」の項目では三・一運動を、天道教における「地上天国」という「宗教思想の表現」として捉えている。

…国際会議に民族自決主義の提唱されたこの好機こそ実に、従来期待しつゝも幾度か尚早に失敗した後天開闢の無為而化（自づからにしてなされた）であり、而して民族自決こそ絶対的な民族解脱即ち地上天国の実現に他ならず、今こそ彼等（天道教徒）の信ずる宗教観念が完全に現実化せられるものと信じ、この宗教思想の表現として勃発され、少くも教徒はこの思想に本づいて民衆をリードしたものと考へられる。（九四〇頁）

最後の「聖都運動」の項目は、三・一運動後に『鄭鑑録』予言にもとづき鶏龍山《ケリヨンサン》のシンドアン（신도안＝新都内）に多くの団体が移住したいわば「新都」建設が中心となっている。

大正八年三・一運動は、幾度かの地上天国建設運動に止を刺したものであつた。従つて単なる地上天国説は最早民衆の関心事とはならない。けれどもこの運動に依つて民衆の民族意識は欝然として勃興するものがあつた。是に於てか類宗は競つてこの鄭鑑録に依る予言信仰を地上天国思想に附会し以て巧みに動揺せる民心を捕へ、鶏龍山と鄭氏の新都とを目標として教勢の拡張を策したものであつた。

（九四三頁）

村山は、三・一運動が「幾度かの地上天国建設運動に止を刺したもの」だと認識した。しかし、三・一運動のために「民衆の民族意識は欝然として勃興するものがあ」り、それが「新都」建設の活動を生み出していることを指摘している。つまり、彼は三・一運動後に「新都」建設として噴出された「民族主義」を、警戒すべき対象として提示していることがうかがえる。

以上のような第十二章「類似宗教の教跡」を踏まえて、第十三章「結論」では「類似宗教」に対して総括的な結論を導き出している。

「類似宗教」の本質は、民衆の「生活要求」によって発生し、それに導かれて活動したものとして認識されている。民衆の「生活要求」の内容とはすなわち「地上天国」であり、しかも「物欲に燃ゆる猟官人の天国に堕落して」しまった「地上天国」であった。

それゆえ、『朝鮮の類似宗教』における「類似宗教」の邪教性は、その「社会運動」の思想、すなわち「地上天国」＝独立が植民地支配と真っ向から対決するため、「地上天国」の論理的否定に全力が注がれた点を特色としてあげることができると考える。

では、政策決定過程を推測するために、『朝鮮の類似宗教』の結果は総督府当局が取締り方針を確立するうえで、どのような判断材料を提供しているのかを検証してみよう。

総督府にとって、論理的に否定した民衆の「生活要求」である「地上天国」を、現実において政治的に否定する必要がある。この民衆の「生活要求」＝「地上天国」を村山は、第一章「類似宗教の発生」第二節「当時の社会状勢」において「過渡的社会感情の求め」と表現している。つまり、韓末を経て日本の統治に至る過渡期において、とくに日本の支配がもたらす諸葛藤を解決させたいとする民衆の「求め」であるという。その「求め」を「類似宗教」は、過渡期において「満足」させる役割を演じていたと認識している。この認識は、前述の各団体における教勢の推移を示した統計結果を根拠にしていることはいうまでもない。

「過渡」的役割という認識は、いわゆる社会進化論的な村山流の論理によって導き出されたものである。彼は第十三章「結論」で、「現在及び将来の民衆は最早昨日の民衆ではない。常識も発達して相当の批判力も生じ、又類宗への投機は只損をするばかりだと云ふ事に気が附いて居る」と述べている。

つまり、過渡期を過ぎて日本支配のもとにある民衆は、「最早昨日の民衆」とは異なるという村山の愚民観である。この愚民観と同様に、「類似宗教」に対しても「自己の神性を無限に向上発揮せしむるが為」の「宗教的態度には未だ至つて居ない」というように、村山流の論理で捉えた宗教理解をおこなっているといえよう。

かつて村山は、『朝鮮の鬼神』(一九二九年)で、朝鮮人の「思想信仰」を「高級なるもの」と「低級なるもの」に分けて分類したことがあった(「緒言」)。「高級なるもの」は「現在吾等の眼につく朝鮮の生活、文化、思想の諸現象」が該当し、「低級なるもの」は「民間信仰」を指す。

この枠組みを用いるならば、『朝鮮の類似宗教』もまた宗教を「高級なるもの」と「低級なるもの」に分けて捉え、「類似宗教」を「低級なるもの」として位置付けている。そして、「高級なるもの」としてはいわゆる公認宗教を想定しているのではないかと考えられる。

このような「類似宗教」理解の枠組みや「過渡」的役割という認識のため、村山は日本の支配のもと、民衆の「生活要求」=「地上天国」を解消する方法で「類似宗教」を消滅させることができると判断したと考えられる。その傍証として、第九章「類宗の信仰意識」での統計結果も参考になる。「入教の目的」と「信受状態」では、民衆の「生活要求」を解消さえすればいいことを提示した結果となっている。それから、「脱教の動機」では、その提示を論拠付けるように「生活要求」の解消で「脱教」が促進されることを示している。また、「入教の動機」では、布教者側に打撃を与えれば根絶できるという判断材料を提供する結果となっている。

では、民衆の「生活要求」＝「地上天国」の解消のために、どのような具体的な対策案を村山は提示しているのであろうか。

前述したように、村山は「新都」建設として噴出された「民族主義」を、警戒すべき対象として提示していた。それゆえ、「類似宗教」を単なる「低級」なる信仰として処理することに留まっていない。第十三章「結論」で、彼は次のように自らの対策案を述べている。

類似宗教の将来、それは類宗が即ち過渡期に於ける民衆の要求に応じて演ずる役目を果した事に満足して解散するか、さもなくば外部運動よりも内部省察に専念し、何処へ出しても押しも押されもせぬ宗教、永遠の生命ある真の宗教として出直し公認せられなければ、類宗の前途たゞ漸衰の一路あるを免れまい。

（九五四～九五五頁）

村山は遠回しの表現であるが、「類似宗教」への対策案として「解散」か「出直し」を提案している。ここでの「公認」とは、いうまでもなく公認宗教として認められることである。それゆえ、「出直し」とは、日本の統治下で公認宗教に改宗することを意味していよう。言い換えれば、「過渡期」が終わった以上「高級なるもの」に改宗しなければ、「低級なるもの」のまま「前途たゞ漸衰の一路あるを免れ」ないと主張しているのである。

以上のように、『朝鮮の類似宗教』は総督府の「類似宗教」取締り方針確立のために、「解散」か「出直し」（＝

改宗）という対策案を判断材料として提示した。このような調査結果が、総督府において「今後の取締り方針などを確立する」ために利用されることとなるが、具体的な政策決定過程は不明である。ただいえるのは、一九三六年から実質的に始動した心田開発運動では国家神道の論理が確立したため、そのことと「類似宗教」取締り方針が確立したこととは表裏一体の関係にあるということである。

この表裏一体の関係を説明するために、ここで心田開発運動を簡単に解説しておこう。農村振興運動の展開過程で国体明徴声明（一九三五年）を受けて、朝鮮総督府は国民統合のために朝鮮民衆の「信仰心」の編成替えを構想した。その構想は二つの要素、つまり二重性から成り立っていて、「敬神崇祖」にもとづき神社への大衆動員を図る一方で（「神社制度の確立」）、公認宗教や利用可能な諸「信仰」・教化団体の協力を引き出そうとした（「宗教復興」）。さらに、この二重性の裏では、支配の障害となる「類似宗教」や「迷信」等を排除しようとした政策であったといえる[18]。

国家神道の論理に関連して、朝鮮人における「敬神崇祖」の内容を説明すれば、朝鮮人は「始祖」である「国魂大神」を経ることで、そして朝鮮の神々は「国魂大神」となることにより、「天照大神」に「帰一」するというものであった。この内容はまさに、非宗教とされた国家神道の「敬神崇祖」という論理が、「崇祖」を受け皿にして宗教性を強めながら国体論という天皇制イデオロギーと結び付いたということを意味している。よって、国体論と真っ向から対立する「類似宗教」の終末思想は、心田開発運動の開始とともに禁圧の対象となったわけである。

第三節　「類似宗教」の「解散」「改宗」

（1）「邪教の徹底的取締」の開始

前節で述べたように、『朝鮮の類似宗教』における各「類似宗教」団体の教勢の調査は正確性を欠くものとなる。だが、教勢の変遷の中において増減の傾向が示されるので、各団体の教勢の大体の推移を知るうえで重要な手がかりではある。それゆえ、ここではこの資料を用いることにする。

『朝鮮の類似宗教』の「年次別道別教勢表」によると、各団体の教勢を合計した信徒数の変遷の概略は次のとおりである。

一九一九年の三・一独立運動後の増加ぶりを示すと、一九二〇年から一九二一年にかけて一七一、一〇一人から五一一、〇九〇人へと、この一年間だけで約三倍に激増している。そして、一九二三年の六二五、九〇〇人が最高となるが、それ以後は漸次減少する。『朝鮮の類似宗教』が発表される前年の一九三四年には、一七二、八五八人にまで減少した。

この減少した数値に関して、白白教《ペクペクキヨ》の取締りについて警務局の内部資料を使って書いたと思われる論説(19)では、「実際の数はこの約三倍位ではないかと見られてゐる」と批判的であるので、警察当局における教勢の把握能力の低さも考慮しなければならない。

では、一九二三年以後の「類似宗教」の信徒数の数字上の減少傾向は何を意味しているのであろうか。これは、経済的方策をもたない予言の地ゆえに、多くの貧しい信徒が「新都」建設の厳しい現実から離れていったことも反映していいるであろう。それに加え、農村振興運動が開始された時期にも「迷信打破」の観点から取締りが強化されていた。警察当局は、このまま減少していくものと予想していたのだろうか。前述の一九三三年の警務局資料[20]からもわかるように、「天道教、侍天教の一派と、道教の流を汲む吽哆教の姜一淳（号甑山）を祖とする普天教等最も勢力を有し、他の各教派には特記すべきものなし」という軽視した認識だった。

ところが、一九三五年に『朝鮮の類似宗教』が発表され、総督府の「類似宗教」取締り方針確立のために、「解散」か「出直し」（＝改宗）という対策案が判断材料として提示された。具体的な政策決定過程は不明であるが、この後、警察当局では積極的に「類似宗教」団体の禁圧強化へと向かっている。

たとえば、一九三七年末現在の「類似宗教」の朝鮮人信徒数は八七、五〇九人で（ちなみに日本人信徒が二人いる）、一九三四年に比べて約半数にまで減少している。団体数でいえば、一九三四年八月現在において六七団体であったが、『朝鮮の類似宗教』に掲載された「類似宗教」団体が七三団体と微増していて、その後は一九三七年末現在で一四団体までに激減して、数字のうえでは二年後の年末までに五九団体が、保安法第一条での規定により「解散」に追い込まれたことになる。このように、『朝鮮の類似宗教』の発表以降において「類似宗教」団体に対する禁圧が厳しくなったことが確認できる。

第二節で分析したように、『朝鮮の類似宗教』では、「解散」か「出直し」（＝改宗）という対策案が判断材料として提示されていた。この対策案はそれが受け入れられる時期的な背景があり、それは一九三五年に二度にわたり発表される国体明徴声明であった。これを機に、一九三五年一月に公表されて始動していた心田開発運動において、国体明徴の立場から排除すべき対象も検討材料として重要な意味をもつようになる。

前節で少し解説した心田開発運動は、農村振興運動の展開過程で国体明徴声明を受けて、朝鮮総督府が国民統合のために朝鮮民衆の「信仰心」の編成替えを構想した政策と要約できる。そして、この政策を支えた国家神道における「敬神崇祖」という論理を用いて、総督府当局は天皇の統治権の正統性を朝鮮人に明示しようとした。

そもそも心田開発運動の開始以前から、とくに一九三三年より本格的に始動した農村振興運動では近代主義的立場から弊害をもたらす「迷信」行為は「迷信打破」の対象とされ、その取締りは警察当局が警察犯処罰規則によりおこなってきた。そこへ一九三五年になって「心田開発」が叫ばれ始め、「内地」では同年に二度の国体明徴声明に続いて一二月八日には第二次大本事件による検挙が始まった。

第二次大本事件で大本教幹部三〇名余りが不敬罪・治安維持法違反容疑で検挙されている。この事件にも後押しされ、警察当局は取締り方針を転換して普天教取締りに乗り出すのであった。『東亜日報』の記事から、警察当局の動向を追ってみよう。まずは、大本教事件の直後に掲載された記事を見る（一二月一九日付）。

…警務局では全北〔全羅北道、普天教の本部が存在する〕警察部を指揮して、大本教によく似て井邑に根拠を置く普天教を徹底的に掃討せんと、その方針を研究協議中にあるという。

すなわち、普天教の車京錫は出口王仁三郎〔大本教の聖師〕のように不敬な名前に加え、いわゆる住宅の内部名称までも宮中のものと似たように名付け、またいわゆる教材なども怪しげな物が不敬を極めているというのである。

…民衆を愚弄して惑世誣民する行動の他に、不敬な言動と行動などが少なくないために、大本教に鉄槌を下したのと同じ方法で、遠からず全朝鮮的に大鉄槌が下されることになるという。

そのため、警務局宗教類似団体係では、総鉄槌令を前にして万般準備を整える最中にあり、全北警察部は警務局と連絡して内査を隠密にしているという。[21]

普天教の活動や弾圧に関しては先行研究[22]が詳しいので、ここでは警務局で第二次大本事件の直後から普天教の「解散」を計画していた事実だけを指摘しておきたい。

同年一二月下旬には『毎日申報』の記事[23]が次のように報じている。

…この運動〔心田開発運動〕を明年からより徹底させることになり、まず心田開発運動については色々と弊害が多かった民心を惑わす迷信団体を徹底して取締ることになった。

すなわち内務省では現存していた迷信団体を取締るために、警察犯処罰規則〔「内地」ゆえに正しくは警察犯処罰令〕を補強することになったというが、朝鮮ではこれよりも心田開発運動の徹底的な進出のために、また迷信団体を取締るために、寺刹の托鉢僧を統制し、「人の吉凶禍福をくじで判断したり、病気を治すといって祈禱をし医薬を使えなくする者」を処罰するという警察法[24]の条文を活用するようである。これを活用することにより、朝鮮にある迷信団体も遠からず撲滅されるだろうという。

ここからわかることは、警察当局は「朝鮮仏教」の「托鉢僧」を統制するとともに、「吉凶禍福」を説く行為や、医療を妨げる治病行為をおこなっている「迷信団体」を「撲滅」するために、警察犯処罰規則の当該条文の適用を徹底していく方針を打ち出していることである。やはり大本教への弾圧を考え合わせると、「淫祠邪教」とみなされてきた「宗教類似」団体の中でも普天教は「解散」に向けた特別な取締り対象となった。だが他の団体に対しては、この段階ではまだ、警察当局が「迷信団体」との認識で警察犯処罰規則の適用を徹底していく方針であったようである。

ところが、翌年の一九三六年一月一五日に心田開発運動の具体的大綱が公表され、実質的に政策が動き始めると、警察当局は普天教だけでなく、「類似宗教」団体全般に対する取締りをより一層強化する方針をとることになる。国体・植民地支配と対峙する終末思想を取締るために、それを強く帯びた団体を排除するという論理である。次は六月の『毎日申報』の記事から「類似宗教」団体全般に対する取締り強化に関する報道を見てみよう。

「大本教撲滅を完了した警務当局では、心田開発運動の順調なる発展を助長」して、朝鮮でも「真摯な精神運動を阻害する宗教類似団体を順次整理することが緊要」であることを認めた。六月二九日から三日間にわたり開かれる各道警察部長会議に、「協議小項として提案し、各道警察部長の意見を求め、具体策を樹立することになった」という。[25]

このような警察当局の動向を察知してか、普天教では一九三六年三月に「河東に日蓮宗支部（本部京城）を設置之を以て偽装手段とし」て、「総鉄槌令」の弾圧からうまく身をかわすのだった。[26]これに応戦して、警察当局ではついに同年六月に普天教を「解散」に追い込んでいる。[27]「解散」であるから保安法第一条規定が適用され、「安寧秩序ヲ保持」するうえで支障を来す結社とみなされたことになる。

(2)「解散」による迫害

普天教の「解散」を皮切りに他の団体へも禁圧の手が伸びていく。後述するように警察当局は保安法第一条規定を適用させて「類似宗教」団体に「解散」を迫っていく。その後に当該団体の「改宗」[28]に日本の仏教教団が協力したり、しかもその「改宗」が偽装改宗であったりするケースを確認できる[29]。引き続き、『東亜日報』の記事から見ていこう。

【大田】迷信の都、鶏龍山新都をはじめとして、愚民の膏血を搾取する宗教類似団体が多い忠清南道では、普天教を弾圧・解散させたのに刺激されて戦々兢々としている中、自ら内容を改め教理を変える団体もあるという。当局では、公安に弊害がある以外は善導する方針でもって、漸次転向をさせる最中であるという[30]。

この記事の見出しの副題は「教理変更して当局に迎合者続出」となっている。資料にある警察当局の「善導」とは、『朝鮮の類似宗教』で提案された「出直し」(=改宗)を指しているのであろうか。また、「迎合」や資料中の「転向」の真意はいかなるものであろうか。これらの疑問に関しては、本節第五項「「解散」「改宗」への抵抗」で検討しよう。

ところで、一九三六年における「類似宗教」の禁圧強化をもう少し具体的に見るために、総督府の御膝下・京城がある京畿道を例にとってみる。『京畿道の教育と宗教』(一九三七年版、一二五〜一二六頁)によると、京畿道における「類似宗教」の朝鮮人信徒数(布教者数を除く)の変遷は次のとおりである。なお、この数値は正確性を欠いてはいるが、教勢の大体の推移を知るうえでは重要な手がかりとなるので用いることにする。

一九三二年一二月末現在(以下各年とも同様)で一五、四二四人、一九三三年が一二、九七八人、一九三四年が九、四七六人、一九三五年が九、六六四人という具合に漸次減少していた。ところが、一九三六年にはさらに半数以上が減少して四、〇四六人となっている。

同様に「類似宗教」の団体数を見ると、一九三二年が二七団体、一九三三年が三一団体、一九三四年が二四団体、一九三五年が一九団体と漸減していた。それが、一九三六年には五団体となり、数字のうえでは一四団体が「解散」に追い込まれたことがわかる。

これに関して、前掲『京畿道の教育と宗教』（一二四頁）には次のような説明がある。

…特に最近邪教の徹底的取締に伴ひ昭和一一年十二月末現在其の団体数は僅か五に減じたり。

つまり、「昭和一一年」すなわち一九三六年中に「邪教の徹底的取締」がおこなわれ、京畿道では「類似宗教」団体のうち一四団体が「解散」させられたということである。

では次に、京畿道における弾圧の状況を同様に一九三七年版『京畿道の教育と宗教』（一二五頁）から見てみよう。一九三六年一二月末現在で残った五団体のうち、一団体は日本人のみからなるもので（聖天教で布教者が一人、信徒が一五〇人）、他の四団体は朝鮮人のみの団体である。四団体は、天道教新派・侍天教・人天教《インチョンギョ》・正道教《チョンドギョ》であった。

天道教新派は、京畿道においては二、一一一人の信徒と四八人の布教者が残された。天道教新派は、朝鮮農民社による農民運動によって教勢を主に北部地方の農村に延ばしていった団体である。それが、徹底的な取締りのため一九三三年以来は「大東方主義を提唱して親日的転向を示し、総督政治に順応するに至[31]」ったという。

侍天教は、京畿道に七四九人の信徒と一七人の布教者が残された。侍天教は東学の分派で一九〇六年に李容九《イ・ヨング》により創立され、その後において一進会を組織して韓国併合に協力した団体である[32]。

人天教は、京畿道に一、一八六人の信徒と四人の布教者が残された。人天教は白白教とは兄弟関係にある団体であった。教主の父である白道教《ペクトギョ》の教祖による妾殺害事件が一九三〇年に発覚して以来、「関係者多数の検挙を見るに及び、その教勢頓に衰微するに至つた」という。(33) このような認識から、「解散」すべき団体の対象から外されたのかもしれない。

しかしながら、翌年の一九三七年に白白教の大量殺人事件(次の項で検討する)が発覚して人天教関係者が一〇人検挙され、(34) また従前からの犯罪事実により三九年には教主と幹部一名が有罪判決(教主は殺人・保安法違反・詐欺、幹部は保安法違反)を受けている。(35) それゆえ、この一九三六年の時点において警察当局が把握できていない実態を知ることができる。

正道教は、布教者が一名残されただけで信徒はひとりもいなくなっている。正道教は仏教系の団体で、京城に本部を置き精神修養を重んじたという。『京畿道の教育と宗教』(一九三六年版)によると、前年の一九三五年一二月末現在に布教者一〇人、信徒一、〇四二人であったから、数字のうえでは壊滅状態だといえる。(36) 正道教はその後「教勢振はず剰へ教主李順和の死亡等に依り遂に解散するに至りたる」(37) とあるくらいであるから、この時点ではあえて手を下す必要がないと判断されたのだろう。

ただし、正道教は一九三八年三月に教主の長男が、総督宛に「反戦的陳情書を郵送」し、また「秘密布教し朝鮮独立を鼓吹」するなどの行動により、保安法違反で起訴されることになる。(38)

以上からわかることは、「邪教の徹底的取締」の際にあえて存続を許されたのは、警察当局の観点からすれば、天道教新派のように「親日的転向を示し」た団体や、侍天教のような日本に協力した団体であった。天道教新派と侍天教の存続が黙認されたことは、弾圧をより効果的にするための懐柔策にもつながると考えられる。

それでは、一九三六年中に「解散」に追い込まれた一四団体について、前年の統計を扱った『京畿道の教育と宗教』（一九三六年版）から考察してみよう（数値は一九三五年一二月末現在）。

一四団体のうち二団体は日本人の団体で、皇道大本（布教者一人、日本人信徒二五〇人・朝鮮人信徒一〇人、「昭和十一年（一九三六年）四月二十日限解散せり」とある）、そして神道天行居（日本人信徒のみ一八人）である。皇道大本は大本教のことで、前年末の検挙以来の大弾圧が朝鮮の地にも及んだわけである。

残りの一二団体は、関聖教（布教者三人、信徒二、二三五人）、檀君教（布教者二人、信徒一三一人）、甘露法会《カムノポプフェ》（布教者一人、信徒三〇〇人）、大道教《テドギョ》（布教者一人、信徒一五人）、大覚教《テガクキヨ》（布教者一人、信徒六五人）、普天教（布教者二四人、信徒五三六人）、水雲教《スウンギョ》（布教者一人、信徒七人）、人華教《ナホアギョ》（信徒のみ三六〇人）、仏教極楽会《プルギヨクンナクフェ》（布教者一人、信徒六人）、東天教《トンチョンギョ》（布教者一人、信徒二人）、円融道《ウオニユンド》（布教者一人、信徒七九八人）、霊覚教《ヨンガクキヨ》（布教者一人、信徒八六人）であった。

これら一二団体中の普天教は、前述のとおり一九三六年の「邪教の徹底的取締」第一弾による結果であった。それに続いて、他の一一団体も「解散」に追い込まれたものと理解できる。

以上から、調査資料『朝鮮の類似宗教』の発表や心田開発運動を契機に、警察当局では「類似宗教」団体に対して、国体および植民地支配に反抗する終末思想を危険視する認識で臨み、保安法第一条を適用して「解散」に追い込んでいたことがわかった。

（3）白白教事件

白白教の地下潜伏の事実が警察当局の知るところとなったのは、「邪教の徹底的取締」の翌年である一九三七年の二月のことである。

白白教は、一九三〇年以来殺人事件に関連した取締りを受けていた。白白教の前身は白道教であるが、白道教の教祖・全廷芸《チョン・ヂョンイエ》の死後において白道教が二分して一方が人天教となり、もう一方が白白教となった。高等法院検事局の資料[39]によると白道教教祖の全廷芸の長男・全龍洙《チョン・ヨンス》が一九二三年に教主となったのが人天教である。次男は全龍海《チョン・ヨンヘ》で、彼が白道教を引き継ぎ同年に団体名を改称して白白教となったという。

別の検事局資料[40]によると、一九三七年二月、取締りを逃れて地下に潜伏していた白白教の所在を情報提供によって知った警察当局は、白白教関係者一〇〇人と人天教関係者一〇人を検挙した。情報を得て最初に捜査を開始した京城の東大門署では、「白々教は全滅してゐたものと思ふてゐたが之が再現には驚いた」という。

以下、前者の検事局資料をもとに事件を概観しよう。

全龍海の父親が起こした殺人事件（一九一六年と一七年に三人の「妾」を殺害した）が発覚するのは一九三〇年であったが、それより前の一九二三年に全龍海は密かに京城に来て「地下に潜入して」いた[41]。その後は、「側近者李漢宗と共に其の名義を以て或は黄海道安岳人金斗善と詐称して同府内を転々し、全く地下に潜りながら、側近幹部をして地方幹部との連絡に当らしめ教徒の獲得に執拗なる運動を続けて来つ《ママ》たのである」という。そのため、父の妾殺害事件発覚に際しても、「所在不明」の理由で「起訴中止」となって、引き続き地下に潜伏して布教活動をおこなっていた。

ところで、検挙後の取り調べにより、白白教内部において三〇〇人余りという大量殺人があったことが発覚して、総督府や警察当局に衝撃が走ることとなる。前者の検事局資料によると、これは教主の全龍海と幹部たちの手によるものであった。

信徒たちは、このような団体にどのようにして入信したのだろうか。生存が確認された信徒八四人を調査したところ、「入教勧誘の手段」としては「民族的色彩を多分に含む荒唐無稽の言辞を弄し」て、「対照《ママ》は専ら山間僻地の無智文盲者に重点を置いた」ものであったという。「民族的色彩を多分に含む荒唐無稽の言辞」とは、次のようなものだった。

（1）本教に入れば病魔等に襲はるゝことなく永世不死一家眷族は皆繁栄すべし。
（2）近く世界人類は挙げて戦争の渦中に投ぜられ鏖殺さるゝに至るも、我白々教徒のみは大元任〔教主のこと〕の力に依り戦禍より免れる可し。
（3）大元任近々中に鶏龍山に都し朝鮮の王たるべし。其際信徒は献金額の多寡、信仰の深浅に応じ高位顕官に就くを得べし。
（4）全世界の人類は軈て全部白々教を信じ大元任は全世界の支配者たるに至るべし等。

白白教は東学傍系の団体であるので、この資料からは本来の教理を変更して、『鄭鑑録』予言の文言を用いて勧誘していたことがわかる。

では、大量殺人の原因であるが、検事局の判断では「宗教的の意味から為されたものではないらしい」として、主な原因を二点あげている。第一点としては、父の妾殺害事件が発覚する一九三〇年に事件に関係していた全龍海は手配人物となり、そのため地下に潜伏して布教活動をおこなっていた。それゆえ、「秘密を確保するの必要」から「教内部の秘密の洩れる虞ありたる場合は其の何人たるを問はず」殺害したとする。第二点としては、「教徒等より金品を搾取し尽したる事後の措置に窮したる場合」があげられている。他の理由としては、幹部や平信徒などに「反逆的行為がある」場合や、教主の「妾に秋波を送る等のこと」がある場合にも、「容赦なく之を殺害したものである」という。

「宗教的の意味から為されたものではないらしい」とする検事局の判断は、一面で的を射ていると考えられる。第一点の指摘のように、とくに地下潜伏という環境的条件が大きな原因となっているからだ。

では、白白教の地下潜伏の実態とはいかなるものだったのだろうか。前者の検事局資料に記された概要は貴重な資料なので、長文ではあるが抜粋しよう。

入教に際しては入教金を徴し其の後は幹部が時々各教徒間を巡廻して献誠金を徴収する。尚資産を有する者からは一時に巨額の献金を強要し更に年頃の娘を有する者に対しては、例之「大元任」は神にして之と同居せば一族眷門は永世不死安楽なる生活を享受し得べし等と甘言を用ひ妾として之を献上せしめる。

次で最後の搾取を為す目的の下に、或は入教者中に教に対して疑念を挿み又は反逆的行動に出づる虞ある者を生じたる場合に秘密防止の為其の家族全部を呼寄せ之を鏖殺する目的の下に地方教徒の一家を京城に移転せしむるのである。其の移転勧誘の方法は一様でないが…、〔「妾」となって京城にいる娘に「近々吾々の一族は高位顕官に就く」という虚偽の手紙を書かせる方法、教主や幹部が手紙を代筆して「巧言を用ひたる」方法、幹部が直接「鄭鑑録中に予言された大洪水起るも上城し居れば其の厄を免れるべし等」と欺く方法が記されている〕。

以上の如き方法によつて上城し来つた教徒は京城で本部幹部の手に移り、所持の現金は大元任に献上せよとて半強制的に奪取せられ、更に家族中十四・五歳以上の相当の容貌を有する女子が居れば之は幹部に於て同行し他は一時旅館其の他に滞在を命ぜられる。而して右の如く同行された娘は府内の幹部宅其の他に連行され一時女中として使役されるが、其の内大元任自ら之を妾と為し又は其の命令に依り幹部の妾或は教徒の妻として夫々適当に按配される、又其の人物如何によつては幹部の手で殺害されて終ふ。次に旅館其の他で滞在を命ぜられた他の家族は時機の到来迄暫くの間辛棒《ママ》せよ其の他種々の口実の下に楊平、漣川、楊州、江原道、咸南、忠北等各地の僻陬地に移住を命ぜられ同所で農業に従事せしめらる。数箇月を経ると家族は順次各別に而も夫々異つた地域に移住せしめられるのであるが、斯の如きことを二・三回繰返して其の親兄弟をして互に何処に居住するや如何なる生活を為すや全く不明ならしめ、只僅に地方に出張して来る幹部に依つて其の無事なる旨を聞知し得るに過ぎざるに立ち至らしむるのである。而して果して其の無事なるや否に付疑念を抱き強て追及すれば幹部等から極度の私刑を加へられ或は殺害せらるゝので、其の儘沈黙の状態を続け表面教に感謝の態度を持してゐるのである。　（二六～二七頁）

ここからは、地下に潜伏した教主や幹部たちの京城での生活を支えるために、秘密裏に教団の組織網を使って地方信徒から「搾取」し、同時に淫行もおこなうメカニズムが読みとれる。

地下潜伏にも信徒の生活の場があり、極限状態においてさえも彼らが実感する人間性として、逸脱してはならない最小限の枠があったはずである。むしろその環境が極限的である程、一歩の逸脱がそれを補うためにさらなる一歩を要求してしまう構造に置かれることになる。一歩の逸脱を一度犯してしまえば、それは際限もなく繰り返されていくだろう。

しかしながら、白白教における地下潜伏の生活は、次から次へと人の口を塞ぐ方法によって維持されているものだった。すなわち、この新しい霊力の体系は明らかに前述したような枠から極端に逸脱したものだった。この逸脱は指導者たちに根本原因があるとはいえ、地下潜伏という特殊事情が逸脱を極端な方向に導いてしまったものと理解できる。

一方で信徒たちの立場に立てば、彼らは現実社会から引き離され、むしろそこからどんどん遠ざけられていった。教団のメカニズムを知らないで、新王朝到来をそのまま信じ物心ともに捧げた者は、魂をえぐり取られるくらい強烈な力に引き付けられていったのだろう。そして、知らぬ間に現実社会から遊離し、犯罪の被害者にも加害者にもなってしまったのだと考える。

白白教のメカニズムは、外部からだけでなく、内部での教団や信徒に関する情報（批判のみに限らない）も一切遮断するものだった。その結果、白白教は軌道修正の機能を失っている。すなわち、彼ら内部の政治的権力において、上からの命令が神の声のように絶対化され、しかもそれに対して信徒たちの存在や彼らに付随する現実社会の規制が全く作用しない体系ができあがってしまったのである。

信徒たちはこの政治的権力内の上昇気流の中で、「朝鮮の王」となる教主に自分の財産を捧げるなど、その「信仰」の深さを示しながら「高位顕官」を望んだ。これは、他の団体におけるいわば新王朝予言でもあり得るパターンであろう。白白教事件の例からいえることは、こうした腐敗の問題は植民地下で新王朝予言が秘密にされる状況において深刻化するものであり、その克服は個々の団体の組織整備や資質にもかかっていると私は考える。

（4）終末思想に対する取締り

一九三七年の白白教事件は、総督府に相当の衝撃を与えたと考えられる。なぜなら、前年からの「邪教の徹底的取締」にもかかわらず、地下潜伏という抵抗の実態に気が付いたからである。しかも、その地下潜伏が白白教のように大量殺人事件まで引き起こすものであった。

そして、警察当局における情報収集能力の低さも露呈してしまった。『朝鮮の類似宗教』においては、人天教においてもそうであったように、白白教に対する認識は的はずれのものだった。それによると白白教は、一九三四年八月現在で警察当局が把握した信徒数は六三人で、「今や殆んど有名無実の状態に陥つて居る」という認識しかなされていなかったのである。(42)その存続を知ったときの警察当局の驚きは、前述したとおりである。

こうして、「邪教の徹底的取締」は翌年の一九三七年に白白教事件をもって早くも壁にぶつかったわけである。その後、警察当局が「邪教の徹底的取締」のさらなる徹底化を図り、地下に潜伏している団体を発見し、事件として摘発していくのは容易に想像できる。

たとえば、『東亜日報』の記事に「白白教事件を契機に、京畿道警察部では管内に隠れている邪教撲滅に着手し」とある。その結果、京畿道警察部では白白教事件発覚直後に平康《ピョンガン》で仙道教《ソンドギョ》、水原《スウオン》で人道教《インドギョ》の存在を突き止めている。人道教に関しては三月に八〇人余りを検挙し、そのうち三三人を治安維持法違反で検察局に送る模様であるという。この人道教は普天教の分派である仙道教のさらなる分派で、満洲で「共産制模倣」の「農場経営」をなす「神農社」という組織を作り、「新国家建設を陰謀」したとされる。(43)

『東亜日報』の別の記事では、こうした「邪教の徹底的取締」による取締り結果を掲載している。それによると、一九三六年六月の普天教「解散」から三八年一月一四日に発表された青林弥勒道《チョンニムミルクト》の摘発（慶尚北道）までだけでも、四七団体の関係者二四、六七五人という多数が検挙された。「いろいろな名目で騙し取った金品」の総被害額は、数百万円に達する。その大部分を普天教が占めるため、他の団体だけでは三一万円余りになるという。(44)

青林弥勒道の摘発後も、引き続き「邪教の徹底的取締」は断行されている。たとえば、弥勒仏道《ミルクプルド》という団体は一月二一日に三四人が検挙され、四月一九日に「懲役八月」の判決が下された（人数と刑名は不明）[45]。

やはり普天教は、「邪教の徹底的取締」第一弾として標的となっただけあって、金銭面からだけでもその「新都」の規模の大きさがうかがえる。また、他の団体も含めて検挙者数が極めて多いのは、警察当局における情報収集能力の低さを挽回するために、容疑の有無以前に不審な団体は容赦なく検挙している警察当局の動向を反映しているのではないだろうか。

これらの検挙事件に共通する点として、前記の記事は次のように述べている。

…すべての団体が教主の登極と朝鮮の光復という民族主義的な題目を好餌に、無知な大衆を惑わして金品を詐取し、甘言を弄して婦女子を姦淫するなどの事があり、（下略）

これは「邪教」視する観点からの表現ではあるが、終末思想として新王朝予言に関わる内容が中心となっている点に注目される。そして、それに付随して金銭のトラブルと淫行の問題が発生していると理解できる。

では、教義における終末思想を取締るに際して、治安当局はどのような法令を適用していくのだろうか。私は保安法第七条[46]であると考えている。次に第七条を示そう。

第七条　政治ニ関シ不穏ノ言論動作又ハ他人ヲ煽動教唆或ハ使用シ又ハ他人ノ行為ニ関渉シ因テ治安ヲ妨害スル者ハ五十以上ノ笞刑十箇月以下ノ禁獄又ハ二箇年以下ノ懲役ニ処ス

この保安法第七条は、「類似宗教」団体における終末思想の色彩が濃い教義に対して適用されたといえる。具体的にいえば、白白教事件を機に、「類似宗教」団体に対する取締り方法が「秘密布教」を洗い出すことへと重点が移っている。この「秘密布教」の内容が終末思想にもとづくため、それを取締るうえで保安法第七条が適用されるのであった。

　白白教事件以降、警務局では当局が把握していない布教活動を「秘密布教」として取締りを強化することになる。この「秘密布教」に的を絞る取締りは一九三七年に発覚した白白教事件以降のことであり、一九三七年の治安状況報告書(47)でも「秘密布教」という用語で取締り強化を説明している。

　それによると、「秘密布教」への対策は、白白教のような「此種不穏類似宗教ニ対シ全鮮《ママ》ニ亘リ徹底的剔抉ノ歩ヲ進メタル結果」という意気込みで、発覚した事件には当該法令の適用による処罰をなし、必要ならば信徒・団体を「脱教」や解散へと追い込むという方法をとっていた。したがって、この時期の「類似宗教」概念としては、三・一運動後の結社として認めていく「緩和」方針はすでに過去のこととなり、「秘密布教」の有無が正邪の基準となって治安最優先の取締り対象になったといえる。それゆえ、「秘密布教」をおこなう団体を警務局では「秘密宗教類似団体」と称するようになる。

　前掲の治安状況報告書には、一九三七年中に検挙された事件を列挙した「秘密宗教類似団体検挙表」が掲載されていて、それを見ると事件数は計四七件である。そのうち、処罰や起訴、判決での適用法令がわかる事例が一八件あり、警察犯処罰規則が最多の一二件、保安法第七条が二件（うち一件は詐欺罪も）、治安維持法が一件、制令第七号（「政治ニ関スル犯罪処罰ノ件」制令第七号、一九一九年）が一件、詐欺罪が一件、医師規則が一件であった。

　他に「脱教」・解散が一〇件、「取調中」が九件、「捜査中」等が五件、「送局」（送検に相当）が四件、「検挙見合ハセ中」が一件ある。中でも注目されるのが、「取調中」九件の中で「事件ノ概要」を見る限り保安法第七条違反と考えられるものが五件あることである。たとえば「朝鮮ノ独立ヲ標榜スル秘密潜在ノ疑アルモノナリ」（九月六日検挙事件）という内容である。

ここにおいて、「秘密布教」取締りを実施する中で、教義を主対象とする取締りを保安法第七条でおこなっている事例を見いだすことができるのだ。このような警務局の取締り方針は、翌年の一九三八年になってより明確に打ち出されている。

尚宗教類似団体にして密に鄭鑑録其の他の予言書に基き朝鮮の独立を説き入教者は独立後高位高官に就き幸福を享受すべし等の言辞を弄して民衆の無智に乗じて私利を図るが如き事例多きを以て客年来特に之が取締を厳行中なるが本年中十月末迄に於ける検挙状況別表の如し(48)。

この資料には、教義を主要対象にして取締る立場での表現として、「予言書に基き朝鮮の独立を説」き、「入教者は独立後高位高官に就き幸福を享受すべし等の言辞を弄」することが記されている。つまりこれは国体および植民地支配に反抗する終末思想の布教手段に関する当局側の表現であり、それを危険視して、一年前の一九三七年以来取締りを厳しくしていることがわかる。

また、資料中に「別表」とあるのは同資料掲載の「秘密宗教類似団体検挙表」（一九三八年一月～一二月）のことである。この表によると一九三八年中に検挙された事件が計一六件あり、そのうち終末思想の布教手段に関わる保安法第七条違反が八件になる。なお八件中、詐欺、陸軍刑法、不敬罪も適用された事件がそれぞれ一件ずつある。

また、黄極教《ホアングクキョ》に関わる一件は「治安法違反」とあるが、これは「治安維持法」の誤記である(49)。その他は、警察犯処罰規則の適用が二件、治安維持法違反が一件、「取調中」が一件、「精神病者」が一件、不明が一件であった。

ここで、保安法第七条違反と治安維持法第一条違反の相違を整理しておこう。保安法第七条は「政治ニ関シ不穏ノ言論動作」とあるから、適用対象が終末思想に関わる布教手段（信徒を対象にした予言行為、歌舞・唱誦なども含む）に制限されていると考えられる。高等法院検事局思想部から発刊された『思想彙報』には、「類似宗教」に関わる「思想犯罪」が報告されているので、その記述から確認してみよう。

たとえば、「類似宗教関係事件の殆んど大部分が保安法違反罪であることは、叙上説明した如く布教の手段として鄭鑑録の予言内容を牽強附会して引用することに基因する」という説明部分がある(50)。つまり、終末思想に関係する予言的な内容に関わる「言論動作」（言動）が適用対象であり、しかもそれは「布教の手段」であることが確認できる。

一方の治安維持法第一条は、「国体ヲ変革スルコトヲ目的トシテ結社ヲ組織シタル者又ハ結社ノ役員其ノ他指導者タル任務ニ従事シタル者（下略）」である。この条文中の「国体ヲ変革スルコト」という目的は、「類似宗教」の場合は朝鮮を独立させることが該当すると考えられる。これを同様に『思想彙報』の記述から確認してみよう。

たとえば、仙道教の場合は「朝鮮独立運動事件」として扱われている(51)。「事実概要」には、「朝鮮をして帝国の羈絆より離脱せしむへき目的を以て道（後世人之を仙道教と称す）と称する宗教類似の結社を組織し教徒の獲得に活動す」と書かれている。「朝鮮をして帝国の羈絆より離脱せしむ」とは朝鮮を日本から独立させることを意味する。

つまり、結社のなす言動が前述したような布教手段を超え、それが治安当局から相当に危険視された場合は、朝鮮の独立を目的とした結社、つまり「国体ヲ変革スルコトヲ目的」とした結社とみなされて、治安維持法第一条が適用されたと考えられる。

以上をまとめるなら、警察当局が終末思想を危険視した心田開発運動以降の時期において（具体的には一九三六年一月一五日に心田開発運動の具体的大綱が公表されてからの時期）、「類似宗教」団体に対する取締り方法が、「秘密布教」を洗い出すことへと重点が移っていた。つまりその取締りの中心は保安法第七条違反で、適用対象が団体の終末思想に関わる布教手段であった。なお、宗教団体の言動が布教手段を超え、朝鮮の独立を目的とする結社として相当に危険視された場合は、治安維持法第一条が適用されたと考えられる。

（5）「解散」「改宗」への抵抗

その後、前述の弥勒仏道も含め一九三八年中に検挙された件数は一四件で、検挙者の総数は三〇一人である。また、前年の三七年に検挙されて三八年中に措置がとられた事件が二件で、検挙者数は一、九五九人（黄極教、八月四日検挙）と九八八人（無極大道教《ムグクテドギョ》、一二月一一日検挙）となる。(52) これら一六件を対象にして考察を加えよう。

たとえば、天道教旧派の六名が三月に検挙された事件（黄海道）は、「天道教の真使命は朝鮮独立にあり」として、「特別祈禱実施に当り表面を東洋平和祈願に偽装し其の実初志貫徹に動揺を来さざる様指導し教徒を激励せしめ」たという内容である。そのため、治安維持法違反により起訴されるが、結局は検事処分によって起訴猶予となった。

この天道教旧派のように、「地上天国」（天道教での用語）あるいは新王朝予言に関する内容で検挙された事件は一六件中の一三件を占めている。他の三件は「取調中」（弥勒教《ミルクキョ》）、「淫蕩なる邪教」（仙教《ソンギョ》）、「精神病者」（門道教《ムンドギョ》）

というものである。

これら一三件の起訴時における容疑は、保安法違反が八件（うち、三件はそれぞれ詐欺、陸軍刑法違反、不敬罪も併用）、治安維持法違反が二件、警察犯処罰規則違反が一件（「拘留十四日に処す」とあるから同法違反と推定）、不明が二件（記載がない）である。やはり、従来の「邪教の徹底的取締」における方針どおり、保安法を基本にし内容によっては適用法令を代えたり追加したりしていることがわかる。

また、一九三八年になって検挙件数は一四件にもかかわらず、検挙者の総数が三〇一人と極端に少なくなっている点にも注目される。一九三六年六月から三八年一月までの約一年半の間、四七団体の関係者二四、六七五人が検挙されたことは前述したとおりだ。一九三八年の数字は大規模な団体の摘発が終わったことを意味し、「邪教の徹底的取締」が一段落付いたことがうかがえる。

ところで、「邪教の徹底的取締」が開始された一九三六年半ばにおける警察当局の取締り方針に関して、前述したように「当局では、公安に弊害がある以外は善導する方針でもって、漸次転向をさせる最中[53]」と伝える『東亜日報』の記事があった。この「善導」とは、『朝鮮の類似宗教』で提案された「出直し」（＝改宗）を指したものであろうか。また、「転向」の真意はいかなるものであろうか。次はこれについて検討してみよう。

白白教事件発覚以後、警察当局が大量検挙に乗り出している実態はすでに見てきた。しかしながら、取締りが厳しくなればなるほど、それらの団体のとくに信徒たちへの対応策もますます必要となってくる。次に示す『東亜日報』の記事からは、大量検挙の裏側で警察当局は依然と「善導」の方針をとっていることがわかる。

…一般教徒に対しては、原因を徹底的に究明して迷路に彷徨う魂を善導し、正しい信仰に導くと同時に、生業

を斡旋して生活の安定を得るようにするなど、物心両方の改過遷善の方策を追及している最中である。(54)

この「善導」とは、やはり『朝鮮の類似宗教』で提案された「出直し」（＝改宗）を指していることが確認できる。次は、この「出直し」（＝改宗）について考察しよう。

まず、普天教について検討する。普天教に対する「解散」後の処置について、白白教の取締りについて書かれた論説(55)では、「昨夏弾圧された普天教の如きも〔一九三六年六月の「解散」のこと〕信徒十万と称しながら、鉄鎚下るや十万の信徒が一日にして氷解的に改宗した如きは…」とあるように、普天教が「改宗」させられた事実を伝えている。

この「改宗」であるが、資料にあるように、はたして「十万の信徒が一日にして氷解的に改宗した」ものであったのだろうか。

警務局資料によると、「解散」「改宗」から二年後の一九三八年六月にまたしても二三人が検挙されている。そして、一〇月に四人が保安法違反で起訴された（他に起訴猶予一六人、不起訴三人）。事件の概略は、一九三六年の「六月普天教解散後は更に積極的活動を続け来れるものにして現在南鮮方面に教徒千余を算し修導《ママ》費其の他の名目を以て収受せる金品は約五千円に達する見込なり」という(56)。「解散」後においても「更に積極的活動を続け」ているから、この「改宗」が偽装改宗であった事実を知ることができる。それにしても、依然として信徒数が多いことや巨額の「金品」からは、普天教を支えている信徒たちの新王朝予言に対する信仰の根強さを思い知らされる。

次の例として、一九三七年（昭和一二年）七月に「改宗」した性道教《ソンドギョ》の場合を見てみよう。性道教は東学系である水雲教の分派である。一九二九年に李民済《イ・ミンジェ》によって創設され、忠清南道礼山郡《イエサングン》に本部を置いた。一九三四年八月現在で信徒が五七八人いたという[57]。警務局資料には次のような記述がある。

> 李民済は元類宗〔「類似宗教」のこと〕性道教教主にして昭和十二年七月論山郡豆磨面石渓里所在真宗大谷派本願寺新都内布教所に入教したるものなる処[58]（下略）

ここで、鶏龍山のシンドアン（新都内）に真宗大谷派の新都内布教所が設置され、警察当局の「改宗」の強要に対応して、「解散」させられた団体の信徒を受け入れている事実を知ることができる。ただし、これを文字どおりに「改宗」協力と理解していいだろうか。真宗大谷派には「改宗」に協力する開教監督部の立場とは別に、現地の僧侶たちの意図についてその真相を探っていく必要があるだろう。これに関しては終章で論じることにする。

さて、真宗大谷派の布教所に性道教の初代教主・李民済が「入教」した。一九三七年七月のことである。ところが、李民済は一九三八年一月、真宗大谷派の陵厳出張所で執り行われる入仏式の当日に、性道教「元」幹部一〇人余りに対して次のように説いたのであった。

> 自己が仏教に転教せるは類宗に対する当局の取締回避策にして我々は飽迄も性道教を信仰せさるへからす[59]

つまり、李民済の真宗大谷派への「改宗」は、実は「当局の取締回避策」のための偽装改宗であったのだ。このように、「解散」命令の後も必死の抵抗を見せる李民済は、上記の言葉に続けて、幹部たちを激励し新王朝予言を高らかに説いている。

図1　水雲教の天壇（前掲『朝鮮の類似宗教』の「附写真」より）

> 尚我朝鮮には近き将来怪疾発生し朝鮮民族は全滅すへく其の際性道教に依る神通者か朝鮮を統治し又は高位高官に就くへし等（下略）

しかし、この発言が警察の密偵の耳に入り、八月に李民済以下八人が検挙された。そして、李民済のみが暮れの一二月に保安法違反で起訴されるのである。

また、水雲教の場合も真宗大谷派への「改宗」であり、その「改宗」もまた偽装改宗であった。水雲教は鶏龍山に近い錦屛山《クムビョンサン》の麓、忠清南道大田《テジョン》郡《グン》炭《タン》洞《ドン》面《ミョン》秋木里《チユモンニ》に信徒村を形成している。一九三〇年代初めにおいて、その戸数が四三〇（「農業及牧畜」が四二九、「其の他」が一）、人口が一、八五二（それぞれ一、八四二と一〇）であった。[60]

水雲教は東学系であるが教理に仏教色が濃い。しかし水雲教は「解散」させられ、一九三七年三月に教主と幹部が京都の東本願寺まで行き、大師堂で得度式が執行された。こうして同教本部は東本願寺末寺の興龍寺となったという[61]。その二カ月後の五月に、水雲教の元幹部・徐丙奭《ソ・ビョンソク》は興龍寺平沢出張所（京畿道）の主任となり、出張所に集まって来た信徒たちに対して次のように説いている。

今回水雲教は仏教に転教し真宗大谷派に属することとなりたるも真宗にては道通出来さるを以て従来の水雲教を継続信教し錦屏山下（現興龍寺所在地）より道通者多数を出し教の天下として我々か富貴功名し安楽な生活をなす様せさるへからす又目下日支開戦中なるか…結局日本はそれ等〔「英国」と「ソ聯」〕に敗北され我か朝鮮より日本人か逃けるのは明かだ斯くなれば朝鮮は復古し安楽か出来る云云[62]（下略）

図2　水雲教の金剛塔（同前）

資料にある「錦屏山下」とは、水雲教本山の天壇がある秋木里を指している。その天壇の堂内には六層からなる三基の仏塔が安置されていた[63]。それゆえ、水雲教の天壇が興龍寺という名称になり真宗大谷派の末寺に組み込まれたことを総督府資料からも確認できる。

だが、真宗大谷派の末寺という表向きの看板を隠れ蓑にして、元幹部は信徒に対して「日本人が逃」げた後に朝鮮が「復古」し、「安楽」ができる「教の天下」となることを訴えたのである。そして、それが密偵の聞くところとなったようで、翌年の一九三八年九月に七人が検挙され、そのうちの元幹部一人が暮れの一二月に陸軍刑法と保安法違反で起訴された(64)。

その後も極秘で幹部や信徒たちは活動を続けていて、それが発覚すると検挙・拷問という迫害があったことを水雲教側の資料からも確認できる(65)。たとえば、一九四一年九月には水雲教の儀式で密かに祈禱を奉行する計画が警察に発覚し、重鎮幹部と側近数名が検挙された。適用法令は不明であるが（保安法違反と推測）、この事件に関係して合計二八名が検挙され、うち五名が苛烈な拷問のために獄死している。水雲教側の資料には彼らの名前も記載されている。

さらに二年後の一九四三年にはある幹部が夢を見た。それは総督を追い出した後に朝鮮総督府に水雲教の扁額を付けたら天皇が降伏をしたという内容で、それを文章にして書き、回覧した際にこの文章が警察に発覚した。この事件でも適用法令は不明であるが、合計九名が検挙されて一年二カ月の間に獄中で拷問を受けた。その拷問のため釈放後に一名が殉教したという。

以上のように、調査資料『朝鮮の類似宗教』の発表以降、「地上天国」あるいは新王朝予言のような邪教性を認識した警察当局はその取締り方針を確立し、その方針にもとづき「邪教の徹底的取締」を断行したのであった。

註

（1）　保安法（一九〇七年、法律第二号）は統監府下の治安法であったが、一九四五年八月まで有効な法律として存続していた。保安法についての詳細は、鈴木敬夫『朝鮮植民地統治法の研究――治安法下の皇民化教育』（北海道大学図書刊行会、一九八九年）を参照。結社の取締り規定である第一条については本文で分析する。

（2）平山洋「朝鮮総督府の宗教政策」（源了圓・玉懸博之編『国家と宗教――日本思想史論集』思文閣出版、一九九二年）を参照。

（3）前掲『朝鮮植民地統治法の研究』の警察犯処罰規則の項目（七八〜八一頁）を参照。

（4）「淫祠邪教」「類似宗教」観の確認は、大濱徹也「「淫祠邪教」と「類似宗教」」（『歴史公論』五―七、一九七九年七月）を参考にした。

（5）保安法と治安警察法との対照は、水野直樹「治安維持法の制定と植民地朝鮮」（『人文学報』〔京都大学人文科学研究所〕第八三号、二〇〇〇年三月）が詳しいので参照されたい。なお、同論文は治安維持法制定以前の時期における朝鮮の治安法令の問題、治安法令制定の試みを検討するとともに、治安維持法制定に当たって植民地の問題がどのように意識されていたのかについても考察している。

（6）これに加えて、布教規則では「宗教類似ノ団体」自体を統制する内容が規定されていないことも重要である。そのため、「内地」の宗教団体法のような公認団体・非公認団体を一括統制する目的を見いだすことはできないと考える。

（7）以下、「類似宗教」概念に関する説明は、拙著『帝国神道の形成――植民地朝鮮と国家神道の論理』（岩波書店、二〇一五年）、第二部付論「植民地朝鮮における「類似宗教」概念――国家神道の論理により排除される信仰者の群れ」を参考にしている。

（8）李覚鍾「朝鮮の迷信と鶏龍山」（『朝鮮』一一二、一九二四年八月）と、草深常治（警務局図書課事務官）「天道教瞥見」（『朝鮮』一九二二、一九三一年五月）。

（9）「宗教類似団　教徒는《は》十万」（『東亜日報』一九三一年六月一六日付、二面）。

（10）『東亜日報』の「宗教類似団体를《を》今後厳重取締方針」（一九三四年七月二七日付、四面）は、次のように総督府警務局の動向を伝えている（日本語訳は青野）。

…警務局では、これら宗教類似団体の実情を調査せんと、この旨を各道に通牒して厳重警戒させると同時に、（中略）警務局ではこのように彼らの現状を調査した後には、宗教類似団体とその他の宗教団体に対しても、今後の取締り方針などを確立するのだという。

(11) 朝鮮総督府警務局保安課編『高等警察報』第二号、一九三三年末(?)、六九頁。

(12) 「取締網에《に》걸린《かかつた》十万宗教類似団 昨年中에《に》百七十件」(『東亜日報』一九三四年六月二九日付、二面)を参照。

(13) 〔朝鮮総督府〕調査資料第四二輯『朝鮮の類似宗教』(一九三五年)に掲載された「普天教」の項目を参照。

(14) 朝鮮総督府警務局編『最近に於ける朝鮮治安状況』一九三三年(?)、一一一頁。

(15) 同前、一一六頁。

(16) 日本「内地」の昭和恐慌(一九三〇〜三一年)の影響で朝鮮の農村も極度に疲弊してしまう。その状況を受けて、一九三一年に朝鮮総督に就任した宇垣一成は農村振興運動を開始する。農村振興運動は農山漁村の「自力更生」をスローガンに掲げた政策で、一九三二年九月に総督府に委員会が設置され翌年から本格的に始動した。「更生指導部落」を選定し、その「部落」の各農家ごとに「営農改善」と「生活改善」の農家更生五カ年計画を立て、それを実施させるというものである。なお、農村振興運動は一九三七年に日中戦争が全面化した後の戦時体制下で再編されることになる。

(17) 一九三三年の『朝鮮の占卜と予言』の書評として翌年の一九三四年に書かれた金孝敬「『朝鮮の占卜と予言』を読む」(『大正大学々報』一七、一九三四年)には、「昨夏著者〔村山のこと〕を訪れし時、新興宗教研究に着手せる旨を承る」とある。

(18) 心田開発運動に関しては、前掲拙著の第一部第二章「国体明徴と心田開発運動——国民統合を目指す神社政策」および第三章「「敬神崇祖」と国家神道の論理の確立——皇祖神に「帰一」する始祖神」を参照されたい。

(19) 池田種夫「白々教の大検挙と朝鮮の類似宗教」(『東洋』四〇—六、一九三七年六月)。

(20) 前掲『最近に於ける朝鮮治安状況』一九三三年(?)、一一一頁。

(21) 「宗教類似団体에《に》鉄椎《ママ》 筆頭는《は》普天教掃盪《ママ》」(『東亜日報』一九三五年一二月一九日付、二面)。

(22) 普天教については趙景達『朝鮮民衆運動の展開——士の論理と救済思想』(岩波書店、二〇〇二年)の第九章と第一〇章が参考になる。とくに第一〇章では、この時期の普天教に対する弾圧・「解散」についても論じられている（三四三〜三四六頁）。ただし、同書の普天教論は普天教の活動を「植民地期における朝鮮民衆の素朴な開闢＝解放願望を象徴するもの」（三四八頁）として捉え、教主の車京石からも「民衆を組織化して独立を獲得しようとする論理を見出すことは全くできない」（三四九頁）というように、民衆運動史の立場から普天教の限界を描き出した研究といえる。

(23)「心田開発側面工作으로《で》／迷信団体撲滅為計／有形無形의《の》弊害가《が》続出해《し》／警察法規定을《を》補強」（『毎日申報』一九三五年一二月二五日付（朝刊）、五面）。

(24) 本章第一節で取りあげた警察犯処罰規則（総督府令第四〇号、一九一二年）を指す。

(25)「『類似団体跋扈는《は》／心田開発運動을《を》妨害』／目下各道에《に》散在한《した》此等団体는《は》／六十種、信徒十五万」（『毎日申報』一九三六年六月五日付（朝刊）、二面）。

(26) 朝鮮総督府警務局編『最近に於ける朝鮮治安状況』（一九三八年（?））所収の「秘密宗教類似団体検挙表・自昭和十三年一月至昭和十三年十二月」（六三〜六七頁）を参照。

(27) 同前。

(28)「解散」が警察当局の担当なら、「改宗」は宗教行政を主管する学務局の担当であり、同局のいわゆる「善導」方針（「内地」の文部省同様に、宗教行政が公認宗教に加えて、所管外である「類似宗教」をも「善導」しながら統制する方針）に則った施策だと理解できる。

(29) 趙景達前掲書の第八章では、この時期の弾圧を心田開発運動に関連させて概観している（二六〇・二六一頁）。

(30)「普天教弾圧에《に》刺激　類似教等戦戦兢兢」（『東亜日報』一九三六年七月一〇日付、四面）。

(31) 前掲『最近に於ける朝鮮治安状況』一九三八年（?）、五七頁。

(32) 前掲『朝鮮の類似宗教』の「侍天教」の項目を参照。

(33) 前掲『朝鮮の類似宗教』の「人天教と白々教」の項目を参照。

(34) 長崎祐三「白々教断片記二」（高等法院検事局思想部編『思想彙報』第一二号、一九三七年九月）を参照。長崎祐三は総督府検事である。

(35)「人天教徒の不穏行動事件」（前掲『思想彙報』第二一号、一九三九年一二月）を参照。

(36)前掲『朝鮮の類似宗教』の「正道教」の項目を参照。

(37)前掲「秘密宗教類似団体検挙表・自昭和十三年一月至昭和十三年十二月」。

(38)同前。

(39)「白々教事件」（前掲『思想彙報』第一二号）。

(40)前掲「白々教断片記二」。

(41)前掲『朝鮮の類似宗教』の「人天教と白々教」の項目には、「〔一九二四年に〕幹部の間に詐欺事件を生じ為に教勢振はざる矢先、〔一九三〇年に〕この白道教主妾殺害事件が新聞紙上に発表されたので、世人の非難を受くるに至り、全くその信用を失墜して今や殆んど有名無実の状態に陥つて居る」とある。

(42)前掲『朝鮮の類似宗教』の「人天教と白々教」の項目を参照。

(43)「人道教中心・怪秘社全貌」（『東亜日報』一九三七年九月五日付、二面）を参照。なお、仙道教は『朝鮮の類似宗教』で取りあげられている。

(44)「類似宗教団에《に》鉄槌 検挙二万四千名」（『東亜日報』一九三八年一月一五日付、二面）。

(45)前掲「秘密宗教類似団体検挙表・自昭和十三年一月至昭和十三年十二月」を参照。

(46)保安法は日本の侵略を批判する「不穏ノ言動動作」を取締ることを目的として制定されたうえ、この第七条は組織的な行動のみならず個人的な行動をも規制・処罰し得るものとなっていて、その点で結社を主な対象とする治安維持法との違いがあるという。また、第七条による処罰は、日本人居留者を対象とする保安規則（統監府令第一〇号、一九〇六年四月）の最高刑が重禁錮一年であったのに比べるとやはり重いものである。前掲「治安維持法の制定と植民地朝鮮」による。

(47)朝鮮総督府警務局『昭和一二年 第七三回帝国議会説明資料』（一九三七年）の「2 宗教類似団体」。

(48)朝鮮総督府警務局『最近に於ける朝鮮治安状況』（一九三九年）の「二一 宗教類似団体」。「本年中」とあるのは一九三八年中のことである。

(49) 高等法院検事局思想部『思想彙報』(第二二号、一九四〇年三月)の「思想犯罪から観た最近の朝鮮在来類似宗教」から、黄極教の教主と幹部が治安維持法違反で起訴されたことを確認できる。
(50) 前註の「思想犯罪から観た最近の朝鮮在来類似宗教」を参照。
(51) 前掲『思想彙報』(第二一号、一九三九年一二月)の「仙道教徒の朝鮮独立運動事件」を参照。
(52) 前掲「秘密宗教類似団体検挙表・自昭和十三年一月至昭和十三年十二月」を参照。以下、この表をもとに説明する。
(53) 前掲「普天教弾圧에刺激　類似教等戦戦兢兢」。
(54) 前掲「類似宗教団에鉄槌　検挙二万四千名」。
(55) 前掲「白々教の大検挙と朝鮮の類似宗教」。
(56) 前掲「秘密宗教類似団体検挙表・自昭和十三年一月至昭和十三年十二月」を参照。
(57) 前掲『朝鮮の類似宗教』の「性道教」の項目を参照。
(58) 前掲「秘密宗教類似団体検挙表・自昭和十三年一月至昭和十三年十二月」。
(59) 同前。
(60) 〔朝鮮総督府〕調査資料第三九輯『朝鮮の聚落　中篇』(一九三三年)三三七頁を参照。
(61) 大澤仲雄「東学党系水雲教の真宗大谷派への帰属と抵抗」(『桜花学園大学人文学部研究紀要』第八号、二〇〇五年)による。同論文は水雲教出版部編著『水雲教真理』(一九九九年)を用いて「帰属と抵抗」の問題を論じている。
(62) 前掲「秘密宗教類似団体検挙表・自昭和十三年一月至昭和十三年十二月」。
(63) 前掲『朝鮮の類似宗教』の「水雲教」の項目を参照。それによると、天壇とは「風水上好適の地たる錦屛山下の明堂に无量の大道を娑婆世界に宣佈する根本道場として立てられた建物」だという。
(64) 水雲教出版部編著『水雲教真理』(一九九九年)には、水雲教側が書いた「解散」「改宗」の歴史が掲載されている。同資料の翻訳を載せて解説した論文に、大澤仲雄「東学系水雲教『水雲教真理』の和訳と研究――日帝時代における真宗大谷派への帰属と抵抗に関連して」（『桜花学園大学人文学部研究紀要』第六号、二〇〇三年）がある。

水雲教に限らず、「類似宗教」団体の「解散」と「改宗」の実態を明らかにするためには、有効な資料として、教団側の資料、官憲資料（朝鮮総督府など）、そして存在するならば真宗大谷派関連の資料があげられる。このような三者の資料を、国家神道体制下における治安対策および宗教政策と厳密に関係付けながら、総合的に分析する必要があるだろう。

(65) 前註の大澤論文を参考にした。

第四章　天道教の「地上天国」建設

序章で述べたように、三・一運動（一九一九年）の弾圧により、天道教《チョンドギョ》とともにプロテスタントは組織的な打撃を被り、そして民衆を引き付ける魅力を失った。そのため、民衆の終末思想はキリスト教の神秘主義的信仰や、三・一運動に触発されて叢生・再生される多くの民族宗教の予言信仰の中に顕著に見られるようになる。

ここで序章で論じた民族宗教の「両面性」を確認しておこう。朝鮮の土着文化に関連させていえば、私的領域＝日常では民族宗教から巫俗的要素が多く見いだされる。一方で、民族宗教が植民地支配に抵抗したり独立を目指して公的領域に浮上しようとする時、その作用には終末思想が大きく働いていて、それが受け皿となり近代的な民族主義的ナショナリズムへと発展していくと私は考える。

本書では、三・一運動後も植民地支配が継続する中で、民族宗教が公的領域に浮上しようと試みた事例を二つ取りあげている。その試みにおいて、三・一運動で形成され始めた民族主義的ナショナリズムの継承を確認する観点から、民族宗教運動の類型を南北の地域差として、①「地上天国」建設型と、②予言の地型の二類型に分類する。そしてこの第四章では、①「地上天国」建設型を対象とし、天道教の下部組織である朝鮮農民社の組合運動を、

「村落自治」再編に注目しながら分析を試みる。

第一節　朝鮮農民社の「郷村自営論」

天道教の前身は東学である。東学は崔済愚《チェ・ジェウ》が朝鮮王朝末期の一八六〇年に創始した宗教で、民間信仰を基盤にして儒教・仏教・神仙思想を取り入れたものである。第三代教主・孫秉熙《ソン・ビョンヒ》は、東学を継承する形で教団組織の確立を図り、一九〇五年一二月に天道教を宣布した。

東学は「後天開闢」の世、すなわち「地上天国」の到来を告げ、王朝だけでなく西洋列強や日本の武力侵略にも反抗する思想をもっていた。

東学の組織であるが、初代教主・崔済愚の時期は各地に接所を置くという体制であったが、第二代教主・崔時亨《チェ・シヒョン》の時期になってから、接所の代わりに包制が実施されるようになった。包制は、大体において道・郡・面（村に相当）・洞里（洞や里で部落に相当）という行政区域を単位にしており、道には道内の信者の教化を担当する大接主が置かれた。同様に、郡には首接主、面には接主、洞里には接司が置かれ、全ての信者が縦の関係で連結されている。[1] 当時の朝鮮王朝は腐敗による統治機能の麻痺と外圧によりその体制を動揺させ、在地両班《ヤンバン》層中心の郷村社会の支配体制が弱まっていく状況にあった。そのような中で、旧体制とは全く異質でかつ主体的な東学の包制という宗教結社が形成されたことは、その後の植民地期における民族宗教運動を考えるうえでも注目される。

こうした状況の中で、終末思想の背景をもつ民衆が東学の異端教理によって動員され、大民衆反乱に至ったのが一八九四年の甲午農民戦争である。[2] だが、その戦いが敗北に終わり、東学の組織も打撃を被った。その後、東学の

図1　天道教中央大教堂と中央宗理院（右）
（〔朝鮮総督府〕調査資料第42輯『朝鮮の類似宗教』〔1935年〕の「附写真」より）

宗教結社の役割を継承していくのは、その継承者となる天道教ともうひとつはキリスト教プロテスタントであったと考えられる。一九一〇年に日本の植民地となり、一九一九年に独立を要求して民衆が示威した三・一運動が起こったが、この運動を組織的に担ったのはこれら天道教とプロテスタントの宗教結社であった。

三・一運動の際に両者ともに弾圧により組織的に大打撃を受ける。しかしながら、その後において天道教はプロテスタントや東亜日報社とともにいわゆる文化運動を主導することになる。中でも朝鮮農民社による農民運動は、天道教の新派（一九二一〜二七年の間に新旧派など四派に分裂）による自治運動が「村落自治」の場で展開したものと考えられる(3)。この運動を本書では彼らの言葉を借りて「郷村自営」運動と呼ぶことにする。

用語を確認すると、植民地支配開始直後の一九一四年（大正三年）に面と同時に統廃合がなされる前の洞里を、本書では「旧洞里」と呼び、新たに編成された洞里は「新洞里」と呼んでいる。後者は、統治政策により当初においては実質的に村の自治的機能を負わされようとした。本書では、前者の旧洞里秩序における「村落自治」に対する朝鮮農民社の対応に着目している。

第一章第二節第二項「北部畑作地帯の状況」で検討した咸鏡北道明川郡西面明南洞の例を、ここで確認しておこう。明南洞は「村落共同体」の共同性が比較的弱い畑作地帯にあり、そこでは養蚕業を中心に商品経済化が進んでいる地域の中で新興勢力（おそらく新興地主層）が台頭してきた。彼らは地方行政を利用しながら洞契を組織し、在地両班層による従来の自治から脱して、村落に新たな「自治」つまり洞契による「自治」の構築を試みたのではないかと考えられた。そして、これを北部畑作地帯の村落において、契の自治的再編の典型的なパターンとして提示したのである。

まずプロテスタントが強い基盤を築いたのは、北部地方（具体的には北西地方の平安南道・平安北道・黄海道）であった。次に三・一運動の後に、新たに北部地方（主に平安南道・平安北道・咸鏡南道・咸鏡北道・黄海道）に基盤を築いていったのが天道教の朝鮮農民社である。

ここで朝鮮農民社の基盤づくりにおいて、契の自治的再編との関連が予想される。第一章第二節第四項「北部・南部での民族宗教の基盤」で前述したように東学正系の団体は、天道教を典型として民衆を変革主体として認めないで内省主義を奨励し続けていたという。しかしながら、むしろ天道教が東学傍系団体のように『鄭鑑録』的な千年王国主義的性格を強く帯びることがなかった点に着目したい。

すなわち強烈なカリスマ的存在が存在しないし、彼らの「地上天国」は特定の予言の地をもっているわけでもなかった。それゆえ、基盤を築いた北部地方の農村において天道教の「地上天国」の展開を見る視点が必要とされ、それが「村落自治」の場に実体化されたか否かの点に注目したいと考えるのである。

（1）「郷村ごとの農民団結」の視点

天道教が文化運動を展開する中で、新派の前衛隊としてその実践活動に当ったのは天道教青年党（一九二三年設置）である。天道教青年党の主義は、「地上天国建設」（「天道教青年党憲」より）である。『天道教青年党小史』[4]（以下、『天道教青年党小史』からの引用の日本語訳は青野）には「党運動の大綱」という項目の中で、「後天開闢―即ち地上天国建設運動を直接の目標とする天道教青年党は、目的を現実的に到達させるために…」と述べられている。

この「地上天国建設運動」は『天道教青年党小史』の「文化運動」という項目では、「後天開闢運動」「人乃天運動」「人文開闢運動」「人類の新文化を創造する運動」「後天新文化建設運動」とも表現され、天道教のいわゆる文化主義が反映した後天開闢論の論旨を読みとることができる。[5]

天道教青年党における「地上天国建設」のための組織は、職業・年齢・性により七つの部門からなり、各部門において部門活動を展開するように定められた。この七部門は、農民部・労働部・学生部・商民部・青年部・幼少年部・女性部である。

天道教青年党による農民運動は朝鮮農民社が担っている。朝鮮農民社は一九二五年に創立された。天道教関係者と新聞記者等の非信者が参加して創立され、一九二八年以後には社員が総計二万二千余名となり、内訳は天道教関係者が一五％で新聞記者等の非信者が八五％だったという。[6]一九二八年二月の「第二次制度変更」において規定された社員の階層は、「自作農、自作兼小作農、小作農、農業労働者、農村手工業者、農村体力労働者」であった。[7]

その後、朝鮮農民社は一九三〇年にいわゆる「法的関係」を結んで天道教青年党の直接指導下に置かれて運営されることとなる。そのため、組織が二つに分裂して朝鮮農民社には天道教関係者が残るのであった。

図2　朝鮮農民社（谷山郡農民社）（同前）

非信者の方は李晟煥《イ・ソンホアン》を中心に全朝鮮農民社を設立したが、彼らの農民運動は階級闘争としての側面が強かった。

この分裂をもたらした法的関係締結の理由について、自治運動の観点から説明した次のような指摘がある。すなわち、「天道教青年党は自治運動を主張する代表的人物のひとりである崔麟の指導下にあった」わけである。そのため、「分裂を招来してまでも…朝鮮農民社に結集した農民たちを基盤に朝鮮の自治が実現する時の、その基盤にしようとしたのだ」という(8)。この指摘が正しければ、「自治」の「実現」のために新たな支持母体として地主層を含む新興勢力が想定されてくるのである。

朝鮮農民社の地方組織は、郡単位の支部と洞里あるいは邑単位に設置された社友会からなっていた。一九二八年の時点で、支部は一五八カ所、社友数が一六、五七〇名であったと発表されている(9)。この組織が同年に改編されて、農民啓蒙団体から農民運動団体へと性格を変えていくことになる。そこで従来の支部は、郡農民社に名称が改められて組織拡充が期待された。同様に、社友会は里（洞）農民社となった。こうして、朝鮮農民社本部―郡農民社―里（洞）農民社という縦の関係が成立するのである[10]。

その後、前述の分裂を経た朝鮮農民社は、天道教青年党の直接指導下において一九三三年九月末現在で郡農民社が一五〇余り、里（洞）農民社が三、〇〇〇余りとなり、社員総数も二十余万人（朝鮮農民社発表[11]）にも急増している。

ところで、前述した『天道教青年党小史』（一九三五年）には、「後天開闢」の経済運動が次のように説明されている。

資本主義の経済運動は、巨大な金融資本を中軸にして少数の資本閥が自家自利を図謀するものである。しかし、我々の経済運動は後天的経済運動である。それは、貧賤級―即ち多数人民の小金額を集めて、利益を図らないで自己の自存自活を企図する組合経済のことである。

「多数人民の小金額を集めて、利益を図らないで自己の自存自活を企図する組合経済」とは、まさに農民たちの土着の相互扶助組織である契の発想である。それゆえ、この「組合経済」は村落における契の活用を予想させるのである。

この点に注目しながら、朝鮮農民社が考える農民運動の目標を考察してみよう。

朝鮮農民社の機関誌『農民』に掲載された「郷村自営論[12]」には、農民運動の目標が明確に述べられていると考えられる。そこで、「郷村自営論」の内容を検討しよう（以下、『農民』の引用部分の日本語訳は青野）。

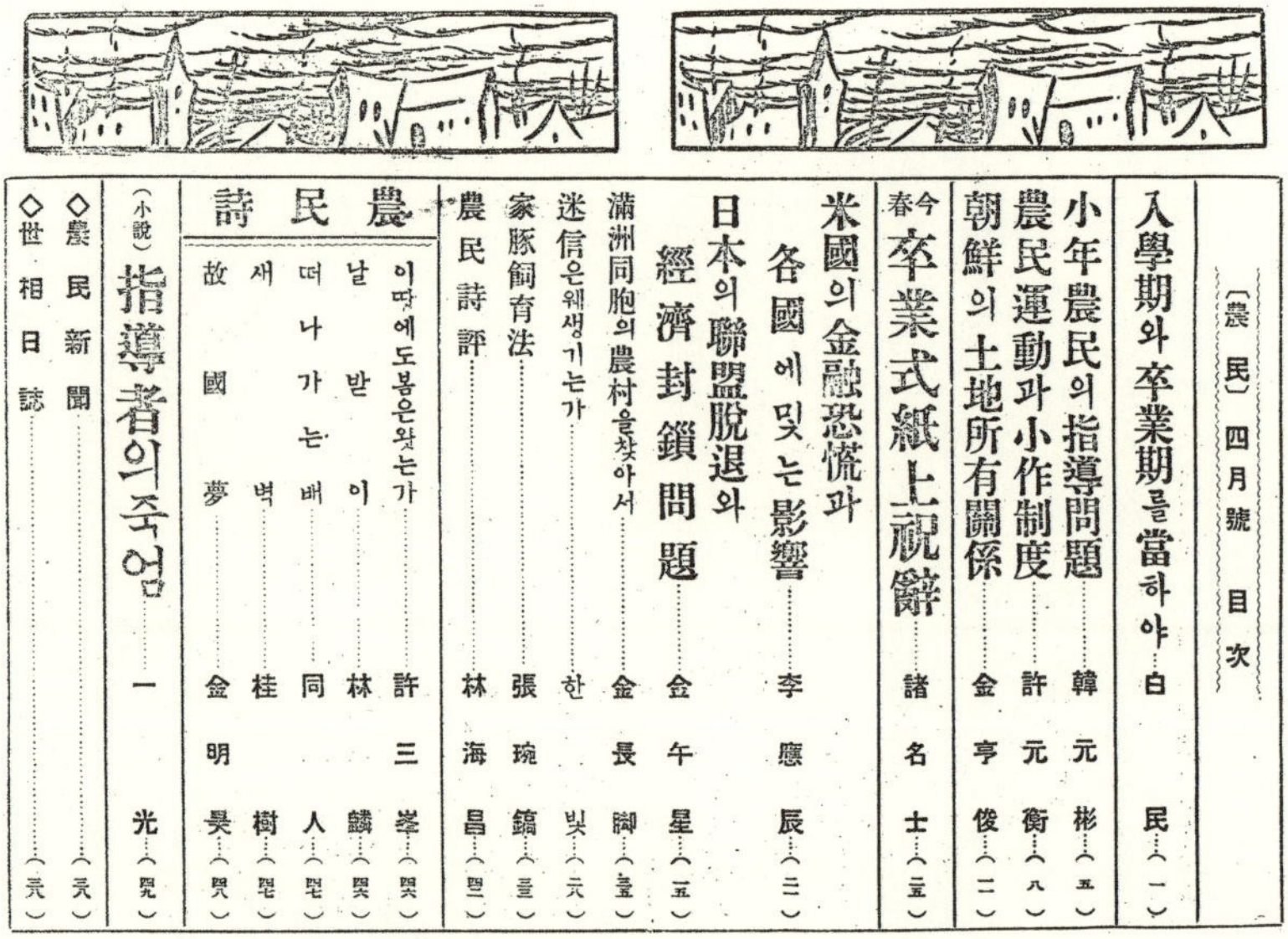

図3 『農民』の目次（第4巻第4号、1933年4月）

まず、「郷村自営」とは、「農民の生活において都市の侵略と資本主義の侵略を排撃し、郷村の自立的経済を確立しながら農民文化を啓発しようとするものだ」と説明されている。その「郷村自営」を実現させるためには、「郷村ごとの農民団結」が不可欠であるとする。ここで、「郷村ごと」に農民を結集する点が注目される。「郷村自営論」では従来の村落を前提にして論を展開しているので、「郷村」は旧洞里秩序における旧支配体制下の旧来の「自治」地域を指していよう。

「郷村ごとの農民団結」という点について、もう少し詳しい検討を加えると、旧来の支配体制下の「自治」から脱して新たな「自治」を構築しようとする意図が見えてくるのではないか。

「郷村自営論」では、続けて五つの項目があげられ、説明されている。それを列挙すると次のようになる。

第一　各郷村を地盤にして朝鮮農民社を拡張すること

第二　新たな精神樹立
第三　協同生活
第四　郷村文化啓蒙
第五　郷村指導権

天道教青年党および朝鮮農民社は北部地方に地盤があるため、「郷村自営論」が発表される背景には北部畑作地帯における商品経済化の進展とそれを契機とする村内での新興勢力の台頭があるといえる。これを念頭に置いて各項目を検討しよう。

第二の項目は、「朝鮮農民社の指導原理によって新たな精神を樹立しなければならないこと」と補足説明されている。第三の項目の補足説明には、「共同耕作、共同生産、共同販売、共同購入等の経済行為、並びに教養機関、公会堂、新聞雑誌購入等の文化的施設についても、共同協作することだ」と述べられている。また、第五の項目については、「その指導権は、昔のように慣習法によって決めたり年長者が掌握したりするのではなく、我が社（朝鮮農民社のこと）の指導原理により、我々の機関として掌握しなければならないだろう」と説明されている。

第三の項目の補足説明における「共同耕作、共同生産、共同販売、共同購入等の経済行為」とは、在来の契を基盤に組合を組織（以下、契を基盤とした組合を契＝組合と略す）することだと解釈できる。そして、とくに「共同耕作」は新興勢力が提供する田畑を組合員が共同で耕作するものと理解され、組合財産を創出しかつ組合の核となる組織として注目される。

(2)「集団農場」化の主張

このような「共同耕作」に関して、「郷村自営論」の筆者は別の論説(「集団農場」についての論説)において、それを村落規模に拡大して「集団農場」にすることを主張している。たとえば、次のように述べられている。

…三四戸や四五戸や六七戸が一組織となれば、それが細胞単位となり、ひいては一洞をひとつの農場区域とするだろう。そうして、一洞内の農民生活は一洞民の自治生活になるはずだ。そうすれば、小作権移動を防止することができる。(中略)

従来の地主たちは小作人生活に対して少しの理解もなく、単独処分をしてきた。今や農業経済を樹立するにあって、小作料を合理化しなければならない。合理化とは何であろうか。具体的な解説は避けて簡単にいえば、耕作者生活を標準にしろということである。[13]

つまり、「朝鮮農民社の指導原理」(「郷村自営論」の第二項目)に則り「共同耕作」の「集団農場」化を通じて「村落自治」を掌握すれば、村内の小作料を「耕作者生活を標準にし」て「合理化」できるということである。別の見方をすれば、「共同耕作」の土地を提供できる新興勢力(おそらく新興地主)の存在を前提にして、「村落自治」の掌握が主張されているといえる。そして、「村落自治」掌握にともない彼らによる地主経営的な「集団農場」経営が想定されていると読みとれる。

また、自作地の「共同耕作」地への編入に関連して次のような説明がある。

…自作地が混在する場合は、少し難しく考えると思う。しかし、別に問題になることはなく、自作地も共同耕作に編入して所有者には地主分として小作料を支払うのである。損失があるとすれば、たとえば四分の一の損失にとどまるだろう。しかし、耕作地を拡張したなら、それくらいの損失は補充することができるし、また生産増進により収入は増加するだろう。若干の損失があったとしても、協同の精神で抹殺しなければならない。

ここから、「共同耕作」において土地提供者となる地主は土地を出資する形態をとることがわかる。これで、担い手となる新興地主以外の地主も契のように参加できる。また、「共同耕作」の拡大にともない自作地編入の問題が生じてくるが、自作農にも自作地を出資させることで解決を図っていることがわかる。その場合の「損失」は「協同の精神で抹殺」するとまで書かれているが、それは新興勢力が村内でもつ影響力の大きさを背景とした表現であると考えられる。

では、再び前述の「郷村自営論」に戻り、村内「集団農場」化を目指す「郷村自営」についてもう少し掘り下げて考察してみよう。

「郷村自営論」の第二の項目は再建する村落における村民の結集力として、精神的支柱を「朝鮮農民社の指導原理」、つまり天道教の教理にもとづくものにすべきだという主張である。この「指導原理」は、旧来の支配体制下の「自治」におけるいわば「指導原理」であった洞約に対抗するものとして登場している。そして、さらに日本による抑圧下で没落・流民化し、あるいはその危機に直面している下層農民たちは、「指導原理」＝天道教の教理を学ぶことによって、それが説くところの「地上天国」の夢を彼らは抱き、農民社の新たな「自治」に結集していくのである。

第五項目は、旧支配層中心の「自治」を明確に否定している内容である。つまり、契＝組合が「自治」規模に拡大された後の「村落自治」の指導権を、従来の慣例に慣わないで朝鮮農民社が掌握すべきだとの主張である。

これら第二項目と第五項目から、天道教の信者となった新興勢力は、「朝鮮農民社の指導原理」を背景に新たな「村落自治」においてその指導的地位が保障されることがわかるであろう。つまり、里（洞）農民社内での地位が「村落自治」での地位にそのまま反映され、天道教新派の中での宗教的地位がそれを保障するのである。

この「郷村自営論」以降、「共同耕作」を実施する里（洞）農民社が激増していく。たとえば、地主が畑を提供した「共同耕作」の報告を二年後の『農民』誌から抜き出してみよう。冷井洞《ネンジヨンドン》は平安南道大同郡龍淵面《テドングンヨンヨンミヨン》に位置し、統廃合後もそのまま単独で冷井洞となっている[14]。

冷井洞農民社共同耕作

面積　一日半耕
種類　蕎麦　収穫予想高三〇斗
地主　鮮于淵　小作料　毎年無料
耕作社員　一三人[15]

この資料の地主は、小作料が無料であるため「共同耕作」から得る利益はないが、天道教の信仰にもとづき貧農救済をおこなうことによって、次の段階の「自治」掌握および「集団農場」経営へと展望が開けていくのである。

次は「共同耕作」が拡大されている例である。平安南道蚕島面《チャムドミョン》大坪里《テピョンニ》（旧洞里の大坪里と小坪里《ソピョンニ》が統合して新洞里の大坪里となっている）の大坪里農民社では、一九三一年に理事四名が社員二一名をして「共同耕作」を開始し、「一日半耕」の畑を小作地として提供した。「成績が良好」で、翌三二年には洞有財産の畑「四日耕」を大坪里農民社が買い取り、「社員一同が共同耕作を経営する」ことになった。つまり、村落規模の「集団農場」化へと向かっているのである。

その後、二年間の収穫は毎年一〇〇円に達し、三三年度中には「貧しい社員を救済して、さし当たり、大坪里農民社員は流離する心配がなく、防貧策によりほとんど生活が安定された」と、「防貧策」が評価されている。「社員年例金」（＝大坪里農民社の財産となる）も、翌年度である三四年度からは「共同耕作」の収入から納付することになった。そのため、「一歩進み、一〇年後にはこの村内の耕地はほとんど農民社社有に編入されるだろう」と、「自治」掌握と村内「集団農場」化に向けて明るい展望を述べている(16)。

第二節　「郷村自営」運動の実態

(1) 平安南道孟山郡の消費組合

このような「郷村自営」運動の展開を、もう少し具体的に平安南道孟山郡《メンサングン》の例（一部は徳川郡《トクチョングン》）から見てみよう。なお、孟山郡では①消費組合の組織化と、組合の核となる②「共同耕作」という二つの側面から推進されていった。

孟山郡では、一九一四年の面・洞里の統廃合により、面が八、洞里が八五となっていた。孟山郡の位置する平安南道の山岳地域は畑作が中心で、粟・大豆・小麦等の作付けが多くなされた地方である。

孟山郡農民社は、全国の郡農民社の中でも高い評価を受けており、『農民』でも「平南〔平安南道のこと〕孟山は交通が不便な山間地帯であるが、農民運動は全国で最も多くの力量と闘争の歴史をもっている」(17)と、孟山地域を評している。

まず、孟山郡農民社が設置した農民共生組合について説明しよう。元来孟山郡には、郡農民社所属の斡旋部出張所が設置されていた。一九三一年、北倉《プクチャン》・邑内《ウムネ》・仮倉《カチャン》・東倉《トンチャン》・藹倉《エチャン》・南倉《ナムチャン》の六カ所が名称を改め農民共生組合となり、また各洞里に消費組合が設置されることとなった(18)。ここで、この消費組合設置の背景にこの地域で農産物の商品化が進み、消費部門における農民たちの契＝組合の組織化が展開している事実を知ることができる。

次に、洞里に設置された消費組合の中で、その規約の概略がわかる江浦社《カンポサ》について検討してみよう。江浦社は孟山郡農民社傘下の里（洞）農民社である。なお、組合員数と役員に関しては「未詳」となっている。

カ、江浦社の経済事業とすること。
ナ、一口二円とし、一〇口以上は許可しないこと。
タ、口金の一時未払い者は、毎月一〇銭ずつ二〇カ月で払い込むことができること。
ラ、口金や積み立て金が相当の額に達する時は、土地を買い求めて共作契を組織すること。
マ、農村消費品を斡旋すること。
パ、貧しい農家に対して牛および猪を買給すること。
サ、無産児童の学費補助。
但し、加入手続きには三カ月前に農民社への入社を要すること(19)。

ナの項目の「一〇口以上は許可しない」という表現から、組合運動に積極的な新興勢力が複数存在することがわかる。そして、この項目は消費組合内での指導権争いを防ぐのを目的としていると考えられる。

次に注目されるのは、消費組合の主要目的が土地購入にあるということである。そして、その土地は「共同耕作」地とされ、「共作契」を組織して「共同耕作」がなされるわけだ。この時点における江浦社の「共同耕作」地は、水田が四〇〇坪で耕作人員は五人である。ここで、この五人に「共同耕作」地を提供したのは新興勢力（おそらく新興地主）であり、その人物（たち）は「共同耕作」地を拡大させ「共作契」（ラの項目）を組織し、また耕作人員の農業経営における「農村消費品を斡旋する」（マの項目）ことにより、「集団農場」化への第一歩を踏み出したと考えられる。

前述の冷井洞農民社の例からもわかるように、「共同耕作」地の提供者は、この村落で最初に天道教の信者あるいは協力者となった新興地主の可能性が高いのである。そして、「共同耕作」の「共作契」を核組織として消費組合を村落規模にまで拡大し、「村落自治」を掌握することを狙っていることもうかがえる。というのは、パとサの項目にあるように、旧来の「自治」に対抗するような貧農の救済策を打ち出しているからである。

次は、この救済制度の再編に関して別の例から検討しよう。創設されて二、三年しかたってない孟山郡安下里《アナリ》の安下里社（または安下社）が、『農民』に「安下里社の建設工作」と題して紹介されている。安下里は、ほぼ旧洞里区域を範囲としている。この記事の第一項目の「一、共同耕作」によると、「共同耕作」地は水田一、二〇〇坪、「共同耕作」の責任者は金丁模《キム・ヂョンモ》と韓夢得《ハン・モンドゥク》の二名である。

この記事の第二項目の「二、救済部設置」には、次のように述べられている。

貧農社員の救済を目的として救済部を設置し、前記した共同耕作によって得た穀物を販売してトウモロコシを購入し、それを貯蔵した。これによって、春窮〔春の端境期の食料不足〕で困難を極める社員に低利で貸付をし、秋の収穫期に回収した。そうしたところ、一般社員が地主から高利で農糧を借り入れることがなくなったという[20]。

救済制度は旧支配体制下の「自治」でも担っていたはずであるが、その自治組織である洞契の財産喪失に加えて、農民の没落や流民化が深刻な問題となっていた。そのため、従来の救済制度が崩壊し、困窮した農民たちは地主や高利貸しからの高利の借金により生活難を余儀なくされた。このような状況に対して、安下里社では組合財産を基盤にして救済制度の再編を試みているのである。

前記の「共同耕作」責任者の二名は、土地を提供した新興地主の可能性が高い。彼らは、安下里社に所属していない地主をこの救済制度によって牽制し、同時に村内農民からの信頼を得ることが可能となるのである。

彼らのような新興勢力が救済制度に積極的にかかわることを補完する資料として、別の例を見よう。一九三〇年夏に起こった風水害の被災者救済のために、朝鮮農民社では社員に対し救済金の募金を呼びかけた。その募金活動はこの年の八月から始まり、孟山郡農民社でも募金に応じている。その募金状況が『農民』誌上に姓名と金額とを併せて掲載されるのであるが、孟山郡の場合は一二月の号に掲載された[21]。

それによると、孟山郡農民社扱いの募金は二団体と三〇名の個人によってなされたことがわかる。二団体は孟山郡農民社と三里《サムニ》農民社で、それぞれ一円と五〇銭となっている。注目されるのは、個人の欄にこの三里農民社の理事長の孔文九《コン・ムング》（三〇銭）と秘書の吉泰鳳《キル・テボン》（二〇銭）の名前があることだ。他に、仮倉里《カチャンニ》農民社の理事長の李夏成《イ・ハソン》

（一〇銭）と副理事長の金贊永《キム・チャニョン》（二〇銭）の名前もある。朝鮮農民社の募金にあえて応じ、かつ応じられる余裕のある階層であることがわかる。そして、『農民』誌上に名前が載ることは、彼らの村内での名声が高まることにもつながるのである。

（2）消費組合での「共同耕作」

次は、孟山郡と同じ平安南道の徳川郡《トクチョングン》農民社が発表した「農民社共同耕作契定款」（一九三三年度から施行[22]）を見ながら、孟山郡でも行われた「共同耕作」について検討しよう（孟山郡の当該資料が掲載されていないため）。「農民社共同耕作契定款」の抜粋は以下のとおりである。

第一章　総則

第一条　本契は××里洞農民社共同耕作契と称すること。

第二条　本契は××里洞農民社の経済事業として社と社員の経済的利益を図ること。

第三条　本契は××里洞農民社区域内に居住する社員をもって組織すること。

第四条　本里洞農民社員をもって経営する共同作業は、全て原則として本定款を基準とすること。

第五条　本契は郡農民共生組合に加入すること。

第二章　出資および配当

第六条　本契の出資は種子、肥料、耕地、人夫等によること。

但し、境遇により金銭で代償するを得ること。

第七条　本契の純利益は毎年度末に次のように配当すること。

カ、純利益の半分は里洞農民社の基本金として提供すること。

ナ、純利益の半分は第六条の出資額に応じて配当すること。

第三章　機関

第八条　本契の役員は次の通りである。

契長一人　常務若干人　評議員若干人　監査若干人

但し、契長と常務は里洞農民社理事中から選挙すること。

第九条　本契の決議事項は里洞農民社理事会の同意を得た後ち進行すること。

（下略）

第三条からは、里（洞）農民社の社員全員が加入する義務を負っていることがわかる。これにより耕作人員の確保が保証され、「共同耕作」における「自治」掌握の推進力としての役割が高められる。

次の第二章の「出資および配当」は、まさに新興地主による地主経営的な内容を示したものであり、「種子、肥料、耕地」を「出資」する地主あるいは自作農と、「人夫」を「出資」する小作農との間の調整が「配当」制度により合理的におこなわれている。また、この「出資および配当」のやり方は契にもとづいているので、里（洞）内の天道教関係者以外の地主・自作農も簡単に参加でき、彼らが里（洞）農民社に加入する道が開かれるのである。

小作農にしても、この配当制度により小作料が前述のように「耕作者生活を標準にし」て「合理化」されるわけだから、以前よりも大幅の利益となる。それに加えて、抑圧下にある彼らが、新たに構築される「自治」に対して「地上天国」という夢を託したならば、多くの貧農が農民社に結集していくのである。

そして、第三章「機関」で、里洞農民社理事会が「共同耕作契」を統括することが規定されている。里洞農民社理事会は、当然その洞里における天道教信徒や協力者となった新興勢力で構成されているだろう。そして、「共同耕作契」の村落規模への拡大によって彼らが「村落自治」を掌握し、「集団農場」経営へと展開していくことが想定されているのである。

最後に、孟山郡内の里（洞）農民社の中で、「共同耕作」地が紹介されている八社（前述の江浦社も含む）の「共同耕作」を示そう。

三里社：畑	三、六〇〇坪	耕作人員	一五人
安下社：水田	一、二〇〇坪	耕作人員	三二人
江浦社：水田	四〇〇坪	耕作人員	五人
古上社《コサンサ》：畑	一四、四〇〇坪	耕作人員	二一人
絃峯社《ヒョンボウサ》：畑	三、六〇〇坪	耕作人員	一六人
明章社《ミョンジャンサ》：畑	三、〇〇〇坪	耕作人員	一八人
坤洞社《コンドンサ》：畑	一、二〇〇坪	耕作人員	五人
正広社《チョングアンサ》：水田	六〇〇坪	耕作人員	一〇人[23]

正広社・三里社・安下社・古上社は名称からして行政洞里を範囲とするが、正広里の場合だけ二洞里の合併で他の三里・安下里・古上里はほぼ旧洞里区域を範囲としている。坤洞社の場合は、坤洞が旧洞里となっている（他は不明）。

三、〇〇〇坪が一町として、一町以上の「共同耕作」地をもつ里（洞）農民社が四社も存在する。しかも、古上社の場合は四町八反にも及んでいて、耕作人員も二一名になっている。このように、孟山郡では「郷村自営論」が出されてから二年後に、かなりの面積の「共同耕作」地と多数の耕作人員を生み出した里（洞）農民社が出現していることに注目される。

以上の孟山郡の例からもわかるように、天道教の「郷村自営」運動は、新興勢力が村内での「集団農場」経営を目指して組合運動を展開しながら「村落自治」の掌握を試み、それを彼らの目標とする「地上天国」の実体化とした運動として位置付けられる。

第三節　農民にとっての「郷村自営」

（1）「村落自治」再編の試み

次は、農民たちにとって「郷村自営」とはどういうものだったのかを考察する。

没落してついには流民となって故郷を棄てるしかない下層農民は、故郷に留まるためにはせめて小作をして生活を保障しなければならない。そこへ、旧来の抑圧する体制とは異なる指導者たちが「共同耕作」で小作地を提供してくれたならば、小作権を得るうえ小作料も抑えてあるので、我も我もと飛びついていくはずである。

そもそも地主たちは、高利貸しとともに高利の借金によって自分たちの生活を苦しめてきた存在である。しかし、新興勢力の中には、契＝組合の再編を通じて「集団農場」経営を目指す者も現れ、彼らが小作農の利益を無視することはなくなってきたのだ。農民社に加わった新興勢力にしても、消費組合や「共同耕作」に携わって小作農の利益を保証しようとした。

　このような背景の中、初めて共同小作組合を自ら率先して作った地主がいた。農民社員ではないようであるが、京畿道漣川郡《ヨンチヨングン》の地主の姜載明《カン・ヂエミヨン》は、一〇〇戸余りからなる小作人をして共同小作組合を作り、小作料を四割として（五、六割が一般）六割を組合側が取ることに決めた。これを紹介した『農民』誌は、「地主としての善意」と評しているが[24]、当時の状況にある小作農たちにとってもこの言葉どおりに受け止められたであろう。前述の冷井洞農民社の「共同耕作」の場合も、地主は小作料を無料にして「地主としての善意」を示していた。

　また、下層農民たちは旧支配体制下の「自治」のように自分たちを抑圧していた「自治」とは別に、新たに生まれる「自治」の場を見いだすことになる。それは、農民社が再編した「村落自治」である。そこには天道教の「地上天国」という理想社会が謳われている。

　そもそも、農民運動をおこなう農民社としては、自らの精神的バックボーンである天道教から「迷信」的イメージを一掃して農民の前に出なければならない。『農民』誌に掲載された「迷信はなぜ生じるのか」[25]（図3の目次に掲載）は、朝鮮に「迷信」が盛んである原因を述べることによって、天道教の「科学」性、「知識」性、「実際事業」の視点という立場を表明している。

　そこには、「迷信」は鬼神観念の生み出した「幻想」であり、仏教が人々を「実際事業」から引き離したことが「迷信」が盛んになった原因のひとつであると述べられている。そして、他の民族宗教も、仏教の形態をともなった「各種雑色宗教」、あるいは「迷信宗教」と断定されている。これらの「迷信」が盛んに信じられる根本的原因としては、朝鮮が「科学」に劣っているため人々の「知識」が足りない点にあるとしている。

しかし、実はこのような「科学」性、「知識」性、「実際事業」の視点の主張こそが、貧苦に喘ぐ下層農民たちにとってのいわば「幻想」となり、天道教教理に浸りいくうえでのパイプの役割を果たすと考えられる。

なぜならば、村落における農民たちの結合は契による個人利益を中心とした一種の合理性を有している（以下、契的結合と呼ぶ）。それに、農民社の地盤が、中国国境に近くて中国文明が流入した窓口としての地域であり、畑作地帯として商品経済化が進んでいる地域ゆえに、外部地域から入ってきた天道教という信仰に対しても、その「科学」性、「知識」性、「実際事業」の視点の主張がむしろ農民たちの心を捕らえる魅力となるだろう。

そして、なおかつ日本支配下にあって、天道教の教理は天の神を神名とする（ハヌニム）など巫俗的要素も組み込み、終末思想の反映として「地上天国」建設の夢を与えるものであった。すなわち、プロテスタントの土着化における場合と同様に、このような要素は農民たちにとって受け入れやすいものであった。村落祭祀との関わりで、『東亜日報』の記事[26]から一例を見てみよう。

第二節で取りあげた平安南道孟山郡の玉泉面三里には、三里農民社が設置されていた。三里では、「毎年毎年二三回ある天災で、いわゆる洞里クッを行う」という。「洞里クッ」とは巫俗式の儀式でおこなわれる村落祭祀である。この記事が書かれた一九三一年四月も、「頑固な数名の御仁がたが洞里クッを行うことにし」て、日程も来る二〇日に「定めた」という。それに対して、三里農民社では次のような対策をとっている。

ところで、洞里の農民社では今がすなわち洞里の迷信を根本的に打破する機会だとして、頑固な村老たちの質議に絶対反対をし、洞里クッ打破についての宣伝を大々的に行っているという。「頑固な村老たち」とは「洞里クッ」を推進するゆえに在地両班層ではなく、常民たちの間の長老的存在と理解できる。(27) 彼らに対抗して「洞里クッ」の「打破」まで「宣伝」していることは、村内で新興勢力の支持基盤が強くなっている反映だと考えられる。そうならば、天道教はこのような契的結合による「村落自治」掌握の過程で生じる心意世界の問題にも取り組んでいることになる。

(2)「農民社自主村」の誕生

ここで、農民たちが契的結合にもとづき、天道教の信仰にも影響を受けながら、洞里の農民社に結集していく過程を例示してみよう。

平安南道徳川郡徳川面山陽里《サニャンニ》（山陽里と松陰里《ソンウムニ》が合併して山陽里となったが、戸数が三〇戸余りとあるからここでは旧洞里を指していよう）の報告（「共同耕作実施で山陽社復興」と題されている）を見ることにする。(28)

山陽里農民社は、設置されてから「四五年の間は社員が一〇名余りで、そのうち三分の二は入社金を出したままで実行ができないので、社勢はうやむやに帰す」という状態に追い込まれていた。

一九三三年の春に「社員大会を開いて理事を改選し」た後、理事長以下一〇名余りが「決意をして共同耕作を始めた」という。「共同耕作」地は「三日耕」のトウモロコシ畑であった。前述の徳川郡農民社における「農民社共同耕作契定款」の施行に沿ってのことである。

「共同耕作」地の側を行き来する村人たちが話す言葉は、「農民社のトウモロコシは上出来だ」である。そこで、社員と社員でない村民との間に次のような問答が交わされた。

――社員たちに何か言うことがあるか。今や農民社が大通運〔大きく開けた運〕なのに、共同耕作がうまくいかないはずがあろうか。あんたたちも、みな入社なされ。

――今さら入ることができようか。

――さてさて…。今からでも入りなされ。

――人が財産を出資し、種を出資してそれを植え、今は草取りまで終わっているのに、どうやって入るのか。

――ほう。わが農民社はそんなことをなじったりはせんよ。ただ、今からでも入社していっしょに働きさえすれば、定款のとおりみなに配当するのだから、入りなされ。みなでいっしょに生きてみようじゃないか。

「このように三四回、洞里の人々と問答があった」が、「洞里の人々は目前の農民社の本精神は知らなくても、目の前にある三日耕のトウモロコシ畑が実証しているようで」あった。また、「農民社役員たちの説明ももっともらしいので、入社して共同耕作」をともに始めたくなったという。こうして山陽里では三〇戸余りのすべての農家が入社し、一九三三年の一夏の間に「農民社自主村になった」という。朝鮮農民社が山陽里の「村落自治」を掌握したわけである(29)。

ここで、前述の問答からその場の信仰現象を読みとってみよう。社員の農民は、「今や農民社が大通運なのに、共同耕作がうまくいかないはずがあろうか」と話している。これは終末思想の要素であり、朝鮮農民社の「大通運」を確信して「共同耕作」に参加していることがわかる。それと同時に、遅れて入社することに対しても定款にもとづいて合理性を貫き、「いっしょに働きさえすれば」とか、「みなでいっしょに生きてみようじゃないか」と、禁欲的労働も勧めている。

従来の宗教理解に固執するなら、天道教の教義による信仰にもとづき朝鮮農民社の活動に加わると考えてしまうが、実態はそうではなかったようだ。この事例でも、農村での経済生活の合理化を貫くことで（この場合は「共同耕作」の「集団農場」化）、「村落自治」掌握を目指していた。そこで注目されるのが、合理性と非合理性の両側面である。農民たちは流民とならず、村に留まることが悲願であった当時の状況を念頭に考察してみよう。

非合理性の側面を見ると、農民たちにとっては天道教すなわち朝鮮農民社が「大通運」である、つまり従来の「村落自治」に代わり朝鮮農民社の時代が到来すると受け止められていたと考えられる。さらに言い換えると、天道教という宗教団体が「村落自治」の掌握を目指し、その場を「地上天国」とみなすなら、それは農民たちにも共鳴する終末思想の要素として、新しい時代の到来と映ったのではないかということである。

また一方で、朝鮮農民社は近代合理主義を主張して、巫俗的要素を「迷信」として否定していた。前掲「迷信はなぜ生じるのか」[30]は、朝鮮に「迷信」が盛んである原因を述べることによって、天道教の「科学」性、「知識」性、「実際事業」の視点という立場を表明している。次は、巫俗的要素が「迷信」として否定された事例を見てみよう。

平安南道徳川郡蚕上面棲鶴里《ソハンニ》（統廃合はなかった）では、棲鶴里農民社が設置される（正確には、一九二六年に組織された棲鶴里社友会が一九二八年春に棲鶴里農民社に組織変更している）前の一九二二年に、洞里の中心人物である李寛郷《イ・グァンヒャン》（後に、棲鶴里農民社の理事長となる）の手により「城隍堂」（洞里の守護神を祀る祠）が「斫伐」された。その後、棲鶴里農民社が設置されてからも、農民社は既存の共同作業組織である「農務契」（契員一九名）と「不断に抗争してついに勝利を目論むに至った」という[31]。

農民運動における合理主義から見ると、「城隍堂」の信仰は「迷信」となるから、「城隍堂」が「斫伐」される場面は、里（洞）農民社が設立されるどの洞里でも、あるいは他の農民運動が展開される洞里でも、よく見られた光景であろう。

このように巫俗的要素を否定することは、合理的な精神を育てることに結び付くと考えられる。しかしながらその際に生じる摩擦、つまり心意世界の問題を解決することが、朝鮮農民社の新たな課題となったであろう。この問題は天道教の教義で解消していったものと推測しているが、今のところ検証するための資料がない。

また、この事例では、従来の「村落自治」の精神的支柱を否定するのと同時に、「農務契」という旧勢力を否定している点にも注目される。「村落自治」の旧勢力は、『農民』誌上では「頑固」「頑迷」と形容される村の長老たちの場合が多い(32)。彼らに対抗して「城隍堂」の「斫伐」までできるということは、村内で新興勢力の支持基盤が拡大していることの傍証となるだろう。

以上から、朝鮮農民社における「郷村自営」運動は、村内の信徒となった新興勢力が中心となり、契＝組合を通じて「村落自治」を掌握する。そして、村落規模の「集団農場」を経営することで村落再建をなし、それをもって彼らの自治運動の基盤としようとしたといえる。「村落自治」の場は、彼らの目標とする「地上天国」として実体化が試みられるのであった。そして、抑圧され没落していく下層農民たちも終末思想と共鳴して、天道教の説く「地上天国」に夢を託して農民社に結集していくものと考えられる。

第四節　農村振興運動による受難

最後に、「郷村自営」運動のその後の展開について考察しておこう。「郷村自営」運動は、政治的・経済的に植民地支配の枠組みから逸脱して、独自に農村再建を図りながら「村落自治」の場から「地上天国」建設を目指すものであった。それゆえ、同時期に総督府が開始した農村振興運動（一九三三年から本格的に開始）と真っ向から対立してくるのである。

実際に、朝鮮農民社は特別な取締り対象となった。すなわち、朝鮮農民社に対して警察当局では、「単なる農民組合運動取締方針のみを以て律し難く、天道教の特殊団体たるに鑑み、特殊の取締方針を以てその動向を視察し周密なる取締を加へつゝある[33]」というように、かつて三・一運動を支えた宗教団体ゆえに特別な対応をとりつつ取締っている。この朝鮮農民社に対する「周密なる取締」と「特殊の取締方針」の内容は不明である[34]。

この「周密なる取締」の結果、農村振興運動の展開にどうしても抗することができず、朝鮮農民社の運動は下火となる。そして、一九三六年には、「最近農村振興運動に合流すべしとの本部の方針に基き地方支部は漸次解散しつゝあり[35]」という状況を迎えてしまうのであった。だが、他の民族宗教には「解散」「改宗」に追い込まれても偽装改宗で抵抗した団体があったように、朝鮮農民社の「解散」も文字どおりのものではなかったと考える。しかしながら、資料不足のために不明のままである。

ここで、朝鮮農民社の「地方支部」が「漸次解散」に追い込まれる受難の実態を推測するために、視点を変えて農村振興運動の側からその状況を把握してみよう。

（1）統制される契＝組合

一九三〇年代初めに開始した農村振興運動の展開において、総督府により行政洞里における中間集団として、「振興会」などの名称をもついわば《官製》自治団体の組織化が図られた。しかし、実態として村落では、本書第一章第二節「農村での契の自治的再編」で述べたように、伝統的相互扶助組織＝契の組合組織化と同時に自治的再編が展開していた。しかも、北部地方ではこのうねりを捉えた朝鮮農民社による「郷村自営」運動が拡大している状況であった。

このような「村落自治」再編のうねりとの乖離を埋めるべく、一九三〇年代後半に総督府では《官製》自治団体のような中間集団を介さないで、村内の新興勢力同様に、契の組合組織化を通じて直接「村落自治」を掌握する方針へと転換することになったと考えられる。言い換えれば、これは統制した機能集団による「村落自治」再編を試みながら、個人を掌握する総動員体制を構築していく構想を意味する。

総督府による最初の契の調査資料は、嘱託・善生永助の調査による総督府編『朝鮮の契』（朝鮮総督府）調査資料第一七輯、一九二六年）である。『朝鮮の契』が出された時期は、農村において「模範部落」の先駆けとして「優良部落」の選定と奨励をおこなっているころであり、その後の「模範部落」においても《官製》自治団体としてあるいはその核組織として契が組織されている例を多く見ることができる。このような背景を考慮に入れて『朝鮮の契』の調査目的を探ってみよう。この資料には、契に対するひとつの利用策としての方向性が次のように提示されている。

…最近まで契の名称を附したるもので、既に組合の名称に変更したものも随分多いのである。されば事実上契の思想は、朝鮮人の間に於て想像以上に普及し、その利用の範囲は極めて広く、契の活動は社会上組合勢力として相当有力なるものであることを窺ひ得るであらう。殖産興業の振興、社会教育の普及、国民生活の向上等の為めには、民衆の共同団結は益々必要であるから、現に朝鮮人の間に涵養されて居る契の思想を大いに助長せしめて、各種の組合事業の進歩改善を図ることは実に緊要なることである。

一九二六年一月、農村の商品経済化に対応して朝鮮産業組合令（朝鮮総督府制令第二号）が発布されている。それゆえ、前記の資料（『朝鮮の契』は同年一〇月に出された）からわかることは、朝鮮総督府における『朝鮮の契』の調査目的が産業組合の普及を図るうえで「契の思想」が産業組合に結び付くかどうかを確かめるためだったということである。そしてその結果、契の利用策としては、「契の思想を大いに助長せしめて、各種の組合事業の進歩改善を図ること」が提案されている。

このような契の利用策において、一九三七年の時点ではその方針が転換されている。前述したように、「産業を目的とするもの」に分類された契の中において「組合等」と称する「新組織の団体」が「激増」していた。総督府の契に関する二番目の調査資料は、「農山漁村振興運動実施上の参考資料とすべく過般来各道の手を煩し調査を進めつゝあつた」（「緒言」）という「行政調査資料」の、朝鮮総督府編『農山漁村に於ける契』（一九三七年）である。これによると、前記の「新組織の団体」を総督府では「農家小組合」とみなしていることがわかる。

「農家小組合」は、同時期に展開された日本「内地」での農村経済更生運動において、残存する「村落共同体」内の共同性を利用しながら農村組織化の下級細胞にされるという行政的な役割を演じていた。朝鮮の場合も『農山漁村に於ける契』には、「農家小組合」が「或は部落振興会、共励組合の一部門として其の個々の内容を整備しつつあるのもあつて」と記されている（一九〜二〇頁）。つまり、農村振興運動の展開の中で、一九三七年の調査時点では、契を基盤とした農民たちの主体的な組合（すなわち本書でいうところの契＝組合）は総督府により「農家小組合」とみなされ、「振興会」など（他に「部落振興会」「共励組合」など）の《官製》自治団体における一部門として、編成替えされるものも現れることとなったのである。なお、この「農家小組合」であるが、『農山漁村に於ける契』には「殖産契、養蚕組合、畑作改良組合、水稲共同耕作組合、蔬菜組合、農事改良組合、…尚此の外其の種類数十種に及んで居る」というように例示されている（二〇頁）。

ところで、一九三五年八月に殖産契令（総督府制令第一二号）が公布された。これは実のところ、信用事業をなす金融組合が農村において地盤を得るため販売・購買・利用事業を推進しようという、金融組合内における一種の打開策であった(36)。金融組合は農民たちの主体的な契組織によって零細農への浸透を阻まれていたからである。だが、この殖産契令は、金融組合の主導の下に金融組合（あるいは産業組合）の下部組織として殖産契という名称の法人組織である組合を設立し、それを金融組合（あるいは産業組合）の下で統制しようとする内容のものであった。

この殖産契令の背景にも、日本「内地」での「部落小組合」を巡る状況があった。一九三二年に日本「内地」では農村経済更生運動が開始されたが、その際に産業組合令が改正されて「部落小組合」に法人格が与えられることとなった。これにより、「部落小組合」は産業組合に団体加入でき産業組合の下部組織とされるようになったのだ。

殖産契令による組合組織は、「隣保共助の精神に基き」「其の共同の事業を為す」（第一条）とあるように、やはり村落内に存在する契に基盤を置こうとするものである。前述のように一九三七年の時点で、契を基盤にした農民たちの主体的な組合組織の中には、行政に取り込まれ《官製》自治団体の一部門として編成替えされる団体もあった。その出発点に殖産契令が位置し、主体的な組合組織全てを金融組合（あるいは産業組合）の下に統制していき体制内に組み込んでいこうとする性格のものであったといえる。

以上のように、総督府では農民たちの主体的な契＝組合組織化のエネルギーを無視できず、むしろ逆にその利用を図ったわけである。そして、農民たちの契＝組合を統制することにより、この機能集団を通じて「村落自治」を掌握することを狙っていると考えられる。

（2）「郷約」復興策との相克

①「郷約」復興策の試み

総督府が契＝組合を統制して「村落自治」を掌握するためには、その「自治」の新たな指導者（「中堅人物」）の養成を急務とする。それとともに、旧支配層の影響力のもとで農民たちの「村落自治」を統制してきた洞約の効用を利用することもまた、にわか仕立ての支配体制ゆえに当然要請されることであると考えられる。

そこで、体制内においての「郷約《ヒャンヤク》」の復興策が試みられた例を、北部地方に位置する咸鏡北道で実施された「関北郷約」に見てみよう。

ここで確認しておくが、本書では洞契を自治組織として、洞約は「村落自治」を旧支配層の支配体制下に置くために用いられた規約として位置付けている。すなわち洞約は、朝鮮王朝時代に地方支配のための行政色の濃い州県郷約が村落に浸透して洞契の規約として成立したものと捉えている。

咸鏡北道では、「夙に洞契の設置があり」、行政的に「道内各洞に之を設立」したことがあったが、一九一七年の面制施行により洞契の事業が面に統一されることとなった。それから、「産業契」が設置されたが「その実効見るべきもの少く、年と共に頽廃に帰」した。その後、「郷約を基礎とし、洞郷約等の設置を勧説したる迹」があったが、「今其の実を存するもの稀」だという[37]。

このような経過をたどって、咸鏡北道では一九三二年六月に「関北郷約」が発布された。これは、「模範部落」の選定と奨励に合わせて咸鏡北道で独自に実施された政策で、当初は「一郡数カ所、或は一面一郷約位の任意創設を見るに至」ったという程度のものであった[38]。

なお、「関北郷約」は咸鏡北道知事の富永文一[39]が作成して発布されたものだ。満洲事変後において国境にある咸鏡北道の道政の重要性が増したため、総督府内務局地方課長で郷約に詳しい富永が一九三一年一〇月咸鏡北道知事に起用され、着任早々に新しい試みとして「関北郷約」が発布されたわけだ。

そもそも「関北郷約」とは、朝鮮王朝時代末期の一八九〇年に咸鏡道観察使に着任した韓章錫《ハン・ヂャンソク》により頒布されたものである。富永が作成した「関北郷約」はその名を借用したものである。「郷約」という名称を用いることになった理由は、咸鏡北道農会長の「関北郷約」を紹介した資料[40]に書かれている。それによると、「今日に於ても中年以上の階級には、昔日の醇風を慕ふの観念相当濃いものがある」ために、「他の新しい名称よりも、馴染深い「郷約」の名を以てすれば、実際運用上にも甚だ好都合たるべきを信じ」たからだという。これはさらに、単なる「郷約」としないであえて「関北郷約」という名称にしている理由でもあるといえよう。

富永がモデルとした郷約は、朝鮮王朝時代の李栗谷《イ・ユルゴク》の「社倉契約束」であったが、その節目は「徳業相勧」「過失相規」「礼俗相交」「患難相恤」という四つ（「呂氏郷約」の四条にもとづく）からなっていた。それが、咸鏡北道で発布された「関北郷約」では、その節目が「徳行相勧」「風俗改善」「産業奨励」「公共奉仕」「患難相恤」「過失相規」という六つになっている。

各節目を検討すると、まず「徳業相勧」は「徳行相勧」になっている。[41] だが、この部分では内容的に大きな改変はない。そして、別個に「産業奨励」が加えられている。これらふたつの名称の用い方は、「徳業相勧」の「業」に相当するようなイメージを郷約とは異質な「産業奨励」にもたせるための、一種のトリックであると考える。「産業奨励」には、「耕作は多手を可とす、婦女童幼と雖皆其の分に応じ、助勢共働す」という規定があるように、「共同耕作」に関連する規定がなされている点にも注目される。

それから、「礼俗相交」はその儒教的な儀礼の要素が削除され、儀礼の簡素化の規定や質素・倹約の内容を盛り込んだ節目として「風俗改善」に替えられている。

さらに、「公共奉仕」という節目も加えられている。これは、「邑面の事務より府郡並に国家の施設に至るまで」の「公共の事業に協力翼賛す」という規定からわかるように、村民をして行政機関の指導に忠実に従わせようとする意図がうかがえる。

その他、「患難相恤」も改変がなされているが、「豊年に際し約中協議して毎戸粟一斗以上を、其の分に応じ醵出し郷倉を置く」という規定が設けられている点に注目される。李栗谷の「社倉契約束」の「社倉法」では、凶年の賑給のための「社倉」の規定がなされているが、それを簡略化して設置しようとしているのが資料中の「郷倉」である。

「過失相規」は、下罰・中罰・上罰という罰則の軽重および両班・常人の区別（儒罰・郷罰）が取り除かれている。そして、両班と常人との関係における違反の罰則の項目も当然見当たらない。罰則の仕方についての説明は次のとおりである。

過失者に対しては約中居常互に之を戒む、而して尚改めざるものは、郷会の議に依り、約長之を満座面積して戒飭を行ふ、郷会の戒飭三回に及ぶときは之を官に告ぐ、過失重大なるときは之を官に告げ其の処置を請ふ。郷会の戒飭三回以上に亙るも尚改めず、身を持する不謹にして郷中の良風を害すと認むるときは、郷会の議に依り之を黜約す。

黜約者に対しては郷中交を絶つ。

この資料からわかることは、郷約本来の罰則方法を応用して植民地下の法的な罰則を織り込んでいることである。各村落で実施される「関北郷約」はいわば《官製》の洞約だといえる。この「関北郷約」発布直後に農村振興運動が開始され、行政が契＝組合の統制により「村落自治」の掌握を目指す方針へと転換される。その先取りとして、この「関北郷約」は位置するのではないかと考えられる。

なぜなら、この《官製》洞約は「村落自治」掌握のための潤滑油の役割を果たす内容をもっているからである。すなわち、前記資料に述べられているように、罰則を「村落自治」の裁定にある程度委ねる形式をとることにより「村落自治」を行政力に取り込むことができ、同時に「村落自治」への行政力の浸透も可能となるからである。そして、掌握した「村落自治」を骨抜きにし、この資料で「郷会」と表現される末端行政機関としての役割を担うことが想定されていると考えられる。

ここで、「関北郷約」における「迷信」対策としての側面を検討してみよう。「社倉契約束」には「過失相規」の節目の中で、「異端」を「崇信」して「淫祀」をおこなう者は「次上罰」で、「巫女」を「論《あげつら》」うことがなければ「上罰」という重い罰則が設けられていた。「関北郷約」でもこの点は継承され、しかも明確に「迷信」という語を用いて説明されている。「風俗改善」と「過失相規」の節目に記された記述は、次のとおりである。

迷信を排す、迷信は人心の弱点に生ず、世間往々迷信に乗じて不浄の財貨を貪り、或は迷信を悪用して人心の動揺を謀らむとするものあり、怪力乱神は孔子も之を語らず、確乎たる信念を以て正道を踏まば、天地恐る丶所なし。

（「風俗改善」）

妄に迷信を説き人を惑はしめ、又は徒に流言風説を為す者は之を戒む。

（「過失相規」）

ここから、「迷信」に関係して罰則の対象となり「戒」められる者は、巫俗や占卜等を生業とする者、およびそれを「悪用して人心の動揺を謀らむとするもの」や「徒に流言風説を為す者」、すなわち支配への反対などを説く者等であることがわかる。そして、この違反者たちに対する処罰についても、あえて「村落自治」の裁定に委ねられている。

また、両班─常人の区別をなくしていることは、旧支配層＝在地両班は「関北郷約」により懐柔され、影響力を削ぐことが期待されてのことだと考えられる。

このような咸鏡北道の「関北郷約」施行を担う組織は、発布された一九三二年六月の翌月には出現していて、さらに一〇月には一〇〇カ所となっている[42]。この数値が示す状況は、咸鏡北道農会長による「当初は一郡数カ所、或は一面一郷約位の任意創設を見るに至り[43]」という説明からうかがえよう。

その後、前述のとおり、農村振興運動の開始により他の道では《官製》自治団体のさらなる拡充が図られたが、咸鏡北道では富永知事による試みとして、「関北郷約」実施団体の組織が増設されていった。その数は一九三三年早々に一六九カ所、約員一万八千二百余名と増加している。この組織の設置は、「関北郷約」の「郷約綱領」に「郷約の区域は主として地方に於ける集団的部落を中心として之を定む。但し必ずしも一洞里に限定するを要せず」と規定されているように、必ずしも新洞里に一カ所というものではなかった。

それゆえ、新洞里を単位に設置されたもの（大部分）以外に、ひとつの新洞里に数カ所設置されている例もある。(44)この「集団的部落」が指すものは、「村落自治」を範囲とする旧洞里も含まれることがわかる。

第一章第二節「農村での契の自治的再編」で検討した咸鏡北道明川郡西面明南洞の例のように、村落の「村落共同体」の共同性が比較的弱い北部畑作地帯において、契の組合組織は村落規模でなく村内農民の一部分を組織するものであった。この組合が村落規模に拡大され「村落自治」を掌握するためには、明南洞の例のように洞約が有効性をもつことがわかるだろう。咸鏡北道の道行政はこの事実を捉えて、核となる契＝組合を統制しながら自治団体にまで成長させるうえで、その潤滑油として「関北郷約」という《官製》洞約の有効性に期待していたと考えられる。

②「郷約」復興策の全面実施

「関北郷約」発布直後に農村振興運動が開始され、その展開の中で行政が契＝組合の統制により「村落自治」の掌握を目指す方針へと転換される。その先取りとして、「関北郷約」が位置するのではないかという考えは前述したとおりだ。

実際、総督府当局では農村振興運動のその後の展開の中で、咸鏡北道だけでなく全朝鮮に、「関北郷約」をモデルとした《官製》洞約を実施する団体（以下、《官製》洞約実施団体と呼ぶ）の組織化を図っている。それは、総督府内の学務局社会課（一九三六年に社会教育課となる）が主導する社会教化運動の一環という形式をとりながら、農村振興運動と連携して実施されている。これに関して学務局社会教育課では、一九三八年にその間の経過を次のように説明している。

…時勢の現状に即して既往の郷約の組織並に実践事項を刷新して現在に於て必要なる項目も加へ、之を実施せしむるに於ては農山漁村の振興並に社会教化上必ず実績を挙げ得べきを以て、各道をして之が施設を奨励せしむると共に、其の事業に対し補助金を下付して助長に努め尚将来は一層其の精神の強化を図らんとして居る。(45)

このように、全朝鮮に《官製》洞約実施団体の組織化が図られていったことがわかる。では、その数を統計から見ていこう。

まず、咸鏡北道で「関北郷約」が発布される直前の段階で、一九三二年四月に学務局社会課によって調査がなされ、その結果が報告されている。それは『郷約調』(46)であるが、そこには当局が把握し得た朝鮮一三道における「郷約」の数が記されている。それは〈**表1**〉に示したとおりである。これによると、各道レベルでは独自に「郷約」への対応策が試みられていたことがわかる。

まず、Ａ「往古ニ於ケル郷約ヲ其儘伝フルモノ及現在名称ノ如何ヲ問ハズ郷約ノ精神ニ依ル施設」と分類された「郷約」の組織数は、二、二二九である。この大部分は忠清南道の組織で、その数は二、一三七にも及んでいる。この分類の内訳の一部が別表に示されているが、そこには合計五一団体が載せられているにすぎない。しかも、忠清

表1　郷約の分布㊼

道	A	B	C	合　計
京畿道	4	162	2	168
忠清北道	10	——	5	15
忠清南道	2,137	——	——	2,137
全羅北道	1	——	1	2
全羅南道	8	——	——	8
慶尚北道	3	——	1	4
慶尚南道	2	——	5	7
黄海道	8	151	2	161
平安南道	——	1	——	1
平安北道	16	——	1	17
江原道	23	——	1	24
咸鏡南道	4	1	8	13
咸鏡北道	13	——	——	13
合　計	2,229	315	26	2,570

南道は論山郡光石面葛山《カルサン》里《ニ》の「振興会」のみが書かれているだけである。名称も各道によってまちまちで、「○○郷約」もあれば、平安北道のように一九一八年の道訓令にもとづく「○○洞約」もある。ここからは、各道における「郷約」への対応策は道ごとに異なるため、この調査の基準や対象もまた一定していないことがうかがえる。

これが反映しているのが、B「郷約ニ対シ改善ヲ加ヘ若クハ或ル施設ニ郷約ノ精神ヲ加味シタルモノ」という分類であり、その総数が三一五である。その大部分が京畿道の一六二と、黄海道の一五一である。この分類の内訳がやはり別表に掲載されているが、全体で六団体の例しかなく、名称をあげるなら「共助会」「興風会」「農励会」「郷約契」「成都郷約」「郷約維持会」である。ここからは、AとBを区別する基準自体が曖昧としていることがうかがえる。

そして、C「往古ニ於ケル郷約ガ最近マデ行ハレ其ノ後止ミタルモノ」と分類された組織は、二六である。ここではむしろ、AとBの分類から総督府が把握し得た従来の郷約および新たに編成された「郷約」の実施団体の総数が、二、五四四となることに注目したい。

次は、農村振興運動の展開の中における《官製》洞約実施団体の組織化についてその数を見よう。

表2　《官製》洞約の分布と「今後要助成」(49)

道	分布状況		「今後要助成」		
	団体数	団体員数	団体数	経　費	1団体平均
京畿道	7,271	250,444	3,257	1,519,800	467
忠清北道	1,281	52,803	759	73,155	96
忠清南道	2,863	189,794	432	41,120	95
全羅北道	2,420	71,063	204	33,550	164
全羅南道	9,104	418,475	1,763	226,444	128
慶尚北道	5,324	16,179	237	21,397	90
慶尚南道	883	68,751	862	304,222	353
黄海道	4,607	159,158	9,210	461,150	50
平安南道	1,926	69,986	3,384	156,380	46
合　計	35,679	1,296,653	20,108	2,837,218	141

総督府学務局社会教育課がおこなった調査を(48)〈表2〉に示したが、それによると、一九三七年五月現在において南部七道および北部二道（黄海道と平安南道、他の四道は掲載されていない）の計九道での組織化された団体の数は、三五、六七九団体である。そして、その団体員数は一、二九六、六五三名である。

平均すると、それぞれ一道当たり約四、〇〇〇団体、約一四四、〇〇〇名となる。一九三二年の調査では総数が二、五〇〇余りの団体数であったから、異常なまでに多数の団体をそれも急速に組織したことがうかがえる。それから、統廃合後の新洞里の数が二八、〇〇〇余りであったから、やはり《官製》洞約実施団体の組織化は新洞里の枠を超えて、旧洞里秩序における「村落自治」にまで及んでいたこともわかる。

ここで注目されるのは、多数の団体が設置された道が南部地方に位置する全羅南道と京畿道であることだ。全羅南道は最も多く、九、一〇四団体で四一八、四七五名となっている。京畿道はその次で、七、二七一団体で二五〇、四四四名である。ちなみに、全羅南道では新洞里が約三、〇〇〇、京畿道では約二、七〇〇あった。これから、新洞里の枠をはるかに超えて組織化がなされていて、ひとつの新洞里に数団体という場合もあったものと推測される。

全羅南道での「郷約」節目は、「青年修養」「婦徳向上」「家道振興」「産業発達」からなっていた。京畿道の場合は、「徳行相勧」「風俗改善」「産業奨励」「公共奉仕」である。具体的内容は不明であるが、「関北郷約」と同様に「村落自治」の掌握を目指す内容のものであることは想像に難くない。

このように、南部地方の中でも全羅南道と京畿道において重点的に《官製》洞約実施団体が組織されていたことがわかった。

ところで、「関北郷約」を作った咸鏡北道知事・富永文一は《官製》洞約実施団体の組織化の試みが高く評価されたのか、一九三四年一一月に京畿道知事に起用されている。京畿道知事といえば、農村振興運動の最高指導機関である朝鮮総督府農村振興委員会の委員でもある。これは、農村振興運動の展開において、《官製》洞約実施団体の組織化が全朝鮮に実施される政策の下でおこなわれた人事と考えられる。

前記の一九三七年五月現在の調査結果には、「今後要助成」すべき団体数と経費も記されている。それによると、全羅南道の「今後要助成」が一、七六三団体に二二六、四四四円で、一団体当たり一二八円となる。[50] ところが、京畿道はケタ違いに多くて三、二五七団体に一、五一九、八〇〇円、一団体当たり四六七円[51]となっている。ちなみに、全体での一団体当たりの経費は一四一円である。

京畿道が特別に多くなっているのは、富永を知事に起用した総督府当局に、京畿道をモデル地区として重点的に《官製》洞約実施団体の組織化の徹底を図る目算があったからだと推測される。

なお、京畿道で「今後要助成」の対象とされたのは「集会所」と「郷倉」（おそらく「社倉」に該当し、「郷約」内の相互扶助的な備荒貯蓄の制度と推測される）で、「集会所」が三、〇一五団体に一、四四七、二〇〇円、「郷倉」が二四二団体に七二、六〇〇円であった。これから、とくに「集会所」の設置により村民の物理的な結集の場を提供して、《官製》洞約の有効性をさらに高めようと意図していることがわかる。

だが、政策の意図がどうであれ、《官製》洞約実施団体の組織化があまりにも短期間かつ異常な多さで進んだゆえに、有名無実の団体が多かったのが実情ではないかと考えられる。

最後に、〈**表2**〉には朝鮮農民社が勢力をもっていた地域としては、黄海道と平安南道が掲載されている。数字だけでいえば、黄海道において団体数・団体員数と「今後要助成」ともに多くなっていることがわかる。黄海道の「今後要助成」の内訳は、「集会所」が四、六〇四団体に二三〇、四七五円、「郷倉」が四、六〇〇団体に二三〇、〇〇〇円、「儀礼用具」が六団体に六七五円であった。前二者の額が多い点に注目される。「郷倉」の四、六〇〇の団体に対して、重点的に《官製》洞約実施団体としての編成替えを強行しているのであろうか。これら四、六〇〇の団体は、契＝組合の組織であることが推測されるが、それ以上のことは不明である。

註

（1）柳炳徳編著『東学・天道教』（시인사〔ソウル〕、一九八七年〔改定増補版〕）の第三篇第三章「組織・制度・儀式」を参照。

（2）趙景達『異端の民衆反乱――東学と甲午農民戦争』（岩波書店、一九九八年）が参考になる。

（3）韓国民族運動史研究会編『한국 민족운동과 종교』（『韓国民族運動と宗教』国学資料院〔ソウル〕、一九九八年）所収の박지태《パク・チテ》「朝鮮農民社의《の》 組織과《と》 活動」が参考になる。

（4）『天道教青年党小史』（天道教青年党本部、一九三五年）で、韓国学文献研究所編『東学思想資料集三』（亜細亜文化社、一九七九年）に収録されている。

（5）前掲『한국민족운동과 종교』所収の、조규태《チョ・ギュテ》「天道教의《の》 文化運動論의《の》 定立과《と》 그《その》 패러다임《パラダイム》」では、天道教の後天開闢論の定立を説明する脈絡でこの指摘がなされている。後天開闢論は、李敦化《イ・ドンファ》『新人哲学』（天道教中央総部、一九二四年）において、文化主義を反映したものとして定立されたという。全朝鮮農民社編輯室「朝鮮農民社의《の》 沿革」（『朝鮮農民』第六巻第四号、一九三〇年六月）によると、李敦化は朝鮮農民社創立総会で中央理事に選ばれている。

（6）前掲「朝鮮農民社의《の》 沿革」を参照。『朝鮮農民』および分裂後の『農民』は、朝鮮農民社の機関誌である（分裂後の『朝鮮農民』は、全朝鮮農民社の機関誌となる）。

（7）同前。

（8）前掲「朝鮮農民社의《の》 組織과《と》 活動」を参照。

（9）前掲「朝鮮農民社의《の》 沿革」を参照。

（10）朝鮮農民社本部「社告」（『朝鮮農民』第四巻第三号、一九二八年三月）。

（11）「朝鮮農民社略歴」（『農民』第四巻第一〇号、一九三三年一〇月）。

（12）金活山「郷村自営論」（『農民』第二巻第七号、一九三一年七月）。金活山《キム・ファルサン》については不明。

（13）金活山「集団農場과《と》 小作料合理化」（『農民』第二巻第八号、一九三一年八月）。

（14）越智唯七『新旧対照朝鮮全道府郡面里洞名称一覧』（一九一七年）を参考にした。以下の洞里においても同様である。

（15）「農民社新聞」欄（『農民』第四巻第一〇号、一九三三年一〇月）。

（16）同前。

（17）「農民社新聞」欄（『農民』第三巻第四号、一九三二年四月）。

（18）孟山郡農民社の農民共生組合の詳細に関しては、飛田雄一「日帝下の自主的農業協同組合・朝鮮農民社の展開」（飯沼二郎・姜在彦編『近代朝鮮の社会と思想』未來社、一九八一年）を参照。

(19)「農民新聞」欄（『農民』第四巻第七号、一九三三年七月）。カナタ…はアイウ…に相当する。
(20)「農民新聞」欄（『農民』第四巻第一一号、一九三三年一一月）。
(21)「社報」欄（『農民』第一巻第八号、一九三〇年一二月）。
(22)「農民新聞」欄（『農民』第四巻第八号、一九三三年八月）に掲載。
(23)「農民新聞」欄（『農民』第四巻第七号、一九三三年七月）。
(24)「農民漫評」欄（『農民』第四巻第九号、一九三三年九月）。
(25)한빛「迷信은《は》 왜《なぜ》 생기는가《生じるのか》」（『農民』第四巻第四号、一九三三年四月）。
(26)「三里農社에서《で》 洞里굿《クッ》廃止宣伝 根本的으로《に》迷信打破」（『東亜日報』一九三一年四月一六日付、五面）。
(27)金一大「経済的組合運動의《の》実際」（『農民』第一巻第一号、一九三〇年五月）では、平安南道安州郡《アンジュグン》内の「各洞里農民社で実行している事実をそのまま紹介する」として、「農村の頑固な老人たち」が農民社を「妨害」する問題があげられている。これに対する方策として、洞里農民社が「酒色道楽など乱雑な行動を厳禁する宣言をし」て、「その洞里内に飲み屋をなくすることが第一策」とした。そうすることで、農民社に「頑固老人たちが賛成をするようになり、各家が農民社員になる」という。
(28)「農民新聞」欄（『農民』第四巻第一〇号、一九三三年一〇月）。
(29)朝鮮農民社による「村落自治」掌握の他の事例として、『農民』誌には平安北道亀城郡天摩面安倉洞《アンチャンドン》の安倉社の報告（標題は「全洞社化와《と》文化村建設」）が載せられている。なお、安倉洞は旧洞里と行政洞里が一致する。「農民新聞」欄（『農民』第四巻第一〇号、一九三三年一〇月）。

その報告によると、安倉社の責任者四名の尽力により、「今は全洞五〇余戸が全部社員になって真実の社化が実現されたのであるが、大小事について、または個人のことや全洞里のことはいうまでもなく、社を通じて解決しているという」と述べられている。「全洞里のこと」とは、当然「村落自治」を指している。その背景には、四名の責任者を中心とする組合運動としての「季節品斡旋と共同耕作」の実施があり、「自治」の会合となる社の「月二回の月例会」や夜学も「農繁期に」おいてさえ開くに至っている。

(30) 前掲「迷信은《は》 왜《なぜ》 생기는가《生じるのか》」。

(31) 「農民新聞」欄（『農民』第四巻第一一号、一九三三年一一月）。

(32) 註(27)を参照されたい。

(33) 朝鮮総督府警務局保安課編『高等警察報』第二号（一九三三年末と推定）六九頁

(34) ただし、天道教青年党の地下組織である吾心党《オシムダン》が、独立運動を企画して一九三四年九月に発覚し、二三〇名が検挙されるという事件が起こっている。発覚した当時の主要幹部は、朝鮮農民社の主要幹部として活動していた人物たちであったという。前掲「朝鮮農民社의《の》 組織과《と》 活動」の註(85)を参照。

(35) 前掲『高等警察報』第六号（一九三六年末と推定）の「重要団体調」（一九三六年八月調べ）。

(36) 以下、文定昌『朝鮮農村団体史』（一九四二年）四五二〜四五四頁を参照。

(37) 〔朝鮮総督府〕調査資料第三八輯『朝鮮の聚落　前篇』に収録の富永文一（咸鏡北道知事）「郷約立議」（一九三二年）。

(38) 土屋伝作「農村振興運動と我道郷約の機能に就て」（『朝鮮農会報』一九三四年一月）。土屋伝作は咸鏡北道農会長という肩書きである。

(39) 富永文一は総督府警務局保安課長、内務局地方課長を歴任した後、一九三一年一〇月に咸鏡北道知事に、一九三四年一一月に京畿道知事に、そして一九三六年五月に学務局長に就任している（一九三七年七月まで）。朝鮮功労者銘鑑刊行会編『朝鮮功労者銘鑑』（一九三五年一一月）、および『朝鮮総督府及所属官署職員録』による。なお、黄海道事務官であった頃の一九一八年に郷約を調査し、それをまとめて発表したのが「往時の朝鮮に於ける自治の萠芽・郷約の一斑」（『朝鮮』一九二一年五月・七月・九月）で、一九三二年頃に出された朝鮮総督府学務局社会課編『朝鮮の郷約』（社会教化資料第一輯）にも掲載されている。

(40) 前掲「農村振興運動と我道郷約の機能に就て」。

(41) 以下、吉田猶蔵「咸北の郷約発展」（『朝鮮』一九三三年一一月）収録の「郷約節目」によった。

(42) 同前。

(43) 前掲「農村振興運動と我道郷約の機能に就て」。
(44) 以上は前掲「咸北の郷約発展」による。これには「郷約綱領」も収録されている。
(45) 朝鮮総督府学務局社会教育課編『朝鮮社会教化要覧』（一九三八年）五一頁。
(46) 朝鮮総督府学務局社会課編『郷約調』（一九三二年四月）。
(47) 一九三二年四月調査。前掲『郷約調』に収録の「郷約調」表より作成。Aは「往古ニ於ケル郷約ヲ其侭伝フルモノ及現在名称ノ如何ヲ問ハズ郷約ノ精神ニ依ル施設」、Bは「郷約ニ対シ改善ヲ加ヘ若クハ或ル施設ニ郷約ノ精神ヲ加味シタルモノ」、Cは「往古ニ於ケル郷約ガ最近マデ行ハレ其ノ後止ミタルモノ」と分類されている。
(48) 朝鮮総督府社会教育課編『朝鮮社会教化要覧』（一九三八年）収録の「郷約精神普及状況調」（一九三七年五月現在）の表（五一～五四頁）。
(49) 一九三七年五月現在。経費と一団体平均の単位は円。前掲『朝鮮社会教化要覧』に収録の「郷約精神普及状況調」表より作成。
(50) 調査結果は計算間違いをして、全羅南道の「今後要助成」すべき団体数が「二、七六三」団体で、一団体当たりの経費が「一二二」円と記されている。
(51) 四捨五入した。ただし、調査結果には「四六六」円とある。

第五章　金剛大道の予言の地

次は、南部地方の鶏龍山《ケリョンサン》における『鄭鑑録《チョンガムノク》』（『정감록』）予言と関係の深い民族宗教団体について、その予言の地に形成された信徒村での結集力を検証する。そのために、民族宗教団体である金剛大道《クムガンデド》が鶏龍山において建設した信徒村の受難史に関して分析をおこなう(1)。

これは三・一運動後も植民地支配が継続する中で、民族宗教が公的領域に浮上しようと試みた事例の二つ目となる。その試みにおいて、三・一運動で形成され始めた民族主義的ナショナリズムの継承を確認する観点から、本書では民族宗教運動の類型を南北の地域差として、①「地上天国」建設型と、②予言の地型の二類型に分類し、前者の類型については第四章で論じた。

そして、この第五章では②予言の地型を対象とし、鶏龍山（忠清南道、標高八二八メートル）に新王朝が建設されるという『鄭鑑録』予言の影響を受け、その予言の地に信徒村を形成した金剛大道について、とくに信徒村での結集力を分析してみる。それによって、これら民族宗教運動の二類型を、植民地朝鮮における民族主義的ナショナリズム継承の特質のひとつとして評価を試みるのである。

なお、金剛大道の本部である総本院を訪れた時期は、一九八七年五月と二〇〇〇年九月である。

第一節　金剛大道の信徒村

（1）「午中大運」の時代

金剛大道が発行している『概観』[2]の「教理」によると、宗旨は「儒仏仙という三宗一合の真理と、天地人という三才応合の法則を究明し、万法帰一の原理により庶類を平等たらしめ、衆生を普済するにあり、…」（以下、教団資料の日本語訳は青野）云々という。「庶類を平等たらしめ」の箇所は注目されるが、本来これは在地両班層の支配を否定することを意味していたと考えられる。

現在、総本院は鶏龍山の東北に位置する忠清南道世《セ》宗《ジョン》市《シ》錦《クム》南《ナム》面《ミョン》金《クム》川《チョン》里《ニ》に所在している。シンドアン（신도안＝新都内）とはおよそ二〇キロくらい離れている。総本院を中心にその周辺に信徒村が形成された。現在の教主夫妻（第四代）は、李法山（大宗法師）と梁桃香（大宗徳師）の両氏である。

『概観』では「信仰対象」が「金剛蓮華　三仏世尊　大道徳聖師乾坤父母」である。これは初代教主夫妻（大聖師父母）、第二代教主夫妻（道聖師父母）、第三代教主夫妻（徳聖師父母）を指している。彼らは孔子・釈迦・老子に代わる聖人で、信徒たちは三代の夫妻を総じて「三位一体　弥勒大仏」として信じている。すなわち、彼らは仏教におけるいわば救世主である弥勒として下生し、「衆生を普済する」のである[3]。

彼ら「弥勒大仏」が下生してからは弥勒の世、すなわち東学・天道教の説くように「後天時代」に入っていく。ただ、『鄭鑑録』の「新都」予言と関係の深い金剛大道においては、「後天時代」に鶏龍山が中心地となる「後天世

図１　現在の金剛大道本部（写真提供：金剛大道）

界」を信じ、かつその展開を目指している。[4]『鄭鑑録』の予言の解釈にかかわるが、李氏の王朝が亡んだ後に鶏龍山に出現する真人を「弥勒大仏」とする信仰であることがわかる。

これを教理の面から見ると、「弥勒大仏」である三代の教主夫妻は、「後天時代におけるすべての衆生を済度なさるための、すなわち五万聖業を完遂するための実行の求心点となる」のである。[5] 十二万九千六百年の「天地の運数」を一日に縮小したなら、先天時代は午前四時から正午まで で、後天時代が正午から午後八時までとなるという。「先天と後天の交易期」であるいわば「午中時期に弥勒世尊が人間に化身され、後天の五万年を道徳で済化される運度」を金剛大道では「午中大運」という。[6]

また、教理に「実行十条」や「金剛十戒律」を掲げ、「存養修練の天則を体得躬行することにより心性を自修し」[7]とあるように、信仰生活は「存養修練」を重んじる内省主義的なものとなっている。たとえば、「実行十条」は「一　敬天地、二　礼仏祖、三　奉祖先、四　孝双親、五　守国法、六　重師尊、七　別夫婦、八　愛兄弟、九　睦宗族、十　信朋友」という内容であり、「教理」にいう「儒仙という三宗一合」が反映されその実践が強調されている。

「五　守国法」にある「国」とは、植民地期にあって当然ながら日本統治ではなく、彼らが迎えようとする「後天世界」を指していたと考えられる。それゆえに、植民地期に金剛大道は信徒村において受難の歴史を繰り広げることになる。

弥勒の世となる「午中大運」の時代において、「弥勒大仏」の下で信徒は「修行」をおこない「道徳君子」になることが目指される。なぜなら、「弥勒大仏」は「一〇八の道徳君子と九八〇〇古名過の修行者を従えられるので、広い広い聖徳は三界に達し、洋々たる大道は十方に通じ」るからである(8)。

「道徳」「道徳文明」の語で象徴されるように、彼らの内省主義的な教理は祈福中心の巫俗的要素をもっていない。「道徳」を広めることで衆生の「済度」を図っていき、鶏龍山が世界の中心地となる「後天世界」を展開するのが彼らの「国」認識であったといえる。

したがって、一面において金剛大道は、東学傍系教団のように内省主義を奨励しつつ『鄭鑑録』の影響も見られるため、民衆運動史の立場からは「真人による絶対救済」の方向に向かっていたと批判されるかもしれない(9)。しかしながら、彼らが信徒村において「村落自治」を構築したことは、私的領域としての日常がそこに存在するとともに、植民地支配に対抗しようとした点で、公的領域に浮上することを試みたと理解できるだろう。

なぜなら、後述するように信徒村における「村落自治」は、在地両班層の支配や総督府の行政的支配とは異なる独自の社会を創出するものであったからである。信徒村の「村落自治」において、内省主義とカリスマの凝縮された「道徳」が信徒間の契的結合に結集力を生みだす役割を果たしていたと私は考える。

（2）信徒村の建設

金剛大道の歴史を分析する際に、教団側の資料については美化、神秘化や布教上の意図、記憶面での誤解などを念頭に置いた資料批判が必要だろう。一方で、総督府や警察当局の資料も、教団資料から客観的に事実を抽出するためには参考資料として用いられるべきであると考える。しかしながら、その使用については相当の資料批判と配慮が求められるのではないか。そのために、教団の歴史事実を抽出する作業は容易ではないといえよう。

総督府の調査資料『朝鮮の類似宗教』には、警察の調査にもとづいて次のような金剛大道の認識が述べられている。

本教の教義は仏・仙・儒三教を合したものであり、しかも仏を主としたものであると云ひ、且つ仏像・天体像・聖像等を安置して崇拝の対象とするやうであるが、本教創設の動機が李尚弼〔初代教主〕自ら聖人に代つて直接に教を示すにあつた如く、又幹部等の言動よりして、道主たる李尚弼その者を唯一の救世主として絶対に之に帰依する。即ち現人たる道主を絶対の本尊とするものであつて、修行研学よりも実践躬行に重きを置くのである。(10)

この資料からは「幹部等の言動よりして」とあるように、金剛大道が警察の調査に対して護教のために正直な回答をしていないことがわかる。それゆえ、この調査資料に描かれている金剛大道の沿革は、護教のための機知として語られた、あるいは行動してきた軌跡が反映された内容になっていると判断しなければならない。しかしながら、警察当局が初代教主を信仰対象であったと見抜いていた点には注目される。

次に、金剛大道の沿革を説明しよう。前掲『朝鮮の類似宗教』には次のように描かれている。

李尚弼は…、後南鮮に移り忠清南北の各地に於て約十三年間「関聖帝君教」を奉じて居たが大正六年忠清北道清州郡文義面呉煕運と謀り現在地に関聖帝君教燕岐支部を設置して其の支部長となり、大正十三年忠清南道論山郡新都内にある真宗同朋教会と合同して教勢の拡張を図つた、しかし間もなく金銭関係から内訌を生じて翌年八月同朋教会と分れ、再び関聖帝君教燕岐支部を再興したが、支部長たるに甘んぜず、…「（中略）だから自分が昔の聖人に代つて聖人の教を更に直接に教へなければならぬ」と決心し、翌大正十五年六月〔彼の五三歳の時〕関聖帝君教燕岐支部を廃止して、新に一教を創設し、その名を「金剛道」と称したのである。(11)

この資料において、護教を図りながら布教をしていた初期の金剛大道における活動の軌跡が、警察当局の蔑視にもとづいて表現されていると考えられる。

一方の教団側の資料には次のように沿革が描かれている。

初代教主の「大聖師父」李承如《イ・スンヨ》（一八七四〜一九三四年、尊号は土庵、小字は尚弼）は江原道通川郡《トンチョングン》に生まれ（誕生がすなわち「開道」となる）、併合される年の一九一〇年四月に鶏龍山麓シンドアンの白岩洞《ペガムドン》（忠清南道論山郡《ノンサングン》豆磨《トウマ》面《ミョン》白岩洞）に移住して「南遷布徳」の活動を始めた。その頃の信徒数は十余万名（教団発表）に達したという。三・一運動があった一九一九年に、現在総本院が所在する金川里に移住した。(12)金川里は二番目の信徒村と変わり、信徒数が二〇万名を超え、「財政も豊かで大法堂をはじめとする付属建物は極めて雄壮だった」という。(13)一九二三

図２　当時の金剛大道本部の全景
（〔朝鮮総督府〕調査資料第37輯『朝鮮の占卜と予言』〔1933年〕の「写真図版」より）

年には金川里に「三宗大聖殿」を奉建し、金川里が総本部となるのだった[14]。

一九二二年にもシンドアンに法堂を建てている。そこには、臨時的な方途として「真宗同朋教」という看板が掲げられていた。当時「真宗同朋教」と称した理由は、総督府当局が認定する宗教でなければ集会が許可されなかったことにあるという（「真宗同朋教」については後述）。シンドアンの法堂には、衆生を済度するために医療部と学校も設けられ、その全責任が金貞黙《キム・ジョンムク》という弟子に任せられた。そして、金川里が総本院、シンドアンが支部と位置付けられた。

ところが、金貞黙は総本院とは別途の活動を見せ始めたため、初代教主はシンドアン支部を放棄しその財産全部が金貞黙の手に渡ってしまったという[15]。前記の『朝鮮の類似宗教』によると一九二五年のことである。

このような教団側の公式資料における沿革も、そのまま正確な事実として扱うことは難しいかもしれない。第三章第三節第五項「「解散」「改宗」への抵抗」で解説したように、真宗大谷派の論山布教所にいた僧侶・釜田法章が朝鮮人布教のために設立したのが「真宗同朋教会」である。この真宗同朋教会は後に本山に寄与されて新都内布教所となり、責任者である朝鮮人僧侶の金貞黙が引き続き主任となって朝鮮人信者を指導した。

この時期の金剛大道は「類似宗教」団体に認められる前で、まだ秘密結社であったため、取締りの厳しい地域である新都内において、公認団体である真宗同朋教会の看板を隠れ蓑にしながら「合同して教勢の拡張を図つた」(『朝鮮の類似宗教』)のは確かであろう。金剛大道としては金貞黙を初代教主の「弟子」とみなしてシンドアンでの活動の全責任を彼に任せたが、金貞黙としては金剛大道を匿いながらも、真宗の布教を最優先にしていたのかもしれない。大谷派の資料に、真宗同朋教会の会員が三、〇〇〇になり、千余坪の土地と広壮なる建物をもっていたとあるが、これらの土地・建物には、一九二五年に金剛大道が放棄した財産も含まれているものと考えられる。

総督府資料や教団資料から読みとれることは、詳細の記述は別としても、初代教主が『鄭鑑録』の予言にもとづき「弥勒大仏」として「南遷布徳」の活動を始め、『鄭鑑録』の予言の地である金川里に移り住み、その地が信徒村となったということである。そしてその間、シンドアンに法堂を建てて公認団体である真宗同朋教会を隠れ蓑に布教活動をおこなったが、一九二五年に協力関係が解消され、金剛大道はシンドアン支部と財産を放棄した、という内容は事実であるといえる。

それから、真宗同朋教会は教団資料には「真宗同朋教」とあり、別の総督府資料には「真宗大谷派論山同朋教出張所」[16]とも記述されている。ここで改めて整理すると、真宗大谷派の論山布教所を任された僧侶・釜田法章が鶏龍山の新都内に朝鮮人布教のために「真宗同朋教会」を設立した(本部は扶余《プヨ》の付近)。これは後に本山に寄与されて新都内布教所となる。[17]

『鄭鑑録』の予言の地であるが、総督府調査資料の『朝鮮の占卜と予言』（一九三三年）には、金川里を『鄭鑑録』の「予言中に『金屛山下、鹿活万人』とあるを信じた金剛道教徒に依つて現出された…新興部落」とする記述がある。そして、その戸数が「約百戸」と記されている[18]。錦屛山《クムビョンサン》（海抜約三六四メートル）の北側の麓に金川里は位置する。現在でも交通の不便な山間地で、低い山並みの隙間を縫うように水田が細く延びている。これは『鄭鑑録』の解釈の問題であるが、金剛大道ではシンドアンではなく金川里に真人（つまり「弥勒大仏」）が出現すると信じているのである。

もともと金川里は金川里・青寺洞・鶴峰里という三つの旧洞里であったのが、一九一四年の面・洞里の統廃合により新洞里として金川里が成立していた[19]。この地に金剛大道の信徒たちが挙って移住してきて、「新興部落」とまで称されるくらいの規模の村落を形成したことがうかがわれる。資料の制約で洞里単位の人口・戸数を知ることが困難であるため、前述したように一九三〇年代初めに戸数が「約百戸」とある以外に知る手がかりがない。「不食魚肉類」（「金剛十戒律」の一つ）を守る彼らは、信徒村で農民として自給自足の生活をしていたと考えられる。

警察調査によると、金剛大道は一九三四年八月末の時点で布教所が二カ所、信徒数が男七、八七七名、女五、三七七名の合計一三、二四五名であったという[20]。これらは正確な数値ではないが、同調査による他団体の数字に比べると、普天教（一九三六年の警察当局による禁圧強化の第一弾とされる）の計一六、四七四名[21]に次ぎ三番目で、警察当局にとっては相当の多さとして認識された数値であることがわかる。

金剛大道が「類似宗教」（「宗教類似ノ団体」）として認められた時期は不明であるが、警察調査の数値は教団が警察に提出した教団資料にもとづいている可能性があるため、「類似宗教」と認められたのはこの警察調査の時期であるかもしれない。

ところで彼らの経済的基盤であるが、「金剛道宗憲[22]」によると第十五章「維持ノ経費」に次のような条文がある。

第四二条　本道ノ維持は道人申込金・誠信金・喜捨金ヲ以テ一般経費ニ充当ス

第四三条　入道申込金ハ毎名五十銭宛トシ誠信金ハ毎月重要幹部ハ壱円諸般任人ハ五拾銭一般道人ハ弐拾銭宛納入スル義務ヲ有ス　但喜捨金ハ誠心及資力ニ依リ任意喜捨スルモノトス

「金剛道宗憲」によると組織の中に産業部門をもっていない。したがって、第四二条にある「道人申込金・誠信金・喜捨金」で維持されていたのは確かであろう。信徒村に限っても、農民である信徒たちが毎月の誠信金をどのように工面していたのかは不明である。何らかの経済的基盤をもっていたものと推測されるが、金川里の雄壮な建物群を建てる資金力も勘案すると、教団発表の数値はともあれ、警察当局の把握以上に信徒数が増加していたことは確かであろう。教団資料には、教主の教えが「国を奪われた人々の胸に共感を呼び起こしたのだ[23]」とあるが、まさに民衆の心性を捉えたための教勢の拡大であったと考えられる。

また、第十六章「事業」には次のような条文がある。

第四九条　本道ハ道人ノ子女又ハ其他一般ノ教育ノ為メ育英事業トシテ学校又ハ講習所ヲ設置スルヲ得

第五〇条　本道ハ道人以外ノ一般衆生ノ為メニ慈善事業トシテ病院又ハ治療所ヲ設置ス

第五一条　忠孝烈ノ表彰ト道人中窮困無依者ノ為メニ救済所ヲ設置ス

第五二条　本道ノ道勢ヲ拡張セン為メ機関紙トシテ月報雑誌新聞ヲ発刊ス

ここから、金川里に移住してきた信徒たちが、布教以外に教育や相互扶助などの役割を担いながらその「村落自治」を掌握していった過程を読みとることができよう。

前述の『朝鮮の類似宗教』は、このような信徒村を危険視して次のように述べている。

> 金川里は大正十五年金剛道主李尚弼がこゝを仏・儒・仙三道を実践窮《ママ》行して仙境に達せむとする理想郷としたもので、自ら釈迦及び老子・孔子に代つて蒼生を救ふ救世主教導者を以て任じたので、教徒の此地に移住する者少からず、こゝも亦宗教的新興部落の一を形成したのである。(24)

この資料の筆者である村山智順は、初代教主に出会い、彼を「救世主教導者」と信じて人生を託す人々が「少からず」いて、金川里に「理想郷」としての「宗教的新興部落」を形成したという認識をもっている。

彼ら信徒たちも他の団体と同様に、故郷を棄ててこの「理想郷」に骨を埋める覚悟でやって来た人々であったといえる。そして、彼らは鶏龍山に出現する新王を自らの悲運の人生を転換してくれる「救世主教導者」として信じ、「弥勒大仏」である初代教主夫妻を受け入れ、人生を金剛大道に捧げたのであろう。

第二節　受難の予兆

(1) 満洲移民の要請

第二節と第三節では、信徒村における受難の軌跡を辿っていく。解放後に金剛大道から発表された「金剛大道抗日闘争史」[25]（以下、「闘争史」と略す）と「道史学」[26]を基本資料にし、両者の記述から事実経過を析出していく。

なお、日付に関して資料は教団史の立場で基本的に陰暦を用いているが、「闘争史」では警察関係の記述などは陽暦となっている場合がある。そのため、日付には陰暦・陽暦の区別を付記することにする。

「闘争史」は教団の教育的・広報的な色彩をもつので、誇張と思われる箇所がある。また、当時の関係者の証言にも誇張する語気が感じられる。それにもかかわらず、警察の動向に関する記述はその描写が極めて具体的なものとなっている。それは、この資料執筆に際して元警察関係者から事情を詳細にわたって聴取したためである。それゆえ、資料からは出来事の推移と信徒村の状況を読みとることが可能であると考える。

また、「道史学」は金剛大道の歴史記録である『図解　聖蹟編年』（一九五六年）を平易な文体に直した資料である。教理に沿った解釈や誇張表現は別として、個々の出来事に陰暦で日付が付されたいわば日誌としての記録である点と、教団側だけでなく警察関係者等の人物名も明記されている点が資料価値を高めているといえる。

一次資料がほとんど皆無に近い中で、これらの二次資料は限界をもっているとはいえ貴重な存在になっていると考える。

では、金剛大道が警察当局に知られることになった出来事から見ていこう。

「闘争史」には編集時に金剛大道の顧問であり、早くから信徒となって一生を送ってきた兪致興《ユ・チフン》氏（「闘争史」では数えで七〇歳、当時は一八歳と推定、以下年齢は数え年）の証言が掲載されている。それによると、初代教主は一九三四年に全国の信徒を召集して「大集会」を開く計画を立てたという。場所は大田郡《テジョングン》にある忠清南道庁の広場である。民族の象徴である白衣を着て、陰暦三月三日（陽暦四月一六日）の昼の一二時までに（後述からわかるように、日時は記憶の間違い）集まるようにとの秘密の要請であった。そこで、当日は全国から白い衣を纏った信徒たちが道庁広場を目指して大勢集まって来た。大田は交通の中心地であるから集まりやすかった。

ところが、教主をはじめとする信徒一行が道庁広場に到着すると、すでに警官によって道庁は警備されており、彼らは広場に入ることを妨げられて強制的に解散させられてしまった。誰かが警察に「密告」したのだ。教主や幹部の数名は「保安法違反」で逮捕され、数日間留置場に入れられたという。

「闘争史」は、当時において大田郡庁に勤務していた林承雨《イム・スンウ》氏（七〇歳、当時は二三歳と推定）の事件に関する証言を載せている。


本当にあの時は、三・一運動の時と同じように万歳運動が起こるのではと思いました。遅かったとはいえ警察が情報を入手したからで、そうでなかったならば大田駅に押し寄せ来る白衣の信徒たちは何かをしてしまいそうな気勢でした。そこで武装警察が道庁を警備し、道庁の職員も早めに仕事を終わらせて退庁させました。

（下略）


一方、朝鮮語新聞の『東亜日報』や『朝鮮中央日報』でもこの事件を警察や幹部信徒に取材し、その情報をもとに記事を載せている[27]（日本語訳は青野）。警察からの情報があるため、これらの記事からは事実関係の確認だけでなく、警察当局によるこの事件の把握内容を読みとることができよう。

両紙によると、「闘争史」におけるこの出来事の日付に誤りがあり、陰暦一九三四年三月二九日（陽暦五月一二日）であったことがわかる。

『東亜日報』記事の見出しに「五派連合布教すると数千教徒が雲集」とあるように、大田で「イエス教、天道教、普天教、侍天教、水雲教」の五派が「連合布教大講演会」を予定した。ちょうどその日、大田橋と道庁の間の道路に「数千の男女群衆が雲集」したが、それは「金剛道」の信徒たちであった。

『朝鮮中央日報』記事の見出しには「太陰旗持った金剛教徒　千余名が市街行進」とある。数値に差異はあるが、群衆が多数であったことは確かである。この記事には、「午前八時頃」より「千名あまりの群衆が雲集」して、「何事が起こったのか」と人々の「驚異の視線は彼らの行動のみを注目するようになった」とある。

『東亜日報』の記事は、この事件には別の側面があり、李浩《イ・ホ》（四〇歳）らが主謀者となり、五派の「連合布教大講演会」に乗じ、金剛大道の管長を「甘言にのせて金品を騙し取ろうとした詐欺事件であったことが判明したという」と報じている。「解散」させられた信徒たちの写真も掲載されていて、そのキャプションには「散っていく金光《ママ》教徒」と書かれている。

以上の報道と前述の「闘争史」記述とを照合させたなら、「金剛道」の主体的な活動および護身の側面、裏切り行為（「密告」や「詐欺事件」）の側面、そして警察当局の取締りという側面が複雑に関係し合っていることがわかる。そのため詳しい事実関係を知ることはさらに困難となる。

だが、『東亜日報』記事では「金剛道」の管長が「今まで騙されて」と「詐欺事件」を強調し、「某有力な教徒」が「太陰旗」は「李浩等が最近考案したもので」と語っているので（実際は一九〇九年に初代教主が作った）、これらの言は「保安法違反」で逮捕された教主たちを救うための機転であったと考えられる。

そのためかどうかはわからないが、警察当局は「金剛道」がおこなった活動自体よりも、「太陰旗」の方に関心を向けている。『東亜日報』の記事によると、警察当局は「太陰旗」の紋様に注目し、「当局で大きな問題となるようだという」と伝えている。「太陰旗」は「日章旗と対照的な意味をもった」と婉曲的に書かれているが、確かに独立を象徴する「太極旗」と紋様が類似している。

こうして、警察当局、具体的には忠清南道警察部は金剛大道に対して情報収集をおこなうことになる。翌年の一九三五年に、総督府の調査資料第四二輯として『朝鮮の類似宗教』が発表されたが、その中心的な資料は一九三四年八月末（陽暦）現在で報告された各地の警察署の調査結果であった（本書の第三章第二節第一項「調査方法」を参照）。その調査資料にある「金剛道」の項目や、金川里を「宗教的新興部落」とみなした記述も（前述）、上記の事件直後に忠清南道警察部が本格的に金剛大道の調査を開始したことを裏付けている。

ところが、『朝鮮の類似宗教』での金剛大道の評価は、「聖都運動」の節において「理想郷」としての「宗教的新興部落」とみなすものとなっていたわけである。したがって、警察当局ではその関心が「太陰旗」から金川里の信徒村に移っていくと考えられる。そして、一九三六年以後における「邪教取締」強化にともない、金剛大道のいわば信徒村解体計画が実施されるのである。すなわち満洲移民の要請であり、それは陰暦一九三七年二月（二月は陽暦三月一三日〜四月一〇日）のことであった。

この時期に満洲移民の要請という信徒村解体計画が打ち出されたことは、「邪教取締」強化に加えて、農村対策にも便乗して金川里が排除の対象とされたことを意味しているといえる。

当時総督府では、対満洲日本人移民の失敗のため朝鮮中南部地方の農村過剰人口を満洲へ移民させる方針を立てていた[28]。そのため、一九三六年九月（陽暦）に「鮮満」拓殖株式会社が京城に設置された。満洲では、新京に同社の全株出資による「満鮮」拓殖股份有限公司（一九三八年七月に「満鮮」拓殖株式会社と改称）が設置されている。両社による朝鮮人（主に中南部地方民）の入植者は、一九三七年に二、四七八戸、一九三八年に二、八五四戸、一九三九年には四、〇八〇戸であった[29]。

「闘争史」時に金剛大道の宗審院長であった金道顕《キム・ドヒョン》氏（五四歳、当時一〇歳と推定）は、「闘争史」の中でその時の状況を次のように証言している。

郡と面から〔郡庁と面事務所から〕代わる代わる追いかけて来て、間島への移民を勧誘したのです。村のあちこちには移民の案内書が貼ってあり、彼らは甘い言葉で誘惑したり、あるいは脅かしたりしました。でも、誰もハンコを捺す者はいません。それくらい、信仰が強かったわけでしょう。私たちは、日本の官吏たちがやって来たら、「あんたたちは我々を分散させて追っぱらい、結局我々の信仰をなくしてしまおうとしているんだろうが、それはとんでもないことだ。我々は泉の水のようだ。だから、あんたたちがいくら水を汲み出してもその分だけ水は湧き出るのだ」とやり返したんですね。

一〇歳の少年が自ら見聞したことを、後になって信仰的に脚色した証言であろう。しかし、ここからは信徒村の住民たちが満洲の間島地方（現在の延辺朝鮮族自治州一帯）へ移民させられようとしていた事実を知ることができる。そして、「誰もハンコを捺」さずにその要請を信仰で力強く退けたという。

これに関して、「闘争史」時に第三代教主を補佐している辺栄義《ピョン・ヨンイ》氏（五一歳、当時七歳と推定）は、「結局、一九三七年三月一〇日に間島に向けて発った移民の中には我が信徒たちは全員除外されました」（日付は陰暦、陽暦は四月二〇日）と証言している。

しかし、行政機関からの執拗な移民要請は継続した。それをその都度拒絶したのだが、陰暦一九三九年二月（二月は陽暦三月二一日～四月一九日）の移民差し出しの要請は最も困難なものであった。すなわち、「鮮満」拓殖株式会社が三、〇〇〇名の移民を計画したのに乗じて、行政機関は強制的に信徒村の信徒たちを移民させようとしたという。そのため、脅迫に屈して従った信徒が出たのは事実であるが、彼らは途中で脱出して全員信徒村に戻ってきたとされている。

（2）「改宗」のための甘言

このように、最初の信徒村解体計画としてとられたのが満洲移民の要請であった。その満洲移民の第一回要請に失敗したのが一九三七年二月（陰暦）であったが、その直後のことである。移民要請と同時進行で、警察当局は公認宗教を管轄する総督府学務局と連係しながら、金剛大道を日本仏教へ「改宗」させる方法も併用したと考えられる。それは陰暦一九三七年五月（五月は陽暦六月九日〜七月七日）のことだった。

初代教主の「涅槃」の後に道統を継いで第二代教主となったのは、長男の「道聖師父」李成稙《イ・ソンジク》（一九一三〜一九五七年、尊号は青鶴）で、陰暦一九三七年五月五日（陽暦六月一三日）のことである。数えで二五歳であった。この若い教主に対し、満洲移民の要請とは飴と鞭の関係で、当局は甘言によって「改宗」を迫る手段をとっていく。

「闘争史」の「改宗」要請に関する部分は、第二代教主の側近幹部の証言にもとづいた記述となっている。それによると、金剛大道の「改宗」は「ヤマモト」と呼ばれる僧が担当したという。

五月（陰暦）のある時、「ヤマモト」が総督府学務局の職員と連れだって教主を訪ねてきた。そして、「ヤマモト」がいうには、「もし、あなたが私たちと統合することを承諾なさったなら、充分に財政的後援をして差し上げられるし、我が日本仏教界の指導者としてお敬い致しましょう」と、条件を提示するのであった。

これに対して、若い教主は次のように返答したという。

松の木と栗の木は、たとえ同じ木だといっても接ぎ木をすることはできない。根が違い伸び方も違うのに、どうしてひとつの木になり得ようか。それと同じで、信じる対象が違い、信じ方も理念も異なるのに、どうして我らが「金剛大道」をあなたがた仏教に併合しようというのか。

このような返答のために、「ヤマモト」たちは退散するしかなかったという。この「改宗」要請が事実なら、この時期における「類似宗教」の「改宗」政策には、警務局を筆頭とする警察当局以外に学務局と日本の仏教界も関与していたこととなる（真宗大谷派の「改宗」協力については第三章第三節第五項「『解散』『改宗』への抵抗」ですでに述べた）。

退散の後、彼らはまた別の方法を考え出すことになる。それは日本「内地」への訪問招請であった。そこにはどんな罠が仕掛けられているかもしれない。「闘争史」によると、教主は日本仏教界の指導者たちと討論をするという条件を付けて日本行きを決め、陰暦五月二五日（陽暦七月三日）に旅立つのであった。

教主の日本行きの模様を、前述の金道顕氏（当時一〇歳と推定）は次のように語っている。

日本の仏教界では、我が道主様（教主の称号）を迎え色々な懐柔策を用いたのですが、討論にさえなれば彼らは降参してしまうのです。結局、彼らは道主様を日本まで呼んで併合の野心を達成しようとしたけれど、無駄に終わってしまったのでした。

この第二代教主の日本訪問を、「道史学」ではさらに逸話の紹介の形で描写している。[30] それによると、教主は二名の幹部信徒（金台喜《キム・テヒ》と俞漢基《ユ・ハンギ》）とともに五月二五日（陰暦）に出発して海を渡った。一行には「日本僧の真海良陽」が随行している。そして、京都で仏教の「盛勢」を見てから高野山の金剛峰寺に到着した。金剛峰寺が目的地であったのだ。ここで、金剛大道への「改宗」要請にはこの寺院が関与していた可能性が高くなる。(31)なお、「日本僧の真海良陽」に関しては今のところ不明である。

引き続き「道史学」から金剛峰寺での逸話を要約しよう。金剛峰寺で教主たち三名は「日本仏教の代表者の灌頂式」に参席した。他の参席者三〇名余りは皆日本人であった。

この式で、日本の僧たちは範を示そうと無理に「牟尼仏」のような「仏力の姿勢」でおこなったが、意に反して教主は一二時間も「黙して跪坐」したので、その場にいた僧たちはみな「驚嘆」した。そこで、僧たちは教主の「才能を取ろうと」して漢詩で競うのであったが、彼らが一首を作る間に教主は一〇〇首あまりを作ったので、僧たちは教主を「法師と称えて崇拝し、恭敬しない者はいなかった」という。「道史学」に一部のみ掲載されているこの時の詩は次のとおりである。

邂逅相逢千里客　随光到此古《ママ》野山
鍾声隠隠清静裏　諸仏列坐談道理

上記のような逸話は信仰の次元において記されたものであるため、ここではその実否を論じるよりも、むしろ信仰の次元で考察すべき事柄であると考える。すなわち、解放後の金剛大道が「改宗」要請や金剛峰寺に対して憎悪・敵意の感情を抱くのではなく、あくまでも自分たちの信仰に則り、その次元で自信をもって臨んでいる姿勢を

図 3　高野山金剛峰寺での写真（写真提供：金剛大道）

読みとりたいと考える。

灌頂式の後、教主たち一行は大阪を経由して京都に再び立ち寄り、仁和寺・大覚寺を見学、さらに東本願寺・西本願寺・金閣寺・銀閣寺を見て、忠清南道金川里の信徒村に帰ってきたという。「闘争史」には、教主は金剛大道の「死守を再確認して」帰ったと記されている。こうして「改宗」要請は完全に打ち砕かれたのである。

金剛峰寺が「内地」訪問の目的地として選ばれたのには、「金剛」という名称の類似点があったからであろうか。今のところ謎に包まれたままである。

第三節　信徒村の受難

(1) 大量検挙による弾圧

警察当局では、満洲移民や「改宗」による信徒村解体計画がことごとく失敗に終わったため、ついに強行的手段に出てくることになる。強行的手段に出るということは、一応は行政的手続きをとってきた信徒村解体計画が行き詰まったことを意味していよう。

この強行的手段は、教主以下五三名が一九四一年一二月（陽暦）に保安法第七条違反容疑で検挙され、留置場に長期間にわたり拘禁された後（死者一一名を出した）、ようやく釈放されるという殉難史で始まる。これを金剛大道ではその年に因んで「辛巳事変」と呼んでいる。第三節でも「闘争史」と「道史学」を参考に、これらに資料批判を加えながら、強行的手段によるいわば第二次信徒村解体計画の実態に迫ろう。

「道史学」によると「辛巳事変」に先立ち、陰暦同年一一月（一二月は陽暦一二月二六日〜三月二七日）に教主（数えで二九歳）と二名の幹部信徒が鳥致院《チョチウォン》警察署の日本人署長に招かれ、自宅に案内されて茶菓を振る舞われることがあった。その場で署長は彼らに日本仏教に「帰属すること」を勧めるのだが、教主は逆にそれを排撃し、憤然として席を立ちそのまま帰宅したという(32)。

その直後のことであろう。「闘争史」によると、忠清南道の警察部長は総督府の警務局長と協議して金剛大道を抹殺する作戦を立てたという。これについて「闘争史」をもとに説明しよう。

この作戦の責任者として抜擢されたのは、忠清南道警察部高等警察課の「ヤマモト」（不明）なる警部であった。「ヤマモト」警部は、「針」という別名をもつほど沈着・緻密で切れる男であったという。

金剛大道抹殺作戦は秘密裏に準備されていたため、「アカツキ」作戦と命名された。「アカツキ」とは、当時「京城」と釜山の間を運行していた特別列車の名前であり、その速さのために人気が高かったという。すなわち、素早くやってのけるという意味で「アカツキ」作戦と命名されたわけだ。

作戦実施の日は「D・デー」と呼ばれ、当初は陽暦一九四一年一〇月一〇日（陰暦八月二〇日）に定められていた。しかし、この日は秋夕（陰暦八月一五日で日本の盆に相当する）に近いから、少し遅らせて陽暦一二月七日（陰暦一〇月一九日）に変更されることとなった。その日の深夜一二時の決行である。その晩はことに寒くて、雪が降り続いたという。

忠清南道警察部だけでなく、公州・鳥致院・大田などの警察署にも動員がかけられ、各署の腕利きで武術に長けた刑事等四〇名ずつが集められたという。「ヤマモト」警部を中心にして、彼らは信徒村の一軒一軒を描いた詳細な地図を作り、村の山手に潜んで一二時ちょうどに突入した。一世帯につき二名ずつが担当し、教主と幹部は一〇名ずつが配置され、家屋を完全に包囲して検挙するのであった。保安法違反容疑とのことである。

「闘争史」における上記の描写はかなり具体的である。それは、この資料執筆時に元警察関係者から事情を詳細にわたって聴取したためだという。

引き続き「闘争史」によると、この検挙で教主以下主立った信徒たちが留置場に収容された。金川里に残された信徒たちは、信仰の支えである教主を失い、一家の大黒柱を奪われ、書類や教典までも押収されてしまったという。検挙されたひとりである前述の兪致興氏（七〇歳、当時二五歳と推定）は、この時の様子を描写しながら次のように証言している。

…まず、金剛大道に関する文書を全て出せということでした。もちろん、私はそんな物はないと拒絶したでしょ。そうしたら、天井や押し入れ、床下までも直接くまなく探し回り、古紙や紙切れ一枚でも出てきたら残らず押収するのでした。（中略）そうして、「きさまを保安法違反で逮捕する」というや、無理矢理手錠をかけるのでした。〔捕まり、外に出てみて〕結局私だけでなく、我々信徒みながこのように一度にやられてしまったことに気が付きました。方々で泣き声が聞こえ、叫び声が起こって……。本当にこの時くらい抗日の鬱憤に煮えたぎった時はなかったです。

検挙された五三名のほとんどが各警察署の留置場に分散された。「道史学」によると（姓名も明記されている）、大田警察署には教主以下一一名、公州警察署に四名、洪城警察署に五名、江景警察署に三名、保寧警察署に四名、温陽警察署に五名、鳥致院警察署に七名、天安警察署に二名、礼山警察署に三名であった。また、一名が大田警察署に拘禁された後、「梁正黙」なる日本僧の家に監禁されている。以上で計四五名となるが、残りの八名は「収監

された足跡が未詳」とのことである。(33)

留置場では彼らに酷い拷問が加えられた。「闘争史」によると、前述の金道顕氏（当時一四歳と推定）や辺栄義氏（当時一一歳と推定）等は、伝聞にもとづいて次のように残酷な拷問について語っている。

逆さ吊りにして水を飲ませたり、寒い夜に裸にして冷たい水を浴びせたり、椅子に縛り付けてぐるぐると回したり、脚の間に棒を挟んで跪かせたりと…。何よりも残酷な拷問は手の爪を抜き、足の爪を剝がすことでした。大声を出して気を失えば、水をかけて正気に戻し、今度は方法を変えて電気拷問を加えるというものでした。

また、「道史学」によると、教主への面会が厳しく制限された中で信徒二名がたまに接見が許されたことがあった。しかし、わざわざ拷問の現場を見せられるのであった。

朝鮮人刑事（実名記載）が教主をともない武徳殿に入って拷問にかけた。教主は「堂々と声を高めて答えるが、残酷な刑罰に耐えられず倒れてしまい、息する音もなく危険な境に至るのが一度や二度ではなかった」という。その後、留置場から信徒に送った陰暦一九四一年一二月七日（陽暦一九四二年一月二三日）付の手紙には、近況を次のような詩に残したのである。

寒風入壁作琴声　冷氷結窓為画紋
近日病勢加重痛　暫時不眠暁長夜
（下略）

年が明けて教主が書いた「獄中親筆書翰」（陰暦一九四二年一月一二日付、陽暦二月二六日）が、影印で「闘争史」に掲載されている。この書翰に記された漢文には「因病加重痛　昼夜臥坐不自由」とある。昼夜とも臥すこと坐すことが「不自由」となり、病状がさらに悪化していることがうかがわれる。

「闘争史」によると陰暦一九四二年一月三〇日（陽暦三月一六日）のある日、拷問のために大田警察署で一名の信徒が最初の殉教者となった。最終的に留置場で殉教した信徒は一一名にものぼり、また多くの者が重傷を被り身体に障害を負ったという。

前述の兪致興氏（大田警察署に拘禁）は体験にもとづき、「闘争史」の中で次のように伝えている。

最初の殉教者が出たとき、教主（大田警察署に拘禁）は「抗議をなさったり、ひとりで涙を流されたり、断食で対抗なさったりし」たという。それでも拷問は続き、「満洲に移民しないか、金剛大道から手を引かないか、そうでなければ天皇に仕えないか」と迫るのだった。そして、教主が早く裁判に掛けるように要求しても、刑事たちは「お前たちはこのまま殺すわけにはいかない。裁判に掛かる前に留置場の監房で腐らせてやろう」といったという。

「道史学」によると、最初の獄死者を出した直後の二月初め（陰暦）に警察当局は一一名（姓名も明記）を釈放している。しかし、他の者たちはの拘禁は続いた。その間における信徒たちの「保釈運動」も功を奏して、教主はようやく陰暦一九四二年一一月一五日（陽暦一二月二二日）に釈放されるのだった(34)。

続いて「闘争史」を見ていこう。残された家族たちは毎日大田警察署に押し掛けて、教主の釈放を要求した。それに加えて死亡者が続出する状況のために検挙から九カ月目で、警察当局はやむなく教主の身柄を大田地方法院検事局に移さざるを得なくなる（法院＝裁判所）。検事局の近藤春義という「同情心のある」検事が動いて、警察当局に引き渡しを要請した結果である。取調べを担当する近藤検事は、「警察とは違い、金剛大道の拘束者たちにとて

も穏健に接した」という。(35)

「闘争史」には、教主は保安法違反（第七条となる）で「起訴」されるが、「病気保釈」で釈放されたと書かれている。「道史学」も「起訴」には触れていないが、「病気保釈」により一一月一五日（陰暦）に釈放されたと述べている。

法的手続きだが、検挙から九カ月目の一九四二年の夏、近藤検事は教主を拘引し、身柄がようやく大田地方法院検事局に送られたのは確かである。「闘争史」は、訊問で近藤が「お前たちの立場を理解する。…当分の間沈黙を守ることはできないか」と慫慂したところ、教主は「私に沈黙を強要するのは信仰を放棄しろというのと同じだ」と拒絶したと伝えている。こうして教主は起訴されたと思われる。

朝鮮では朝鮮刑事令（一九一二年、制令第一一号）での規定により、「内地」の刑事訴訟法（他にも一一の刑事法）が依用されている。教主は釈放後において住居が制限されるから（次項で述べる）、これを刑事訴訟法から検討してみる。そうすると、「被告人ノ住居ヲ制限」する状況が起こり得るのは、「保釈ヲ許ス」場合（第一一六条）か「勾留ノ執行ヲ停止」した場合（第一一八条）となる。「保証金」を要する保釈とは違い、勾留の執行停止では裁判所が「検事ノ意見ヲ聴」いて「決定」する。教団資料では「病気保釈」とあったが、このような規定は刑事訴訟法にはないうえ、教団側が理由を「病気」として認識していたことも考え合わせると、近藤検事の配慮による勾留の執行停止であった可能性が高いといえるだろう。

（2）信徒村からの強制退去

その後においても、警察当局は依然と厳しい対応を迫っている。「道史学」によると、教主は釈放されて金川里

図4　再建された聖殿（写真提供：金剛大道）

に帰ったものの、警察当局により金川里から遠ざけられ、陰暦一九四三年一月一四日（陽暦二月一八日）に燕岐郡鳥致院邑（鳥致院警察署がある）の新興洞《シヌンドン》に住居が制限されることとなった。[36]『概観』の「沿革」には「要視察対象として」とある。

鳥致院警察署の「高木」（高木悌吉警部）[37]が署員三、四名を連れて毎日金川里に駐在しながら、家財道具を輸送搬出して追い出しにかかったため、仕方なく教主は本家の家族と少数の信徒の計一〇家族余りをともない、不自由な身体で新興洞に向かうのであった。この光景を見守っていた信徒のひとりが激怒して警察署員に襲いかかったため、取り押さえられて鳥致院署に投獄された。

時期は少し前に戻るが、教主や信徒たちが釈放される前の陰暦一九四二年九月一六日（陽暦一〇月二五日）、五〇名余りの警察官が再び侵入して、法堂の仏像を破壊し影幀を焼却してしまう事件があった。この背後には二名の背信者（実名記載）の存在があったという。

これに追い打ちをかけるように、鳥致院警察署員一〇名余りがやってきて、寄付承諾書に捺印するように迫った。実は、留置場において教主や主な幹部たちは、本部の聖殿や家屋、祠堂などの建物を忠清南道警察部に寄付するという内容の承諾書を、すでに強制されていたのだ。署員たちはその「強制承諾書」を楯にして、刑杖による暴行を加えながら捺印をさせるのであった。前記の背信者のうちの一名が、署員たちを助けてこの強制承諾を信徒たちに無理強いしたという[38]。

このような強制承諾があり、翌一九四三年一月（陰暦）に教主が住居制限を受けるようになった直後、陰暦二月中旬（ちなみに陰暦二月一五日は陽暦三月二〇日）になって本部の全建物が撤去されることになる。忠清南道警察部が、寄付承諾書を口実に金甲淳《キム・ガプスン》[39]に売却したためである。聖殿（三宗大聖殿）をはじめとして撤去された建物は「数十余棟」であり、それらの間数の合計は「一六〇余間」であったという[40]（なお、撤去される前の建物の貴重な写真が残っているので、本書の巻末に付録として収録しておく）。

『概観』の「沿革」によれば、本部の全建物が撤去されると、金川里の信徒たちも強制的に退去させられ、離れ離れに分散することとなってしまった。

この建物撤去の件で金剛大道は訴訟に踏みきっている。「道史学」によると、京城在住の日本人弁護士「安田」に「訴訟代理人」（民事訴訟の法定代理人だろう）を依頼した。第一審では金剛大道の勝訴となったが、それまでの数年にわたる「官災」のために、控訴審において資金不足という再び困難な局面に陥ってしまうのだった。ところで、住居が制限されている教主であるが、「闘争史」によると、それにもかかわらず警察の目を盗んで密かに信徒たちに接見し、また全ての儀式も秘密裏に執行したという。

しかしながら、「道史学」は再び警察当局により検束されることを予測した教主が、一二月中旬（陰暦）に身を隠す洞穴を準備するように命じたことを記している[41]。そして、適地を探しだした後、翌年の一九四四年陰暦三月三日（陽暦三月二六日）に錦屏山（金川里は錦屏山の北側の麓に位置する）の三台峰で密かに工事が始まった。三名の信徒が食事を担当して四名が作業に従事した。

これと同時進行で教主その他一同は、極めて手狭であった新興洞の仮屋から別の場所へ居住場所を移すことが可能となった。信徒たちが建設をはじめた一〇間余りの藁葺き家屋が、数カ月後の五月下旬（陰暦）、忠清北道清州《チョンジュ》郡南《グンナ》二《ミ》面陽村《ミョンヤンチョン》里《ニ》に完成する。この家に彼らは引っ越すことができたのである。

ところが、陰暦一二月二五日（陽暦一九四五年二月七日）に家族と弟子たちとともに密かに祭享（祭祀）を執りおこなっていた時、侵入してきた警官により許可なく集会をしたとして信徒二名が逮捕される。

（3）再び起訴される

この頃のことである。引き続き「道史学」を見ていくと、次のような記述があるのに注目される。

このころ道聖師父（第二代教主）におかれては、警察部（忠清南道警察部）が再び検束するという話をお聞きになった。大田地方法院に行き来しながら裁判をなさっていたが、警察部が金甲淳と共謀して裁判をするのに法にもとづいてはできない。そのため、無理な法を強行して特別に法院と交渉し、非常時局で警察臨時措置法により再び検束しようという策略を用いるのだ。

この記述は記憶の曖昧さと法的手続きの難解さのためか、正確な表現になっていないように思われる。そこで法的な側面を検討しながら事実を把握していこう。

第二代教主に関係する一九四五年の「判決」(42)(刑上第二〇号)によると、この時期に「保安法違反被告事件」、すなわち一九四二年に起訴された被告事件の訴訟に再び動きがあったことがわかる。そこでこの資料から抜粋しよう。

右ノ者〔第二代教主を指す〕ニ対スル保安法違反被告事件ニ付昭和二十年一月八日大田地方法院ニ於テ言渡シタル判決ニ対シ被告人ヨリ上告ノ申立アリタルニヨリ当院〔高等法院を指す〕ハ朝鮮総督府検事斎藤五郎ノ意見ヲ聴キ判決スルコト左ノ如シ

主文

本件上告ハ之ヲ棄却ス

理由

(中略)

仍テ戦時刑事特別法第二十九条ニ則リ主文ノ如ク判決ス

昭和二十年五月十四日

高等法院刑事部

裁判長朝鮮総督府判事　斎藤栄治　印

(下略)

この資料からわかるように、第二代教主は「保安法違反被告事件」で起訴され、陽暦一九四五年一月八日〔陰暦一九四四年一一月二五日〕に大田地方法院で有罪の判決が下されている(刑名・刑期は不明)。ここでは省略したが、

「理由」には「保安法第七条」に違反したという判決理由が書かれている。この判決に対して教主が「上告」し、陽暦同年五月一四日（陰暦四月三日）に「本件上告ハ之ヲ棄却ス」という判決がなされたのだ。

「理由」を見ると、「弁護人安田幹太」の「上告趣意」四点に対して、それぞれに高等法院が検討を加えて否定するという内容となっている。「弁護人」は前述の安田弁護士であることがわかる。安田の「上告趣意」は、一月八日（陽暦）の「原判決」が保安法第七条の解釈を誤った「違法」であるとの「論旨」であったが、高等法院の判断はこのような「論旨何レモ理由ナシ」として退けている。[43]

ここで考察を加えるために適用法令を整理しておこう。掲載した「判決」の中に戦時刑事特別法とある。これは、「内地」で制定された戦時刑事特別法（一九四二年、法律第六四号）を指している（一九四三年には改正法規が制定）。この法令は、一九四四年二月（陽暦）に朝鮮で朝鮮戦時刑事特別令（制令第四号）第一条の規定によって依用されることになる。朝鮮戦時刑事特別令および同時に制定された朝鮮総督府裁判所令戦時特例（制令第二号）は、植民地統治末期の代表的な治安法とされる。[44]これらの法令を手がかりにし、前記「道史学」の記述と「判決」から事実を紐解いていこう。

前述したように、一九四一年一二月（陽暦）の一斉検挙後に起訴により「被告人」とされた教主は、おそらく勾留の執行停止によると思われるが、釈放され住居が制限されている。その後は判決が確定しないままでいた。そんな中で、一九四四年二月（陽暦）に朝鮮戦時刑事特別令が制定されたので、忠清南道警察部では動いたと見られる。なぜなら、同法令が依用を規定した戦時刑事特別法には次のような条文があるからである。

第二五条　地方裁判所ノ事件ト雖モ刑事訴訟法第三百四十三条第一項ニ規定スル制限ニ依ルコトヲ要セズ

第二六条　有罪ノ言渡ヲ為スニ当リ証拠ニ依リテ罪ト為ルベキ事実ヲ認メタル理由ヲ説明シ法令ノ適用ヲ示スニハ証拠ノ標目及法令ヲ掲グルヲ以テ足ル

第二五条を補足説明すると、刑事訴訟法の第三四三条第一項で、「被告人其ノ他ノ者ノ供述ヲ録取シタル書類ニシテ法令ニ依リ作成シタル訊問調書ニ非サルモノ」は、「証拠ト為スコトヲ得」ないと規定されている。第二五条の規定によって地方裁判所の事件についてこのような制限が適用されなくなったのである。これは、警察の任意捜査にもとづく聴取書に証拠能力を認めようとするものであるため、「戦時とはいえ、極めて重大な意味をもつ捜査機関の強制処分権であるといってよい」という。

また、第二六条では有罪判決をなすにあたって、理由の説明や法令の適用を示すのに「証拠ノ標目及法令ヲ掲グル」ことで足りるとされた。これは、「有罪判決に付すべき理由が著しく簡易化され、有罪判決への道を容易にしたことを意味する」のである[45]。

したがって、道警察部では朝鮮戦時刑事特別令を用いたなら、自分たちの不充分な証拠能力によってでも地方裁判所すなわち大田地方法院に、教主に対して有罪判決を出させることが可能であると判断したことになる。

道警察部が公判のために準備した「事実」とは、前記「判決」によると次の二点であることがわかる。第一点は、「…昭和十七、八年鄭氏ノ登極ニ際リテハ高位高官ニ就キ教主ハ鄭氏ノ国師トシテ迎ヘラレ自己ノ妹春丹ハ鄭氏ノ王后ト為リ右新世界ノ開闢ニ際リテハ…」という、一九三九年に総本部の客室で幹部二名に対して語られた予言である。

第二点は、「鄭氏登極新国家実現ノ機切迫セルヲ歓喜祝福センコトヲ標榜セル興気道徳歌ナルモノヲ唱和シツツ

図5　興気道徳歌に合わせた開化舞①（写真提供：金剛大道）

舞踊ヲ反覆シタ」ことである。すなわち、一九四〇年一二月中旬（陰暦）頃から翌年二月一四日（陰暦）頃までの間、前後十数回にわたって「教徒数十名ヲ本部内庭ニ集合セシメ」て、「興気道徳歌」を「唱和」しながら「舞踊ヲ反覆シタ」点である。

これら二点の「事実」が、保安法第七条にある「政治ニ関スル不穏ナル言動」として認定されるという理由で、教主は一月八日（陽暦）に有罪判決を言い渡された。幹部に語られた予言や歌舞までが対象とされ、しかもこれを「事実認定」するためには、教主や幹部の「訊問調書ノ記載」や「興気道徳歌ノ現存」等の「単純ナル証拠ノ羅列ヲナス」（安田の「上告趣意」による）だけで足りたのである。

これに関連して、教主に対しておこなわれた訊問での供述内容も見ておこう。なお、傍線は青野による。

…原判決ノ引用セル被告人（第二代教主）ニ対

スル司法警察官ノ第三回訊問調書中其ノ供述トシテ鄭氏登極新国家実現ノ時機切迫セル故歓喜ニ堪ヘス建国ノ際国民即チ金剛道教徒ノ興気心ヲ喚起セシムル為メ其ノ意味ヲ盛レル興気道徳歌ヲ作リ果珍昌喜ノ発議ニテ本部内庭ニ男女教徒多数ヲ集メ夜間数十回ニ亘リ興気道徳歌ヲ唱和シツツ舞踊ヲ反覆シタ旨ノ記載アルト（下略）

傍線部は教主の供述を要約しているが、前述した警察当局の捜査にもとづく「事実」二点を認める内容となっている。しかしながら、「金剛道」の教理ではそもそも教主が『鄭鑑録』予言にいう真人に相当するので（これを「弥勒大仏」と称した）、訊問において本来の教理を供述することは致命的なことであったといえよう。加えて、警察当局による任意捜査そのものが信憑性のないものであり、捏造が容易であったといえる。

そこで考えられることは、道警察部による予言についての捏造、司法警察官による訊問での誘導、教主における護教・護身のための機知の弁とが交錯し合った結果、このような供述となったのではないかということだ。

ここで「道史学」からの引用に戻ろう。教主が「大田地方法院に行き来しながら裁判をなさっていた」とあるのは、一月八日（陽暦）に有罪判決が下された第一審を指していると考えられる。また、警察臨時措置法とあったがこれは記憶の誤りであろう。警察当局は建物撤去で不利になった金甲淳と共謀し、戦時刑事特別法を利用して大田地方法院に働きかけたと理解できよう。

（4）洞穴への「避身」

ところで、前記「判決」によると有罪判決の直後に教主は「上告」の申立てをしている。本来なら「控訴」となるはずであるが、前記の朝鮮総督府裁判所令戦時特例により三審制が全面廃止されたためである。[46] 第三条には「第一審ノ判決ニ対シテハ控訴ヲ為スコトヲ得ズ」「前項ノ判決ニ対シテハ直接上告ヲ為スコトヲ得」と規定されている。また、第四条には「上告」について、「第一審ノ判決ニシテ合議部ニ於テ為シタルモノニ付…高等法院其ノ裁判ヲ行フ」という項がある。

ここからわかることは、教主が大田地方法院に「上告」の「申立書」を差出し（刑事訴訟法の第四一九条）、安田弁護士の手による「上告趣意書」を上告裁判所に差出した（戦時刑事特別法の第二八条）。上告裁判所は前記第四条に則って高等法院となる。しかしながら、高等法院での裁判は「判決」にあるように戦時刑事特別法の第二九条に則ったものであり、「検事ノ意見ヲ聴キ弁論ヲ経ズシテ判決ヲ以テ上告ヲ棄却スル」（同条）という結果になったのである。

ここで戦時刑事特別法の第二九条を示しておく。

上告裁判所上告趣意書其ノ他ノ書類ニ依リ上告ノ理由ナキコト明白ナリト認ムルトキハ検事ノ意見ヲ聴キ弁論ヲ経ズシテ判決ヲ以テ上告ヲ棄却スルコトヲ得

このような結果を予測してだろう。数えで三三歳とはいえ身体の不自由な教主は、かねてより準備していた錦屏山三台峰の洞穴に「避身」せねばならなくなった。教主が身を隠す過程について、「道史学」をもとに簡単に説明しよう。

教主は、二名の幹部信徒が考えた臨時に「避身」する案を、京城の安田弁護士にも相談した。安田は満洲なら可能だが、国内では五年以上の長期間ならともかく数カ月だけならよろしくないと答えたという。教主は覚悟を決めて安田に裁判を一任し、帰宅後に幹部信徒たちと相談して、準備していた洞窟に「避身」する方策を立てたのであった。

陰暦一九四五年三月一六日（陽暦四月二七日）に錦屏山三台峰に身を隠し、陰暦四月一七日（陽暦五月二八日）から幹部信徒とともに洞窟の中で居住を始めている（この間、陽暦五月一四日に教主の「上告」が棄却されている）。中は暗くて「昼夜の区別がむずかしく、一日中入り口を閉めているから呼吸も困難」であった。「炊事をするのに火を隠し、衣類の湿気で冷気が体に入」ったという。

陰暦五月六日（陽暦六月一五日）に、教主は二名の弟子を連れて錦屏山に登ってみた。その際に山中のある場所で多数の警官による捜索に遭遇するのだが、幸いにも難をまぬがれることができた。

このことがあって、二日後の五月八日（陰暦）に隠れ家を移動することになった。忠清北道清州郡のある信徒の家に七日間留まり、その後同郡琅城面（現在は清州市に含まれる）の信徒宅に移った。そして、そこに滞在したまま約二カ月後に八月一五日（陽暦）の「解放」を迎えるのだった。

ところで、解放後のことも「闘争史」は伝えているので簡単に記そう。教主が金川里の信徒村に戻って再建作業に着手するや、散り散りになっていた信徒たちもまた集まってきた。そして、解放の年には聖殿と総本院が建て直され、一九四七年には「金剛高等公民学校」まで設立して信徒村の再建がなされていく。教団の回復力の速さには驚かされる。

さらに、「大韓民国政府樹立」後に設置された「反民族行為特別調査委員会」[47]に、撤去された本部建物の返還を請求する。しかし、一九四九年にこの委員会がなくなったために、返還に関してすべてを放棄せざるを得なくなったという。

その後、「六・二五」（朝鮮戦争、一九五〇～一九五三年）においても「人民軍がここを占領」したため大変な苦痛を被っている。「李成稙第二代道主におかれましては、日帝下での獄中生活で被った困辱とこの時（朝鮮戦争を指す）に被った余毒により、わずか四五歳の歳で一九五七年五月二八日に他界されてしまった」のである。

（5）信徒たちをつなぎ止めた「歌舞」

金剛大道が信徒村解体の危機に直面した時に生み出され、信徒村から強制退去させられた後も信徒たちの心をつなぎ止める役割を果たしたと考えられるものがある。それは「歌舞」である。

前述のように、第二代教主は一九四五年一月八日（陽暦）に「保安法違反被告事件」で有罪判決が言い渡されたが、その際に道警察部が公判のために準備した「事実」の第二点は、第二代教主が一九四〇年一二月中旬（陰暦）頃から翌年二月一四日（陰暦）頃までの間、前後十数回にわたって「教徒数十名ヲ本部内庭ニ集合セシメ」て、「興気道徳歌」を「唱和」しながら「舞踊ヲ反覆シタ」ことであった。

この「興気道徳歌」の「唱和」と「舞踊」とは具体的には何を指すのであろうか。「闘争史」には、日本支配からの「解放が遠くない」ことを「広く伝えなければならない意味」から、教主は「解放の暗示により」信徒たちに「太極舞」を教えたという記述がある。そして、「太極舞」を教えるという「抗日運動が暗々裏に続けられるや、日警は再び道主様の病気保釈（勾留の執行停止と考えられる）を取り消して再拘束する措置をとろうとした」と続いている。

現在でも、金剛大道は各種の「道徳歌」の「唱和」と「舞踊」を総じて「歌舞」と呼んでいる。「歌舞」の中のひとつに「興気道徳歌」があり、また「歌舞」の型にも「太極舞」以外に多くの型がある。それゆえ、「闘争史」

図6　興気道徳歌に合わせた開化舞②（写真提供：金剛大道）

にある「太極舞」を教えたという記述は、「興気道徳歌」の「唱和」と「舞踊」のみならず、多くの「歌舞」を教えたと理解してよいだろう。

これに関連して、「道史学」には大量検挙の一年近く前、陰暦一九四〇年一一月二五日（陽暦一二月二三日）に教主が「歌舞の舞法をお教えになった」とある。[48] 教主は信徒たちに「興気道徳歌」を手始めに「三六曲」について、「舞と歌が互いに応じ、互いに合する法」を直接見せたり、あるいは図に描きながら教えた。それに続いて「十二図形歌舞」なども教えている。

「歌舞」に金剛大道の理想世界が凝縮されていることは、歌詞に「午中大運」時代の到来が具体的に描かれていることからうかがえよう。たとえば、「興気道徳歌」の歌詞から抜粋・翻訳すると次のとおりである。

龍に従う雲も自然で、虎に従う風も自然だ
万古大聖が出世されるので、万人が頭を挙げるのも自然だ

（中略）

五万大運でないか、万古大聖われらが聖師
堂上に起坐されて、老少男女の百八君子〔一〇八名の道徳君子〕
階下に拝礼するので、揖譲進退が明かで

（下略）

「揖譲《ゆうじょう》」とは一般的に平和のうちに天子の位を譲ることを意味する。このように「弥勒大仏」の世の到来が強烈に凝縮された内容であるから、それが反映された種々「道徳歌」の「歌舞」が信徒村解体の危機に直面した時に生み出されたことには重要な意味があるといえる。その後において強制退去のために散り散りとなった信徒たちは、そのような状況にあってもこの「歌舞」によって支えられていたものと考えられる。

彼らにおける「歌舞」の「反覆」からは、熱い祈りの声が聞こえてくるようである。それは祈りを込めた激しい躍動となって、凄まじい吸引力で教団の、そして信徒村の危機に揺れる信徒たちの心を再び一つにまとめ上げていったのではないか。ここから「歌舞」の「反覆」が信徒村のいわば契的結合にあって、その結集力を強める装置として機能している事実を読みとることができよう。これが、解体の危機に置かれた信徒村における「共同体」維持の方策であったと考えられる。

註

（1）　この改訂版の出版のために、金剛大道より貴重な写真を多数提供していただいた。心より感謝申し上げる。

(2) 金剛大道編『概観』(発行年月不明)。
(3) 五万灯台編輯委員会「教理概観」(『五万灯台』(金剛大道白雲道友会) 第二輯、一九八六年一一月) を参照。
(4) 五万灯台編輯委員会「聖蹟地探訪」(前掲『五万灯台』第二輯) を参照。
(5) 金剛大道한밭文化院編『대도입문 (四판)』(『大道入門 (四版)』金剛大道総本院、一九九八年) の第二章「대도의 교리」(「大道の教理」) 一四頁を参照。
(6) 同前、一六頁を参照。
(7) 前掲『概観』の「教理」を参照。
(8) 前掲「대도의 교리」一五頁を参照。
(9) 趙景達『朝鮮民衆運動の展開――士の論理と救済思想』(岩波書店、二〇〇二年) の第八章「植民地期の東学――『鄭鑑録』信仰との共鳴」を参照。ただし趙景達は、民衆を「変革・解放主体」として捉えているため、東学傍系教団が教理面で民衆一般の真人化を否定して「真人による絶対救済」の方向に向かったことを限界と評価している。
(10) 〔朝鮮総督府〕調査資料第四二輯『朝鮮の類似宗教』(一九三五年) の「金剛道」の項目。
(11) 同前。
(12) 前掲『概観』の「沿革」を参照。
(13) 金剛大道白雲道友会編輯室編「金剛大道　抗日闘争史」(『五万灯台』第一輯、一九八一年五月) を参照。
(14) 前掲『대도입문 (四판)』の第六章「역사와 대표건축」(「歴史と代表建築」) 三二頁を参照。
(15) 前掲「聖蹟地探訪」を参照。
(16) 〔朝鮮総督府〕調査資料第二八輯『朝鮮の聚落　前篇』(一九三三年) の第三章「聚落の種類」二五六頁。
(17) 大谷派本願寺朝鮮開教監督部編『朝鮮開教五十年誌』(同部、一九二七年) 一〇九～一一〇頁。
(18) 〔朝鮮総督府〕調査資料第三七輯『朝鮮の占卜と予言』(一九三三年) の第十一章「図讖と予言」(六六二～六六三頁) を参照。

(19) 越智唯七『新旧対照朝鮮全道府郡面里洞名称一覧』（一九一七年）による。
(20) 前掲『朝鮮の類似宗教』の「金剛道」の項目を参照。
(21) 同前、「普天教」の項目を参照。
(22) 前掲『朝鮮の類似宗教』に警察に提出された資料として掲載されている（掲載に際して日本語に訳されたものと推定）。「本道名称解釈」の項目に、「道ノ本ハ其師ヲ得タル後世人ニ伝フベシ、故ニ李土菴《ママ》聖師（道主李尚弼）ノ道号ヲ借リテ以テ金剛道ト称ス」とあるように、教理面からでない外部向けの慎重な表現であるため、他の内容に関してもその正確さには疑問が残る。
(23) 前掲「金剛大道抗日闘争史」。
(24) 前掲『朝鮮の類似宗教』の九四五頁（「聖都運動」の節）。
(25) 金剛大道白雲道友会編輯室編「金剛大道　抗日闘争史」（『五万灯台』第一輯、一九八一年五月）、および同編「金剛大道　抗日闘争史二」（『五万灯台』第二輯、同会、一九八六年一一月）。
(26) 金剛大道三宗大学教育院編「도사학」（「道史学」、発行年不明）で、「성경학」（「聖経学」）とともに信徒教育のテキストとなっている。
(27) 「五派連合布教한다고《すると》　数千教徒가《が》雲集」（『東亜日報』一九三四年五月一四日付、三面）と「太陰旗든《もった》金剛教徒千余名이《が》市街行進」（『朝鮮中央日報』一九三四年五月一四日付、四面）。
(28) 松村高夫「日本帝国主義下における「満州」への朝鮮人移動について」（『三田学会雑誌』六三―六、一九七〇年六月）を参照。
(29) 拓務省編『拓務要覧』一九四〇年版。
(30) ここでの日本訪問の説明は、前掲「도사학」の第六章「일본불교계를 방문하시다」（「日本仏教界を訪問される」）を参照。
(31) 金剛大道総本院には、金剛峰寺で一行が高僧と撮った記念写真（二六二頁に掲載）が大切に保管されている。五名の写真では、前列中央が第二代教主の李成稙、後列向って右が金台喜、左が兪漢基、八名の写真では、右端が第二代教主、左端が金台喜、後列中央が俞漢基である。この二名の幹部信徒は一九四一年一二月（陽暦）に第二代教主とともに検挙され（五三名が検挙、本章第三節で詳述）、大田警察署に留置された後、翌年五月二六日（陰暦）に大田地方法院検事局に移された。そして、俞漢基（庶務）は六月五日（同）に無罪で釈放され、金台喜（本部長）は公判を受けて七月三日（同）に保釈となった。金剛大道教務院編『崇義録』（金剛出版社、二〇〇〇年）による（二三頁・三一頁）。

(32) 前掲「도사학」の第八章「연화도본부를 설치하시다」（「蓮華道本部を設置される」）を参照。

(33) 「辛巳事変」に関する「도사학」からの説明は、第一〇章「신사사변을 당하시다」（「辛巳事変に遭われる」）を参照。

(34) 前掲「도사학」の第一一章「병보석으로 출감하시었으나 거주제한을 당하셨다」（「病気保釈により出監されたが、居住制限を受けられる」）を参照。

(35) 「闘争史」には「公州法院」の「コンドオ」検事（「곤도오」검사）とあるのを、朝鮮総督府編『朝鮮総督府及所属官署職員録』（昭和一六年七月一日現在）で確認して、この地域の地方法院は大田にあり、公州等六箇所ある支庁検事分局にも近藤姓の検事がいないため、大田地方法院検事局の近藤春義検事と断定した。

(36) 住居制限と本部建物撤去に関する説明は、前掲「도사학」の第一一章が詳しいのでこれを参考にする。

(37) 前掲『職員録』による。

(38) 仏像破壊等と強制承諾については、前掲「도사학」の第一〇章を参照。

(39) 「闘争史」には金甲淳は「忠清南道の幹部で、当時は中枢院参議」と記されている。

(40) 「闘争史」にはこの時撤去された旧聖殿の写真が掲載されている。二〇〇〇年九月に訪問した時は、その場所に荘厳な聖殿の再建工事が進められていたが、二〇〇一年七月に起工後六年もの歳月を費した新聖殿が竣工した。

(41) その後の警察当局の動向や教主が「避身」する過程は、前掲「도사학」の第一二章「피화의 계획을 세우셨다」（「避禍の計画を立てられた」）を参照。

(42) 第二代教主の「保安法違反被告事件」で有罪判決（陽暦一九四五年一月八日）が言い渡されたため、これに対して教主が「上告」を申し立てた。それが「棄却」された判決書がこの「判決」（陽暦一九四五年五月一四日付）である。一九八七年に金剛大道からこの資料の翻訳を依頼された際に複写を得た。また、研究で資料を使用することにも快諾をいただいた。

(43) 保安法（一九〇七年、法律第二号）は統監府下の治安法であったが、一九四五年八月まで有効な法律として存続していた。詳細は、鈴木敬夫『朝鮮植民地統治法の研究——治安法下の皇民化教育』（北海道大学図書刊行会、一九八九年）を参照。保安法第七条には、「政治ニ関シ不穏ノ言論動作又ハ他人ヲ扇動教唆或ハ使用シ又ハ他人ノ為ニ関渉シ因テ治安ヲ妨害スル者ハ五十以上ノ笞刑十箇月以下ノ禁獄又ハ二箇年以下ノ懲役ニ処ス」とある。

(44) 詳細は同前書を参照。

(45) 同前。

(46) 朝鮮には「内地」の大審院にあたる高等法院、控訴院にあたる覆審法院（三）、地方裁判所にあたる地方法院（一一）が設けられていた。

(47) これはいわば臨時の聖殿と位置付けられる。

(48) 「歌舞」の直伝に関しては、「道史学」の第七章「사위에 취임하시다」（「師位に就任される」）を参考にした。

終　章　普遍性のある民族宗教論を目指して

一　民族宗教運動の二類型

本書は、帝国史の観点から国家神道体制下の「類似宗教」論を前提にして、植民地朝鮮の民族宗教を論じることを目的としていた。そのため、具体的には植民地期における土着文化としての終末思想に着目して、民族宗教運動における①「地上天国」建設型と、②予言の地型の二類型に分類することを大きな課題とした。この点に関して結論を述べよう。

天道教《チョンドギョ》（新派）の朝鮮農民社における「郷村自営」運動は、北部畑作地帯にその勢力基盤をもっていた。この運動は村内の信徒あるいは協力者となった新興勢力が中心となり、契の組合組織化を通じて「村落自治」を掌握する。そして、村落規模の「集団農場」を経営することで村落再建をなし、それをもって彼らの自治運動の基盤とするという形態をとったといえる。

また、「村落自治」の場では彼らの目標とする「地上天国」の実体化が試みられていた。そして、抑圧され没落していく下層農民たちは、「集団農場」化していく「共同耕作」地という小作地を得て、終末思想と共鳴しながら、天道教の「地上天国」建設に夢を託して農民社に結集していったものと考えられる。

しかしながら、この結集は村民のいわば契的結合を高める予言の地やカリスマ的存在がないために、力強いものにならないという限界をもつこととなる。その反面、商品経済化の進んだ畑作地帯の農村では、一般村落への普遍性ゆえに広く拡大していく可能性をもっていたと評価できるのではないだろうか。すなわち、この地域の農民たちの心性を考えるなら、終末思想を認識するそのあり方において、三・一運動後にも「地上天国」建設の理想が引き続き民族主義的ナショナリズムの受け皿となっていて、これが広く農民層に拡散していく普遍性を読みとることができるのである。

以上のような北部畑作地帯における「郷村自営」運動の形態を、民族宗教運動における①「地上天国」建設型として位置付けよう。

一方で、南部水田地帯は「村落共同体」の共同性が比較的強い地域であった。しかも、南部地方では自作農の没落と過剰人口の問題が深刻の度を増している時期である。さらに、この地方は旧支配層の地盤が強く、その影響力の強い地域が多く存在していた。それゆえ、南部水田地帯の農村で契の組合化によって「村落自治」を掌握することは困難をともなったと考えられる。

しかしながら、金剛《クムガン》大道《デド》は、鶏龍山《ケリヨンサン》という予言の地と教主という強いカリスマ的存在を有していた。そのため、この地に形成されたいわば契的結合にもとづく信徒村は、強固な結集力をもった「村落自治」を構築したといえる。このような南部水田地帯における信徒村形成の形態を、民族宗教における②予言の地型として位置付けよう。この信徒村でも、予言の地で日本から独立して新たな時代を迎えるという理想を受け皿にして、信徒たちの民族主義的ナショナリズムは三・一運動から継承されていたのである。

とはいえ、一般村落への普遍性を欠く信徒村およびその信仰ゆえに、彼らの民族主義的ナショナリズムは特殊性という限界を有すると考える。その反面、金剛大道の粘り強い抵抗や他の団体の地下潜伏・偽装改宗の根源には、予言の地や教主のカリスマに象徴される強烈な終末思想の要素が存在したことも指摘しておかなければならない。

以上のような民族宗教運動における二類型であるが、これらが解放後に南北それぞれの地域に成立した国家体制において、それぞれ国民主義としてのナショナリズムの形成過程にどのような影響を与えたのかも興味深いテーマとなる。この課題も提起しておきたい。

二　論点の整理

次は、本書で浮かび上がった論点をいくつか指摘しながら整理しておこう。

まず第一の論点として、国家神道体制という宗教的存在に対する枠組みの問題がある。公認宗教との境界の上位に位置していた非宗教の国家神道と、下位に位置していた非公認団体の「類似宗教」は、植民地朝鮮においてコインの表裏のような関係にあったことを確認できた。つまり、心田開発運動において国家神道が国体論という天皇制イデオロギーと結び付いた時、同時に国体・植民地支配と対峙する「類似宗教」は「解散」「改宗」に向けて弾圧を被ったのである。ゆえに、国家神道体制という枠組みは、「内地」および植民地という帝国日本において、宗教的存在の階層間を見る縦断的な視点からも、また地域を結ぶ横断的な視点からも、有効ではないだろうか。

これに関連するが、二〇一五年の拙著『帝国神道の形成――植民地朝鮮と国家神道の論理』（岩波書店）において、国家神道の論理の完成形を天照大神と国魂大神との合祀（一九三六年以降）に見いだした。これは、国体論が植民地の在来の神に作用することを国家神道の論理の完成形とみなしたということである。さらに言い換えるなら、いまだ植民地朝鮮を対象としている段階ではあるが、帝国日本を範囲にして多民族帝国主義的ナショナリズムを異民族に教化する帝国神道が形成されたともいうことができる。国体論が、三・一運動で形成され始めた民族主義的ナショナリズムの受け皿を提供する、「類似宗教」のような在来の宗教的存在に対しても作用（国体論を受けての弾圧）した事実が、この帝国神道の形成を裏付けている。

このような国体論にともなう作用に注目するなら、天皇制ナショナリズムを国民に教化する国家神道体制において、帝国神道（多民族帝国主義的ナショナリズム）と民族宗教（民族主義的ナショナリズム）、そしてその間に存在した公認宗教団体の複雑な関係を、今後も究明していかなければならないだろう。その意味では、日本「内地」の多くの宗教的な団体も、国家神道体制下で帝国神道の時代を経ていたことになる。前述した帝国日本における縦断的および横断的な視点からの研究は今後も期待されるところである。

それから第二の論点として、農民の心性を見る視点から考察した朝鮮農民社の「郷村自営」運動の評価を整理しよう。朝鮮農民社における「郷村自営」運動では、村内の信徒となった新興勢力が中心となり、契にもとづいた「共同耕作」を村落規模に拡大していた。この「共同耕作」の「集団農場」化を通じて「村落自治」を掌握することで村落再建をなし、それをもって自治運動の基盤にしようとしたといえる。ここで朝鮮農民社（「地上天国建設運動」を目標とする天道教青年党に属す）が、「村落自治」を掌握した事実とその結集力に注目すべきだと考える。

天道教（新派）の中央の論理・動向とは別に、農民と接点をもつ末端レベルにおいて、「村落自治」の場では、社員となった農民の目標である「地上天国」の実体化が試みられていた。その実体化を農民の心性から見るなら、巫俗的要素が「迷信」として否定され、禁欲的労働が奨励されて、経済生活の合理化が図られていく。

ここで注目されるのが、合理性と非合理性の両側面であった。経済生活の合理化の波に乗っていくには、非合理的な終末思想の要素というパイプが有効であったと判断する。村に留まることが悲願であった農民たちは従来の「村落自治」に代わり、朝鮮農民社の時代が到来すると受け止めていたと考えられる。つまり、天道教という外来の団体が「村落自治」の掌握を目指し、その場を「地上天国」とみなすなら、それは農民たちにも共鳴する終末思想の要素として、新しい時代の到来と映ったのではないかということである。

以上のような農民の心性は、プロテスタントに対する〈抗体〉としての二要素（巫俗的要素および終末思想の要素）における天道教版と理解することができる。村落では外来文化となる天道教において、巫俗的要素との間では摩擦を生じながら解消を目指していき、終末思想の要素をうまく包摂していったということができる。ここに「類似宗教」であった天道教の日常と非日常の両面性を垣間見ることができよう。そして、三・一運動で形成され始めた民族主義的ナショナリズムは、非日常へと農民たちを浮上させる終末思想が受け皿となり、朝鮮農民社の「地上天国」建設運動に継承されていったことを私は評価したい。

第三の論点として、土着文化として終末思想の根強さを指摘したい。植民地末期にいわゆる皇民化政策の猛威のために転向する朝鮮人知識人が多かった中で、一般村落への普遍性を欠くという限界はあれ、金剛大道の教主や信徒たちが度重なる弾圧にも屈せず粘り強く抵抗を示し得たのは、やはり土着文化である終末思想の地に根を張った強さであると考える。

それゆえ、金剛大道に見られるような形態で認識された終末思想の要素を、「皇国臣民」への転向を拒絶する民衆の土着思想として評価したい。さらに加えて、たとえば神社参拝に抵抗したキリスト教信仰において、このような土着の終末思想的要素を析出する視点がより重要となることも提起したいと考える。蔵田雅彦『天皇制と韓国キリスト教』（新教出版社、一九九一年）は、このような視点をもって神社参拝に抵抗するキリスト教信仰を分析した最初の研究だといえる。

三　「改宗」協力の内実

では本書を締めくくるに当たり、真宗大谷派による「改宗」協力の内実を探ってみよう。第三章第三節第五項「「解散」「改宗」への抵抗」で明らかにしたように、「秘密布教」取締りの一環で「解散」に追い込まれた性道教《ソンドギョ》や水雲教の「改宗」に、大谷派が協力したことは事実である。そうならば、現地の僧侶たちも「改宗」に協力したように思われるが、実態は必ずしもそうではなかった。

大谷派の京城別院とは地理的にも管理面でも距離を置く忠清南道の論山《ノンサン》や扶余《プヨ》、鶏龍山のシンドアン（신도안＝新都内）など周辺地域の布教所や関連施設の僧侶たちは、大谷派の開教監督部と、偽装改宗をしたり布教所等を隠れ蓑にしていた朝鮮人たちとの狭間で板挟み状態に置かれ、朝鮮人たちの側に近づこうとしていた可能性が高い。大谷派本願寺朝鮮開教監督部が編集して残した記録があるので、「論山布教所」に関する部分から少し長いが引用してみよう。

> 釜田法章師はつとに鮮人《ママ》布教に留意し真宗同朋教会を組織して、教会の本部を扶余付近に設置し教義の宣伝、隣保、施設等の事業を起し、且つ小学校をも建設して最近の開教使中全鮮《ママ》を通じて独り万丈の気を吐いたと云ふべきである。然るに扶余の地は古へ百済の起つた処であり、こゝに集まる鮮人はやがて、朝鮮の独立を期するものであるなどと云ふ一種の夢をいだき、空想をよろこぶ彼等の周囲も亦それを信じ一時官憲の注意する処

となつて釜田師は度々無実の疑をかけられ教会に関係ある同胞はしばしば警察に引致される等言語に絶した圧迫をうけたが、本来大法の宣伝と同胞親愛の外に何等の意図もなかつたことが判明して最近やうやく公然と認めらるゝに至つた。且年額百円の補助を約した本願寺は半途にして之を拒絶したゝめ現今は非常な悲境に陥つてゐる。為に教会の分裂となり、今日に於てはむしろ後悔すべき状態にあると云つてよい(1)。

この資料を読み解いた大澤伸雄の研究によると(2)、大谷派僧侶の釜田法章は論山布教所を開設すべく一九一三年九月に朝鮮に渡り、論山に七年務めたそうである。その間、彼は鶏龍山のシンドアンに朝鮮人布教のために「真宗同朋教会」を設立した（本部は扶余の付近）。シンドアンは第一章第二節「農村での契の自治的再編」で論じた「新都」のことで、三・一運動後に『鄭鑑録《チョンガムノク》』予言にもとづき鶏龍山のシンドアンに多くの宗教的な団体が移住していた。

釜田法章は一九二〇年に論山を去り、実弟の釜田義慶が論山布教所を受け継ぐ。真宗同朋教会は一九三〇年末の時点で、一〇年の歴史を経て会員が三、〇〇〇になり、千余坪の土地と広壮なる建物をもっていたという。この施設は後に本山に寄与されて新都内布教所となる。そこでは釜田義慶が同布教所の加談として直接の監督指導に当たり、朝鮮人僧侶の金貞黙《キム・ジョンムク》が主任、黄滋淵《ホアン・ジャヨン》が補佐となって朝鮮人信者を指導した。

釜田兄弟のどちらの時期か不明であるが、論山布教所への大谷派からの補助金が打ち切られている。それは大澤によると、釜田兄弟あるいは布教所が開教監督部や官憲の方針に逆らっていたことが原因だった可能性があるという。前に引用した朝鮮開教監督部編の記録にも、「一時官憲の注意する処となつて釜田師は度々無実の疑をかけられ教会に関係ある同胞はしばしば警察に引致される等言語に絶した圧迫をうけた」という記述がある。大澤は実弟の釜田義慶も、「たびたび官憲に拘束された様であり、朝鮮人の釈放に保証人となって警察にたびたび出かけられた」という子孫の証言を紹介している。

このように朝鮮人に近づこうとした真宗同朋教会、後の新都内布教所は、治安当局による取締りの観点から見ていくと、二つの局面に分けて理解した方がよさそうである。

まず、一九二〇年代に真宗同朋教会の会員が数千人になったということは、三・一運動後に『鄭鑑録』の影響を受けた多くの団体がシンドアンに集まっていたが（前述）、彼らの中に真宗同朋教会の会員になった者たちが多くいたことを示しているだろう。つまり、シンドアンという取締りが厳しい地域において、そこに集まって来た団体は布教が許される「類似宗教」団体ではなくて秘密結社とみなされる団体であったため、布教活動をすることが不可能であった。よって、公認団体である真宗同朋教会という看板は、多くの朝鮮人の団体にとって水面下で布教活動を可能にさせる隠れ蓑であったわけである。前掲の引用箇所に、「こゝに集まる鮮人《ママ》はやがて、朝鮮の独立を期するものであるなどと云ふ一種の夢をいだき、空想をよろこぶ」と書かれているのは、彼らの密かな布教活動を裏付けているだろう。

これに関する事例として、第五章で取りあげた金剛大道をここで少し紹介しよう。金剛大道では、初代教主が『鄭鑑録』の予言にもとづき「弥勒大仏」として「南遷布徳」の活動を始め、『鄭鑑録』の予言の地と解釈する鶏龍山の金川《クムチョン》里《ニ》に移り住み、その地が信徒村となった。当時は秘密結社であった金剛大道は、その間、シンドアンに法堂を建てて公認団体である真宗同朋教会を隠れ蓑に布教活動をおこなったが、一九二五年に協力関係が解消され、金剛大道はシンドアン支部とその財産を放棄した。

もう一つの局面は一九三〇年代後半における「解散」「改宗」という大弾圧である。第三章第三節第五項「「解散」「改宗」への抵抗」では性道教の事例を取りあげたが、性道教は「解散」後の「改宗」先として大谷派の新都内布教所が当てられていた。だが、実際のところは偽装改宗であって新都内布教所は再び隠れ蓑の役割を果たしていたという事実を確認することができた。また、水雲教の事例も同様で、一九三七年に同教本部は東本願寺末寺の興龍寺となったが、これも大谷派を隠れ蓑とする偽装改宗であったため、その後も検挙・拷問という迫害を受けて殉教者を出している。

私はこの改訂版の元となる二〇〇一年の拙著『朝鮮農村の民族宗教――植民地期の天道教・金剛大道を中心に』（社会評論社）で、第二章にて民族宗教団体が「解散」後に「改宗」させられたことを論じた後、締め括りに次のようなことを書いた。すなわち、「信徒にとっての「改宗」とは何だったのかを考えてみよう。（中略）知的レベルにおける転換を「転向」というなら、これまで検討した「改宗」という信仰レベルで強要される転換は、はたして成立し得るものであろうか。いや、むしろ不可能であると考える。（中略）真宗大谷派の僧侶たちは、統治政策の一環であった「改宗」に対して何ゆえに協力したのであろうか。」という詰問する内容であった。しかし、その出版の直後に釜田法章という僧侶のことを知り、私はこの記述に恥じ入ると同時に、いつか改訂版を出したいと願うようになった。(3)

民族宗教をテーマとする実証研究の方法論としては、総督府資料と教団資料の照合に加えて、資料的に困難ではあるが現地における人々の実態にも迫りながら、支配・被支配という二項対立の次元を超えた分析が必要である。このような方法論が未来につながる研究を生むことをここで確認して本書を終えよう。

註

（1）大谷派本願寺朝鮮開教監督部編『朝鮮開教五十年誌』（同部、一九二七年）一〇九～一一〇頁。

（2）大澤伸雄「東学党系水雲教の真宗大谷派への帰属と抵抗」（『桜花学園大学人文学部研究紀要』第八号、二〇〇五年）。本文に記載した、真宗同朋教会は一〇年の歴史を経て会員が三、〇〇〇になり、千余坪の土地と広壮なる建物をもっていた、そして本山に寄与されて新都内布教所となったという箇所の出典は、『真宗』（一九三一年二月）の朝鮮通信の項目である。

（3）大澤伸雄氏の紹介で、釜田恒明『百済に鐘は鳴る』（韓日親善友の会、一九九七年）を入手した。著者の釜田恒明氏は二〇代に朝鮮に渡って扶余布教所（扶余本願寺）に務め（論山に近い）、その地で本文に書いた釜田義慶の長女と結婚して釜田家の婿養子となった人である。同書の「京都から韓国へ――昭和十二年～」の章は、扶余での思い出が綴られている。たとえば「日曜学校」の項では金鍾泌《キム・ジョンピル》についての逸話も書かれている。金鍾泌は朴正熙《パク・チョンヒ》政権で中央情報部長や首相などの要職を歴任し、金大中《キム・デジュン》政権でも再び首相を務めた人物として知られている。その逸話によると、扶余出身の金鍾泌は子どもの頃に扶余布教所の日曜学校に通っていたそうである。釜田恒明氏が一九九一年頃にソウル（金浦空港）で特別に金鍾泌と再会した時に、彼は流暢な日本語で、「釜田先生、私は日曜学校の時、先生から剣道を習いましたよ。よく覚えています」と話しかけてきたという。

　戦後に日韓交流に奔走する釜田恒明氏は、扶余時代は植民地支配や大谷派の開教監督部と、現地の朝鮮人たちとの狭間で板挟み状態に置かれ、時代的な限界の中で苦悩していた僧侶の一人であったと思われる。

巻末付録　金剛大道提供の写真

第五章「金剛大道の予言の地」で述べたように、一九四三年の弾圧で金剛大道本部の全建物が撤去され、信徒村の人々も強制的に退去させられた。それら建物の強制撤去前の貴重な写真を金剛大道から提供していただいたので、「巻末付録」として掲載する。

旧・総本院全景

旧聖殿および内部全景

旧・聖殿（三宗大聖殿）

旧・法堂
※仏像の内部に檀君の位牌が奉安されていた。

旧・宗務院（春風軒）
※第2代道主の執務室

旧・内殿

旧・文昌斎（学堂）

旧・白玉祠
※初代道主のご両親の祠堂であった。

大聖師乾父（初代道主）の「聖山」（墓地、向かって右側）と
大聖師坤母（同夫人）の「聖山」（左側）
※初代道主の「聖山」は移葬されて、現在は論山市の魯城山に所在する。

大聖師坤母（初代道主夫人）の「聖山」と金川里の遠景

あとがき

本書は拙著『朝鮮農村の民族宗教――植民地期の天道教・金剛大道を中心に』（社会評論社、二〇〇一年）の改訂版である。改訂版の構想は、二〇一五年の拙著『帝国神道の形成――植民地朝鮮と国家神道の論理』（岩波書店）を出版してから具体化していったが、気持ちの面では、恥ずかしながら二〇〇一年の出版を終えてすぐに改訂版を出したいと強く願っていた。それは本書の終章の第三項「「改宗」協力の内実」でも書いたように、出版の直後に釜田法章という僧侶のことを知ったためである。朝鮮人布教のために現地に真宗同朋教会を設立した釜田師は、植民地支配や真宗大谷派の開教監督部と、現地の朝鮮人たちとの狭間で板挟み状態に置かれることになった。真宗同朋教会に集まる朝鮮人たちは「朝鮮の独立を期するものであるなど云ふ一種の夢を」を信じていたため、師は「一時官憲の注意する処と」なり「度々無実の疑をかけられ」たうえ、「教会に関係ある同胞〔朝鮮人〕はしばしば警察に引致される等言語に絶した圧迫をうけた」（大谷派本願寺朝鮮開教監督部編『朝鮮開教五十年誌』〔同部、一九二七年〕）という。このように、釜田師は植民地支配下という限界の中で、信仰に根ざして苦闘した僧侶であった。そのため、私は原著で「真宗大谷派の僧侶たちは、統治政策の一環であった「改宗」に対して何ゆえに協力したのであろうか」と詰問したことに恥じ入り、いつか改訂版を出して現場の僧侶のことを書きたいと願うようになったのであった。

ここで私の研究人生を振り返えってみよう。私は主に植民地朝鮮での民族宗教および神社政策という二つのテーマを研究してきて、その成果として近年に帝国神道論を打ち出し、さらに本書で再び民族宗教論を議論している。この二つのテーマがどのように私の中で生まれ、どのように結び付くことになったのか。このことを研究者としての自分の歩みを通じて説明させていただこう。

研究者としての原点は大阪外国語大学（現・大阪大学外国語学部）朝鮮語学科にある。私は同校に在学中、在日コリアンの友人ができ、同学科の先輩・学友たちとの交友を通じて、民族差別などの社会問題を学び、それらが深刻であることに気がついた。そのことにより、自分が絶対視していた「日本人」という概念を相対的に見る視点が生まれ、とくに社会で顕著になっていた「国家と宗教」の問題を真剣に考え始めた。

そのため、筑波大学大学院に進学してからは、この「国家と宗教」の問題を植民地朝鮮で考えることが生涯のテーマと思うようになる。たとえば、植民地朝鮮でユートピアを目指す民族宗教が一九三〇年代半ば以降に大弾圧を被ったことと、同時並行で統治政策の中で神社が村々にたくさん建てられたことに興味をもった。

だが、一九八〇年代から九〇年代初めにかけての長い院生時代、これらの事項に関わる理由や論理は日本でも韓国でも皇民化政策で説明されていて、同時期の一次史料を読みながら納得がいかなかったことを思い出す。皇民化政策で朝鮮の宗教政策を説明する限界は、自明のこととして天皇制イデオロギーで国家神道を説明したことの反映でもあるだろう。ここで、国家神道を天皇制イデオロギーとして民衆宗教と対置させる村上重良の国家神道論が想起される。この国家神道論を植民地朝鮮に当てはめた先行研究は、自明のことのように皇民化政策を理由にして植民地朝鮮での「国家と宗教」の問題を説明していたといえるだろう。

こうした先行研究に疑問をもち、植民地朝鮮において国家神道と民衆宗教の関係に新たな論理を見いだそうとする一院生の目論見は、当然ながらそんなに簡単に進むはずはなかった。その後三〇年もの歳月を経た後に、やっとのことで帝国神道論として二〇一五年の拙著を出版することができた。それは同書の序章に書いたように、国家神道から天皇制イデオロギーを一度切り離して、国家神道を宗教概念として分析することで国家神道と天皇制イデオロギーの強い結合を見いだすことが可能になったためである。

つまり、植民地朝鮮で国家神道と天皇制イデオロギーが強く結び付いたのは、皇民化政策（一九三七年の日中全面戦争開始後に実施）の少し前の国体明徴声明（一九三五年）に呼応して展開された心田開発運動の中であった。同書でこの政策の国体論にもとづくイデオロギーを「敬神崇祖」の論理として提示している。この帝国神道論の出版を足場にすることで、国家神道と民衆宗教（民族宗教）との関係において自分なりに新たな論理を組み立てて説明することができたため、本書の出版へとつながったのである。

以上の説明からもわかるように、私の帝国神道論や民族宗教論は宗教史の分野に留まる議論ではない。むしろ、朝鮮における植民地支配が帝国日本の中で朝鮮人をどのような「日本人」として組み込もうとしていたのかという、植民地を抱えることになった国民国家・日本の公定ナショナリズム（official nationalism）の問題に発展させて、同化政策の根幹に関わる核心部分に迫ろうとする意図をもって私は議論を展開してきた。たとえば、多くの人がいまだに誤解をしているようであるが、植民地朝鮮での同化政策は「日本人」への直線的な同化、つまり単一民族主義的ナショナリズムによる「日本人」への同化で一貫していたのではない。そうではなく、一九三〇年代になって多民族帝国主義的ナショナリズムが重層的に加わっていた事実に注目しなければならない。さらにこの問題は、近代日本において「日本人」とは何だったのかという議論にも矛先を変えて迫ってくるだろう。

また一方で、本書の民族宗教論では、植民地朝鮮において三・一運動（一九一九年）で形成され始めた民族主義的ナショナリズムが、民族宗教運動もひとつの受け皿となって継承されていたことを議論した。その結果、本書で提示した民族宗教運動における南北の二類型が、解放後に南北それぞれの地域に成立した国家体制において、それぞれ国民主義としてのナショナリズムの形成過程にどのような影響を与えたのかという課題に関しても、本書では問題提起したことをここで確認しておく。

なお、国家神道体制や帝国神道論などに関わる論点を一般向けに整理した拙稿に、「宗教と信仰」（日本植民地研究会編『日本植民地研究の論点』岩波書店、二〇一八年、第一五章）があるので、本書を読むうえで参考にしていただけると幸いである。

ところで、本書の出版は前述したように二つの拙著と関係している。そのため、出版に当たり感謝申し上げたい方々は多数いらっしゃる。両拙著でも感謝の弁を書かせていただいたため、ここでは改訂版の出版に関連してお世話になった方々に限ってお礼を記すことをご了解いただきたい。

金剛大道《クムガンデド》からは改訂版のために、高野山金剛峰寺での第二代道主様のお写真（第五章に掲載）や強制撤去される前の本部建物の写真（巻末付録に収録）など、教団にとってとても大切な写真をたくさん提供していただいた。その折や写真の説明を書く時などに、秋潭　金元默《キム・ウォンムク》宗務院長様から一つひとつ丁寧にご回答いただき、また校正の時も説明部分を確認して下さった。そして、金美英《キム・ミヨン》先生は仲介役となって多くの質問と回答の複雑な往復を整理して下さり、またアドバイスも頂戴した。この場をお借りしてお二方に感謝申し上げる。

次に天道教《チョンドギョ》との関わりであるが、これは原著を出版した直後から始まった熙菴　成周鉉《ソン・ジュヒョン》先生（崇実《スンシル》大学校）と

の交友に尽きる。「형님《ヒョンニム》」（お兄様）と呼んで下さる同年代の成先生との親交を通じて、他の信者の皆さんと交流できたり、天道教に関連した学術研究大会に何回か発表者・論評者として参加させていただいた。本書で天道教の章を書き直す際に、このような経験が助けになったことは言うまでもない。成先生にはいつも感謝している。

　また、職場においても出版のことでお世話になっている。本書は二〇一八年度の桃山学院大学学術出版助成を受けて刊行されたことを記しておく。審査や手続きに関わって下さった方々にも謝意を表したい。

　それから出版社に関しては、真宗大谷派と関係が深い法藏館（京都）との運命的な出会いがあったと私は信じている。冒頭で書いたように現場の僧侶の苦闘について改訂版では必ず記述したいと願っていた。この強い思いが、京都での共同研究（国際日本文化研究センター、代表者：磯前順一・吉村智博「差別から見た日本宗教史再考――社寺と王権に見られる聖と賤の論理」）の研究会で、法藏館の戸城三千代氏（編集長）に出会わせてくれたと思っている。戸城氏のお世話で法藏館からの出版へと話が進み、編集では緻密な仕事をされる丸山貴久氏に大変お世話になった。お二人にも感謝申し上げたい。

　そして最後に、自宅で地味な仕事を、明るい笑い声の中でさせてもらえるのは、突っ込みの大阪人である妻と娘・息子のお陰であることも書き加えておこう。

二〇一八年九月

大阪・北摂にて

青野正明

【原著目次】

青野正明（あおの　まさあき）

1958年、愛媛県生まれ。大阪外国語大学外国語学部朝鮮語学科卒業。筑波大学大学院修士課程地域研究研究科修了、同大学院博士課程歴史・人類学研究科中退。博士（学術・国際日本文化研究センター）。朝鮮史専攻。現在、桃山学院大学国際教養学部教授。著書に、『帝国神道の形成——植民地朝鮮と国家神道の論理』（岩波書店、2015）、『日本植民地研究の論点』（共著、岩波書店、2018）、『植民地朝鮮と宗教——帝国史・国家神道・固有信仰』（共著、三元社、2013）などがある。

植民地朝鮮の民族宗教
—国家神道体制下の「類似宗教」論—

二〇一八年一一月一〇日　初版第一刷発行

著　者　青野正明
発行者　西村明高
発行所　株式会社　法藏館
京都市下京区正面通烏丸東入
郵便番号　六〇〇-八一五三
電話　〇七五-三四三-〇〇三〇（編集）
〇七五-三四三-五六五六（営業）

装幀　野田和浩
印刷・製本　中村印刷株式会社

ISBN978-4-8318-5557-2 C3014

近代仏教スタディーズ　仏教からみたもうひとつの近代　大谷栄一・吉永進一・近藤俊太郎編　二、三〇〇円
戦時下の日本仏教と南方地域　大澤広嗣著　四、八〇〇円
宗教概念の彼方へ　磯前順一・山本達也編　五、〇〇〇円
堕落と復興の近代中国仏教　日本仏教との邂逅とその歴史像の構築　エリック・シッケタンツ著　五、〇〇〇円
近代日本思想としての仏教史学　オリオン・クラウタウ著　五、八〇〇円
植民地近代という経験　植民地朝鮮と日本近代仏教　諸点淑著　七、五〇〇円
ブッダの変貌　交錯する近代仏教　末木文美士・林　淳・吉永進一・大谷栄一編　八、〇〇〇円

法藏館　価格税別